青年发展型城市建设中的杭州青年

杭州青年发展报告

2023

沈在蓉　◎主编

ZHEJIANG UNIVERSITY PRESS
浙江大学出版社

·杭州·

图书在版编目（CIP）数据

杭州青年发展报告 / 沈在蓉主编. — 杭州 : 浙江
大学出版社，2024.4
ISBN 978-7-308-24642-2

Ⅰ．①杭… Ⅱ．①沈… Ⅲ．①青年工作－研究报告－
杭州 Ⅳ．①D432.855.1

中国国家版本馆CIP数据核字(2024)第034771号

杭州青年发展报告

HANGZHOU QINGNIAN FAZHAN BAOGAO

沈在蓉　主编

责任编辑	柯华杰
文字编辑	胡佩瑶
责任校对	傅宏梁
封面设计	春天书装
出版发行	浙江大学出版社
	（杭州市天目山路148号　　邮政编码310007）
	（网址：http://www.zjupress.com）
排　　版	杭州林智广告有限公司
印　　刷	杭州捷派印务有限公司
开　　本	710mm×1000mm　1/16
印　　张	21
字　　数	262千
版 印 次	2024年4月第1版　2024年4月第1次印刷
书　　号	ISBN 978-7-308-24642-2
定　　价	88.00元

前　言

国家的希望在青年，民族的未来在青年。习近平总书记高度重视青年工作，亲自主持召开党的历史上第一次中央党的群团工作会议，出席纪念五四运动一百周年大会、庆祝中国共产主义青年团成立一百周年大会等重要会议、重大活动，指导制定新中国历史上第一个青年发展规划、发布新时代中国青年发展状况白皮书，在党的二十大报告中指出"全党要把青年工作作为战略性工作来抓"。在中国式现代化新征程上，我们要始终坚持党管青年原则，贯彻青年优先发展理念，全方位优化青年发展社会环境，不断推动青年与城市双向奔赴，实现青年高质量发展与城市高质量发展相互促进，为杭州在全省"勇当先行者、谱写新篇章"中勇攀高峰、勇立潮头，奋力打造世界一流的社会主义现代化国际大都市、努力成为中国式现代化的城市范例注入新内涵。

2022年6月，杭州入选全国首批青年发展型城市建设试点。杭州市委、市政府把建设青年发展型城市作为打造中国式现代化城市范例的重大场景，建立一系列机制、推出一揽子政策、推进一盘棋统筹，实施"春雨计划"和《杭州市青年发展型城市建设三年行动方案（2024—2026年）》，推动杭州对青年更友好、青年在杭州更有为。在2023年5月全国青年发展型城市建设试点中期评估中获评A档（优秀），其中全域开展青年发展型城市建设、推动青年发展元素纳入国土空间总体规划、实施青年就业帮扶计划和职业技能提升行动、打造"青春议事厅"等入选全国首批典型经验和创新举措。

为了更好地助力杭州青年发展型城市建设试点，杭州市团校组织校内专业教师、杭州青年研究会年轻教师开展"青年发展型城市建设中的杭州青年"课题研究。课题组以新时代杭州城市发展现状为背景，以《杭州市中长期青年发展规划（2020—2025）》和杭州青年发展型城市建设的主要指标为参考，围绕重点青年群体开展研究。本次研究数据主要来源于杭州市团校"掌上团校"开展的"青年发展型城市建设中的杭州青年"调查，同时运用社会统计数据、第七次全国人口普查数据及历次人口抽样调查统计数据、杭州市相关职能部门提供的数据等。经过文献查阅、访谈座谈、问卷调查、专题研讨、专家指导论证及反复修改，最终编写出版了《杭州青年发展报告（2023）》。希望本书能为党委、政府部门、党的青年工作机构提供决策参考。

杭州市团校

2024年4月

摘　要

实践探索表明,"城市对青年更友好,青年在城市更有为"既是初衷,亦是必由之路。《杭州青年发展报告(2023)》由一个总报告、七个分报告、三个专题报告组成。总报告从杭州青年发展的时代机遇出发,在梳理青年、青年发展、青年发展型城市及城市高质量发展等概念的基础上,分析杭州青年发展的十个方面的基本特征,并提出五大促进青年高质量发展的路径举措,包括全新谋划新一轮青年发展规划、全域优化青年发展社会环境、全面完善青年发展政策、全程保障青年发展服务供给、全力引领青年有为。分报告对照《关于开展青年发展型城市建设试点的意见》中的各项目标任务,运用多种调查方式,对青年七个方面的发展状况开展研究。专题报告结合杭州城市特点和特色青年群体,围绕杭州数字经济第一城、国际赛会之城、东方休闲之都的城市特点开展研究。

研究发现,杭州青年人口连续增长且在杭州常住人口中的占比较高,青年党团员比例稳定,青年志愿者人数和服务时长持续增加。在思想引领方面,杭州青年与党同心、知行合一、爱岗敬业、努力拼搏,实践"平凡但不平庸"的人生价值,也存在思想多元等情况。青年对社会主义核心价值观认知度高且内容熟悉、自觉践行,但在培育方式上有待创新。青年对杭州教育整体满意度、认可度较高。"教育公平"仍然受到广泛关注,继续教育呈现"强意愿弱行动"态势,"双减"效果明显但"子女教育焦虑"依然存在。青年关注并重视自身健康。青年亚健康情况较为普遍,尽管心理压力较大,但能主动调节、自我疏导。青年晚婚趋势明显，家庭规模变小，独居青年变多，生育意愿下降，婚育成本偏高。青年就业态度积极，择业时对工作稳定性的诉求明显上升，但存在就业市场供需不匹配、青年就业创业能力不足等问题。社会融入是外地来杭青年群体社会化非常重要的内容，杭州外来青年在制度适应方面差异明显。

立足城市特点开展青年特色群体研究带来新的思路。对杭州直播行业青年群体的研究发现，以主播为代表的直播经济从业青年呈现年轻化、学历趋高化、专业化等特征，该职业存在稳定性较弱、压力较大、收入不均衡等问题。对志愿服务的研究发现，以大型国际赛会志愿服务为切口，加强杭州志愿服务体系化建设、壮大杭州国际化人才队伍、向国际社会传播杭州城市文化等措施能够为青年助力杭州世界名城建设提供路径。对青年休闲生活的研究发现，休闲需求和动机受家庭、社会、文化等多重因素影响较大，参与形式多元但呈现出与杭城休闲资源不匹配的现状，通过把握"后亚运时代"的机遇期，可以推动青年休闲与城市发展同频共振。

杭州经过有效探索和尝试，不断优化顺应青年多样化、多层次发展需求的政策环境和社会环境，让青年对杭州心生向往，为增强城市发展活力、积蓄城市发展后劲储存能量。面对新征程，杭州将立足城市发展实际、青年需求实际，团结带领广大青年以"弄潮儿向涛头立"的担当，奋进新时代、建设新天堂。

目 录

第一篇

总报告

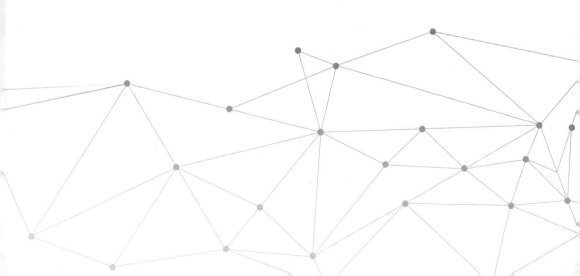

青年发展型城市建设中的杭州青年

杭州市团校　沈在蓉　杭州市团校　张艳

摘　要：杭州青年正处于机遇和挑战并存的经济高质量发展的宏观背景之下。历经三年新冠疫情后的杭州青年，呈现出独特的时代特征。在思想上，杭州青年对国家、社会、城市高度认同，追求平凡而不平庸的人生价值；在健康上，杭州青年重视身心健康，但承受着较大的心理压力；在教育上，终身学习理念已深入杭州青年心中，但教育成本偏高亦是现实；在就业创业上，杭州青年就业有信心，创业态度谨慎，期待更多实效、普惠的政策；在婚恋育儿上，杭州青年理性多于感性，可能的风险让部分青年恐恋恐婚恐育；在住房上，杭州青年偏好独居，期待完善合理的租房和保障房配套政策，购房压力依然很大；在社会参与方面，杭州青年参与行为积极、参与意愿强烈，期待提高参与能力；在城市国际化方面，杭州青年认为杭州越来越开放，但与国际一流城市仍有差距。从整体看，杭州促进青年发展的政策配套日趋完善和务实，在服务青年的举措上更加贴近青年急难愁盼的现状，但与青年的期望还存在差距，在城市高质量发展的要求方面还有提升空间，建议从城市高质量发展的战略高度整体推进，在青年发展型城市建设过程中，从规划、制度高度思考青年发展，从解决青年眼前实际困难入手促进青年高质量发展。

关键词：青年；青年发展；青年发展型城市；青年政策；青年工作

　　随着社会急剧变化和深刻转型，人们的社会生活也随之发生极大改变，其中青年群体的发展变化尤其显著。面对未来发展新形势，重视青年一代在社会发展中的作用成为党和政府的工作重点。党的二十大报告庄严宣告"以中国式现代化全面推进中华民族伟大复兴"①，并倡导"广大青年要坚定不移听党话、跟党走，怀抱梦想又脚踏实地，敢想敢为又善作善成，立志做有理想、敢担当、能吃苦、肯奋斗的新时代好青年，让青春在全面建设社会主义现代化国家的火热实践中绽放绚丽之花"②。党的十八大以来，党和国家高度重视青少年和共青团工作，全面推动党的青年工作取得历史性成就、发生历史性变革。站在社会发展新阶段、新征程、新起点，通过制订新一轮青年发展规划、完善青年发展政策、优化青年发展环境，青年优先发展的理念已在各地践行。

　　杭州紧跟时代发展新要求，及时出台有关青年发展的规划、政策、制度，为青年发展创造条件。杭州青年不负时代，勇立潮头，用青春的激情书写着一代青年的时代篇章。同时，面对杭州发展新机遇、新任务、新挑战，如何更好调整规划、完善政策、健全制度，激发青年在新征程上创造新业绩的热情，是当前和未来杭州发展的时代命题。2023年10月31日，在深圳举办的2023年世界青年发展论坛青年发展

---

① 习近平.高举中国特色社会主义伟大旗帜　为全面建设社会主义现代化国家而团结奋斗——在中国共产党第二十次全国代表大会上的报告[M].北京：人民出版社，2022：21.
② 习近平.高举中国特色社会主义伟大旗帜　为全面建设社会主义现代化国家而团结奋斗——在中国共产党第二十次全国代表大会上的报告[M].北京：人民出版社，2022：71.

型城市主题论坛现场，杭州作为城市代表参与发布《青年发展型城市建设深圳倡议》。杭州建设青年发展型城市将迎来新的发展阶段，杭州青年必将在城市发展中获得发展机遇。

一、杭州青年发展的时代际遇

人的发展离不开所处的社会历史条件。新时代中国的高质量发展，新时代杭州的高品质城市定位，新时代青年工作的战略定位，为杭州青年发展提供了时代际遇。

（一）党和国家高度重视青年发展

中国共产党历来高度重视青年在党和国家事业发展中的作用，在不同的历史时期，采取了具有鲜明时代特点的青年政策。进入新时代，党和国家以前所未有的高度重视青年、关心青年。党和政府制定实施了我国历史上第一个青年发展国家专项规划《中长期青年发展规划（2016—2025年）》，第一次把促进青年发展作为国家的基础性、战略性工程，中国青年发展进入新阶段。《论党的青年工作》是党的十八大以来习近平总书记关于党的青年工作最全面、最系统的论著，是习近平新时代中国特色社会主义思想的"青年篇"，是做好新时代青年和共青团工作的根本遵循。在这一根本遵循的指导下，各级党委和政府积极出台政策，带头关注、关心青年，在全社会营造了良好的青年发展氛围。党的二十大报告提出："青年强，则国家强。当代中国青年生逢其时，施展才干的舞台无比广阔，实现梦想的前景无比光明。全党要把青年工作作为战略性工作来抓，用党的科学理论武装青年，用党的初心使命感召青年，做青年朋友的知心人、青年工作的热心人、青年群众的引路人。"①

《国际青年发展指数报告2021》显示，在青年发展与经济发展方面，多数国家是基本一致的，但中国的青年发展优先于经济发展。中国青年在健康与生活、公共参与两个方面保持优先地位。2022年，国务院新闻办公室发布了《新时代的中国青年》白皮书。白皮书展示了中国青年与伟大时代的"双向奔赴"：新时代为广大青年提供了更优越的发展环境、更广阔的成长空间；广大青年努力拼搏、奋勇争先，为时代发展进步注入了强大青春动力。青年发展高于经济发展，是青年得到高度关注的生动注脚。在中国共青团第十九次代表大会上，蔡奇同志受党中央委托发表致词，明确提出全面建成社会主义现代化强国、实现第二个百年奋斗目标，以中国式现代化全面推进中华民族伟大复兴，是党的中心任务，也是新时代中国青年运动和青年工作的鲜明主题。当代中国青年身处中国特色社会主义新时代，新的历史方位和未来中国发展前景为新时代青年发展指明了方向、明确了目标。这样明确的发展指向，设定了青年发展的宏大时空结构。

这些高屋建瓴的规划、战略、原则为杭州青年发展提供了根本遵循，为杭州出台系列青年发展政策提供了指导，也为杭州青年发展创造了环境。杭州历来重视青年成长。中共杭州市委、杭州市人民政府出台了《杭州市中长期青年发展规划（2020—2025年）》，在此规划的指引下，一系列机制、政策相继出台，杭州青年发展走上快车道。2022年6月，杭州入选全国首批青年发展型城市建设试点，市委、市政府高度重视，市委常委会先后多次听取青年发展型城市建设试点工

---

① 习近平.高举中国特色社会主义伟大旗帜　为全面建设社会主义现代化国家而团结奋斗——在中国共产党第二十次全国代表大会上的报告[M].北京：人民出版社，2022：71.

作汇报，将青年发展型城市建设试点工作写入市委十三届二次全会决议和三次全会报告，并提出"打造青年心生向往、人生出彩、情感归属的梦想城市"，真正落实杭州对青年更友好、青年在杭州更有为。杭州青年正是因为长在这样的伟大时代，才能以弄潮儿的精神创造属于杭州青年的青春印记。

（二）经济高质量发展提供了青年奋斗的舞台

党的二十大胜利召开，描绘了全面建设社会主义现代化国家的宏伟蓝图。在以习近平同志为核心的党中央坚强领导下，我们经受了世界变局加速演变、新冠疫情冲击、国内经济下行等多重考验，如期打赢脱贫攻坚战，如期全面建成小康社会，实现第一个百年奋斗目标，开启向第二个百年奋斗目标进军的新征程。浙江忠实践行"八八战略"，奋力打造"重要窗口"，扎实推进高质量发展建设共同富裕示范区，统筹打好疫情防控、稳进提质组合拳，经受住了超预期的冲击和挑战。杭州交出了一份"难中求成、干中有为、稳中有进"的厚重答卷。2022年，杭州全市生产总值18753亿元，增长1.5%；一般公共预算收入2451亿元，增长2.7%；城乡居民人均可支配收入分别为77043元和45183元，分别增长3.1%和5.8%，城乡居民收入比缩小至1.71；连续16年荣获"中国最具幸福感城市"称号。杭州市统计局、国家统计局杭州调查队发布的2022年杭州市国民经济和社会发展统计公报显示，以新产业、新业态、新模式为主要特征的"三新"经济增加值占GDP比重逐步提高，从2021年的36.2%提升至2022年的39.0%，展现出澎湃动力。

在推动杭州市经济社会发展方面，青年发挥了重要作用。杭州数字经济以及由此布局的产业吸引青年聚向杭州，为青年提供了施展才华的广阔舞台。为了让青年在杭州更好地发展，杭州提出"让杭州真正成为青年心生向往、人生出彩、情感归属的梦想城市"。一方面，杭州市通过优化规划环境、教育环境、就业环境、居住环境、生活环境、健康环境、安全环境，帮助青年解决就业、住房、婚恋、养老等多方面难题，更好满足青年多元化、多层次发展需求；另一方面，杭州市通过组织动员青年引领城市文明风尚、投身创新创业热潮、立足岗位建功立业、有序参与社会治理、助推生活品质提升，更好支持城市高质量、高品位发展。这一包含认知、情感、价值三个层面的城市与青年互动关系的城市定位，通过一系列完善、科学、具有操作性和前瞻性的政策推动，逐步形成了青年就业创业、安居生活的各种场景。杭州计划在未来五年推广"互联网＋生活服务"消费新模式，打造"15分钟智慧消费生活圈"，推进文化艺术消费，推动一批艺术街区、特色书店、演出剧院等休闲娱乐场所建设，以满足青年对美好生活的向往。杭州从青年出发、从产业出发、从经济发展动力出发进行的系列变革，营造了符合青年特点的社会氛围。经济发展为青年提供了舞台，青年为经济发展提供了人才资源。

（三）传承与创新并举的文化润泽青年

文化为青年提供精神家园。在杭州，可以读白居易写下的诗，走苏东坡走过的桥，品陆游品过的茶，赏柳永赏过的花；也可以在小百花越剧场及诸多剧院听一曲婉转悠扬的越剧，于西湖边的茶园、茶社品一壶龙井香茗。这些杭城"文化家常菜"丰富多彩、常见常新。杭州时尚文化发达。被誉为"中国动漫之都"的杭州，2022年动漫游戏产业全年实现营收408.06亿元，2022年11月举办的第十八届中国国际动漫节，共吸引了57个国家和地区的292家中外企业机构、1400余名展商、客商和专业人士参与。杭州正在建设"国际文化创意中心"。2022年，第十六届（2022）杭州文化创意产业博览会吸引40个国家与地区的3800余个企业（机构）和品牌参展，现场成交及项目签约额21.15亿元。杭州正在打造"电竞名城"。2022年年底，《关于推进新时代杭州动漫游戏和电竞产业高质量发展的若干意见》发布，着力推动"动漫+""游戏+""电竞+""元宇宙+"深度融合创新。动漫、创意、电竞，这些青年文化基因吸引、聚集、丰富着青年。杭州在创新上不断取得突破。2022年，杭州的创新指数在世界知识产权组织发布的排名中首次进入前20，居全球第14位，超过了伦敦、洛杉矶等城市。2022年11月，《自然》杂志增刊发布全球科研城市排名，杭州居全球第19位。创新活力之城持续迸发出的蓬勃生机，在全国范围内为打造创新创业生态输出"杭州样板"，直接吸引、影响、塑造着杭州青年。改革开放后，特别是"八八战略"实施以来，杭州不断扩大人文优势，持续推动城市文化从"软装潢"变成"软实力"。杭州文化产业一直保持快速发展，2022年全市文化产业增加值达2420亿元，占全市生产总值12.9％，成为经济发展重要支柱产业。正是在传承与创新的文化滋养下，杭州青年敢做弄潮儿。

二、研究思路、基本概念及研究过程

（一）研究思路

课题组以青年发展型城市建设为背景，围绕杭州青年发展规划的主要方面，结合杭州城市特点和杭州青年工作实际，通过文献查阅、访谈座谈、问卷调查、专题研讨、专家指导等方式开展研究。研究内容以杭州市青年发展规划和杭州青年发展型城市建设的主要指标为参考，形成研究报告。研究报告分为三篇：第一篇为杭州青年发展总报告，从杭州青年发展的时代背景出发，对杭州青年发展进行总体性描述，总结杭州青年发展特点，并针对未来青年发展型城市建设提供政策建议。第二篇为杭州青年发展分报告，分专题进行杭州青年发展各维度的深度分析，形成了杭州青年思想引领状况、杭州青年社会主义核心价值观培育状况、杭州青年"美好教育"状况、杭州青年健康状况、杭州青年婚育状况、杭州青年就业创业状况、杭州外来青年社会融入状况七个分报告。第三篇为专题报告，结合杭州数字之城、赛会之城、休闲之都的城市特点，围绕重点青年群体开展研究，形成了杭州直播经济从业青年状况、志愿服务助力杭州世界名城建设状况、杭州青年休闲生活状况三个专题报告。

杭州青年发展状况研究的数据主要来自杭州市团校"掌上团校"开展的"青年发展型城市建设中的杭州青年"调查，同时结合社会统计数据、杭州市相关职能部门提供的数据、第七次全国人口普查数据，以及历次人口抽样调查统计数据等。各分报告和专题报告中除有特别说明的外，调查数据以"青年发展型城市建设中的杭州青年"调查为准。

（二）基本概念

1. 青年与青年发展

人的生命由不同阶段构成，每个阶段有其独特性。在不同时代，青年所具有的具体意义和年龄分段标准有所不同。我们认为，青年这一概念的最核心特质就是为了胜任成人角色（其实质是行使成人权利和承担成人义务）进行准备，而这种特质的外在表现形式就是从儿童期迈向成年期之间的过渡期。准备性和过渡期决定了青年这一群体的需求、特点，以及发展可能。而精确到数字定义，对青年的年龄划分，世界不同组织、不同国家和地区各不相同。新时代青年是指处于14～35岁的青年，主要是指"80后""90后""00后"群体。本次调查采用新时代青年的年龄划分标准，即14～35岁。

青年发展早已成为全球高度重视的发展议题。据不完全统计，联合国193个成员国中已有153个国家制定了跨部门的国家青年政策，167个国家建立了青年协调机构，114个国家实施了全国青年行动纲领。青年发展具有自然性和社会属性，包括从物质到精神、从思想到行动、从自身发展到服务社会的全部内容。青年发展也是一个过程，分为起步期、加速期和稳定期三个阶段，不同的阶段需要不同的能力、资源、机会以及动机。国家层面出台的《中长期青年发展规划（2016—2025年）》确定了青年优先发展的价值理念，一切青年发展政策和一切青年工作都要据此开展。站在新时代的历史方位上，习近平总书记多次深入高校调研，给青年或青年群体回信，在系列重要讲话中关心青年及青年工作，并逐步明确了青年高质量发展的目标，就是培养新时代青年。

2.青年政策与青年工作

青年发展是在一定的社会政治、经济、文化条件下进行的，需要公共政策支持。青年政策是党政机关、立法机关和群团组织等公共部门制定的，旨在促进青年发展的行为准则。在中国，青年政策的价值核心是"党管青年"。2017年中共中央、国务院发布了《中长期青年发展规划（2016—2025年）》，这是中国第一部全面促进青年发展的国家规划，具有国家层面的青年政策意义，它从顶层设计的角度对中国青年发展作出了战略筹谋和规划部署。《中长期青年发展规划（2016—

2025年）》首次提出"党管青年"原则。这一中国青年政策的价值基点，具有以下几个方面的含义：第一，党是青年政策的第一主体；第二，党对青年的要求决定了中国青年政策的优先领域；第三，党主导青年政策的制定和实施；第四，青年政策是党的青年政策。因此，在中国，青年政策要围绕以上基本内容去寻求政策服务青年发展的最佳操作方案。政策的制定、执行和落实过程，实质上就是青年发展与国家发展的深度融合。

青年工作是落实青年政策的具有操作性的执行工作和辅助机制，因此，青年工作的理念也应该与青年发展政策的理念相配套、相一致。当然，青年工作也需要通过自身更加人性化、细致化、深入化和个性化的工作方式与方法，使青年发展规划、青年发展政策的目标和内容被具体的工作对象最直接、最真切地感受到、体验到。青年工作就是青年政策的落实。党的二十大报告提出"全党要把青年工作作为战略性工作来抓"[1]，充分体现了以习近平同志为核心的党中央对青年和青年工作的重视和关怀，为我们做好青年工作指明了前进方向、提供了根本遵循。

3.青年发展型城市与城市高质量发展

《关于开展青年发展型城市建设试点的意见》首次具体明确了青年发展型城市的实践内涵："青年发展型城市是指扎实推进以人为核心的新型城镇化战略，积极践行青年优先发展理念，更好满足青年多样化、多层次发展需求的政策环境和社会环境不断优化，青年创新创造活力与城市创新创造活力相互激荡、青年高质量发展和城市高质量

---

① 习近平.高举中国特色社会主义伟大旗帜　为全面建设社会主义现代化国家而团结奋斗——在中国共产党第二十次全国代表大会上的报告 [M].北京：人民出版社，2022：71.

发展相互促进的城市发展方式。"青年发展型城市建设实践通过不断试点、不断深化，从关注"青年引入"到培育"青年活力"，再到纵深推进"青年友好"，从多样化和全面化的角度展开青年发展的政策设计。2022年6月，包括杭州在内的全国45个试点城市（含直辖市的市辖区）、99个试点县域入选全国青年发展型城市（县域）建设试点名单。根据部署，试点城市将从政策和项目层面把党的青年工作的制度优势转化为实实在在的政策效能，为城市高质量发展探索新路子。

青年发展型城市说到底是城市高质量发展的题中之义。新时代背景下的城市化实践更加强调高质量发展，根本在于解决城市建设质量"高不高"、城市居民"满不满意"等关键问题。正如习近平总书记所述："高质量发展，就是能够很好满足人民日益增长的美好生活需要的发展，是体现新发展理念的发展，是创新成为第一动力、协调成为内生特点、绿色成为普遍形态、开放成为必由之路、共享成为根本目的的发展。"[1]因此，青年发展型城市高质量发展的核心就是能否实现青年的美好生活。

（三）研究过程

项目组成立以来，组织实施了"青年发展型城市建设中的杭州青年"专题调查、专题访谈座谈等，整个研究分为准备阶段、信息收集阶段、调查阶段、成果形成阶段四个阶段。

1. 准备阶段

在准备阶段，组建了课题研究团队，并制订杭州青年发展状况研究方案，初步确定研究框架和主要研究内容，确定对杭州青年发展状

---

① 马建堂.新发展理念是新时代经济工作的根本指针[M].北京：人民出版社，2022：57.

况进行定量与定性、整体与个案、描述与预判相结合的研究。在准备阶段完成青年发展型城市建设的文献整理工作，形成了青年发展型城市建设文献综述。确定了本次研究的基本方法，主要包括问卷调查法、个案访谈法、文献综述法等。

2.信息收集阶段

为更好地掌握全市开展青年发展型城市建设的总体情况，课题组对杭州有关青年的政策进行了全面收集整理。通过搜索浙江政务服务网、浙江省人民政府网站、杭州市人力资源和社会保障局、杭州市住房保障和房产管理局，以及杭州市13个县（市、区）的门户网站等2018—2023年的数据，对各机关部门和县（市、区）政府微信公众号平台进行查询，得到有关青年政策的汇总。同时，与杭州青年发展规划各联席单位进行对接，搜集各单位有关青年发展的基础数据。在资料搜集的基础上，形成了杭州青年发展政策汇编，为研究打下了扎实的基础。

3.调查阶段

本次调查自2023年3月启动，借助杭州市团校"掌上团校"调查系统和杭州市团系统的组织体系和工作网络，组织实施了2023年"青年发展型城市建设中的杭州青年"调查。根据《中长期青年发展规划（2016—2025年）》的青年界定，本次调查将14～35岁的杭州常住青年人口［包括户籍人口和在杭居住一定时间（通常是半年以上）人口］作为调查总体和研究对象。调查方式上，采用网络在线调查，调查采用了县（市、区）层面的配额抽样和县（市、区）内整群抽样相结合的方式。调查分布在13个县（市、区）和不同类型的高校，其中各县（市、区）样本覆盖中学、企业、行政事业单位和村社。调查重点关注杭州青年的思想、教育、健康、婚恋、就业创业、闲暇生活、社会参与、住房、城市国际化、直播行业青年等方面的基本情况。调查在 2023年7月初完成，共填答问卷3088份，有效问卷2753份，有效率 89.15％。样本情况如表1所示。

表1　样本基本情况

项目	类别	频数 / 份	占比 /%
性别	男	1193	43.33
	女	1560	56.67
户籍	杭州市区	1418	51.51
	杭州其他县（市）	370	13.44
	杭州市外、浙江省内	432	15.69
	浙江省外	533	19.36
最高学历	高中及以下	370	13.44
	专科	578	21.00
	本科	1583	57.50
	研究生	222	8.06
婚恋	未婚无对象	1223	44.42
	未婚有对象	490	17.80
	初婚有配偶	1001	36.36
	其他	39	1.42

续表

项目	类别	频数/份	占比/%
工作时长	低于8小时	372	13.51
	8小时	984	35.74
	8～10小时（不包含8小时）	1038	37.70
	10～12小时（不包含10小时）	239	8.68
	12小时以上	120	4.37
单位类型	机关、事业单位	730	26.52
	国有、集体企业	363	13.19
	民营、个体经济、自由职业等	1235	44.86
	学生	425	15.43
样本总数/份		2753	

在进行问卷调查的同时，课题组在2023年4—5月组织了集中座谈四次，参与座谈的对象包括不同行业的青年、青年工作者、与青年发展有关的职能部门负责人等。课题组分批前往13个县（市、区）进行了实地调研，调研采取了问卷调查、小组座谈、个案访谈等方式。个案访谈包括普通青年、青年人才、外来务工青年、团干部、青年工作者、青年联席会议相关单位青年工作负责人等300人次，实地参观青年发展基地、实践基地及青年之家等26个，对青年发展的多个方面情况进行了全面充分的了解，整理形成访谈记录和座谈记录。

4.成果形成阶段

杭州青年发展状况研究最终成果为一个总报告、七个分报告和三个专题报告。

三、杭州青年发展基本情况

（一）青年人口占比高，流入总量大但流入速度放缓

根据杭州市统计局发布的2022年杭州市人口主要数据公报，2022年年底，全市常住人口为1237.6万人，自然增长率为2.2‰，与2021年相比，自然增长率下降了0.7个千分点。第七次全国人口普查数据显示，2020年，杭州吸纳了300万人以上省外人口，与2010年相比，杭州10年来省外人口增长83.9%，增速在全省最快。男女性别比分年龄段看，16～44岁性别比超过140，大大高于2010年同年龄段性别比。这表明，10年来省外流入人口中青壮年人口男性居多的特征进一步强化。而杭州人才吸引力进一步加大，2022年新引进35岁以下大学毕业生36.4万人，后续三年计划引进人数超100万人。但2022年也出现了一些微小变化。统计数据显示，2021年杭州常住人口增量为23.9万人，2022年的人口增量为17.2万人。杭州流入青年的速度在放缓，流出青年在增加。在就业压力与生活成本压力的双重考验下，杭州需要采取多种措施为青年释放空间。

（二）青年党团员比例稳定，志愿者人数和服务时长增加

截至2022年12月31日，全市有35岁及以下党员223458名，占全市党员总数的28.4%。截至2022年年底，全市的团员总数为427691

名，比上一年减少3908名。①截至2022年年底，全市青年注册志愿者总数为1790599名。青年志愿者服务时数2022年度为5307571.28小时，比上年增长820586.97小时。②

（三）初婚平均年龄更晚，离婚平均年龄刚过青年期

杭州市民政局2022年婚姻登记数据显示，2022年，杭州市共办理结婚登记65315对，全市结婚登记数比上年增加5488对，同比上升9.2%，创四年来新高。办理离婚登记17027对，比上年增加412对，同比上升2.5%。初婚平均年龄男性为28.8岁，与上年相比晚0.3岁，女性为27.5岁，与上年相比晚0.4岁。结婚登记男性平均年龄为31.7岁，女性平均年龄为30岁，与2021年持平，登记结婚的高峰段仍为25～29岁。结婚双方男方比女方大1～4岁依然是主流。婚龄6～15年是离婚高发期，占离婚总数的45%。男性平均离婚年龄为40.9岁，女性为38.5岁。

（四）家庭规模变小，独居青年变多

第七次全国人口普查数据显示，杭州市常住人口中共有家庭户4435927户，集体户519075户，家庭户人口为10469588人，集体户人口为1466422人。平均每个家庭户的人口为2.36人，比2010年第六次全国人口普查时的2.59人减少0.23人。家庭户均人口相比第六次全国人口普查时有所减少，家庭规模更小。其中，一人户家庭，也就是独居者的比例，从2000年第五次全国人口普查时的13.1%，到2020年第七次全国人口普查时，已经达到33.1%。也就是说，杭州每三户家庭里面，就有一户是独居。一人户已成为杭州最主要的家庭户型。与之

---

① 数据由共青团杭州市委提供。
② 数据由杭州市志愿者工作指导中心提供。

相反，传统的三口之家数量则在迅速萎缩。2000年时比例还有34.7%，是最主要的家庭户型。但到了2020年，只剩下18.8%，不仅远远少于独居家庭，也少于二人户的丁克家庭或子女已成年的老两口家庭。在杭州的独居人口中，25～34岁年轻人的独居数量大幅攀升，从2010年时的175490户，猛增至2020年的485082户，足足增长了1.8倍。在全部独居户数中的比例，也从10年前的25.6%上升至33.1%，成为最主要的独居群体。《新独居时代报告》曾预测，2030年我国独居人口数量或将达1.5亿至2亿人，独居率或将超30%。第七次全国人口普查结果显示，集中在一线、重点二线城市的20～49岁城市独居青年正在构建"新独居时代"。

（五）教育资源丰富，教育减负落地

2022年杭州统计年鉴显示，截至2021年年底，全市拥有普通高等学校40所，在校学生58.5万人，增加3.4万人，其中研究生9.8万人，高等教育毛入学率70.7%；普通高中95所，在校学生13.1万人，增加0.6万人；职高和中等专业学校38所，在校学生6.6万人，增加0.2万人；初中296所，在校学生26.4万人，增加1.4万人，初中毕业生升入各类高中比例为99.79%；小学493所，在校学生68.1万人，增加3.6万人；幼儿园1073所，在园幼儿38.5万人，增加1.0万人，学前三年幼儿入园率为99.25%。流动人口随迁子女在本市义务教育学校就读29.0万人。各级各类中外合作办学项目71个，其中市属高校项目8个，高中段学校项目7个。2022年，全市学前教育优质覆盖率93.84%、公办率78.36%，儿童平均预期受教育年限15.37年，均为全省第一。2022年12月，杭州市成功入选教育部基础教育综合改革实验区。教育资源供给持续强化。连续3年将中小学、幼儿园建设纳入市政府民生实事项目，全市新建竣工94所学校，可提供学位7.5万个。全市新增19所全国青少年校园足球特色学校，累计达到136所。杭州籍大一新生连续12年蝉联全省高校新生体质健康测试总成绩榜首。深化新时代城乡义务教育共同体建设，组织70所中小学参与跨地区教共体结对。教育"双减"走深走实，指导全市合规的校外培训机构入驻"全国校外教育培训监管与服务综合平台"，全流程监管合格率达100％，杭州推荐入选教育部"双减"优秀案例及典型经验推广数量位列全省第一。2022年新增3所直属高中学校（校区）。全市22所"公参民"学校转为公办学校，全市民办义务教育学校数降至82所，民办义务教育在校生比例压减至3.54％。

（六）发展设施阵地更全，城乡差距存在

截至2022年，杭州市共有各类体育场地38021个。[①]在册歌舞娱乐场所748家（实际营业511家）；在册网吧1080个（实际营业548个），影院约190家。[②]各级科普教育基地共152家，其中国家级22家，省级36家，市级94家。[③]青年之家401家、浙江省示范性青创农场36个。[④]在调研中发现，在桐庐、建德、淳安几个偏远地区，青年娱乐设施和阵地普遍偏少。

---

① 数据由杭州市体育局提供。
② 数据由杭州市文广旅游局提供。
③ 数据由杭州市科学技术协会提供。
④ 数据由共青团杭州市委提供。

四、杭州青年发展的主要特征

（一）思想上积极向党，追求平凡但不平庸的人生价值，思想引领需加强

思想是人的意志的集中表达，也是深层展示，是人对自身存在之思的意义建构。作为思想最为开放与活跃的群体，青年总是各种社会思潮的积极参与者、追随者、传播者和实践者。调查显示，杭州青年对于党的领导高度认同，对党领导下的社会经济发展状况给予积极肯定的评价，93.14％的青年认为入党是自己学习和工作的动力，也是一份荣耀和责任。但同时也有4.54％的青年没有想过入党，2.32％的青年认为入党对自身没有帮助。这充分反映青年在思想上追求多元性、主动性和独立性。在对党史、新中国史、改革开放史、社会主义发展史和中华民族发展史的学习上，99.27％的杭州青年表示有所了解或者熟悉。在人生价值观上，相比2018年的调查，2023年的调查显示杭州青年更加务实，58％的青年选择了平凡但不平庸的人生。在人生幸福上，人类命运、家国情怀成为杭州青年人生幸福的追求，占比67％。总体来看，新时代的杭州青年经历了新冠疫情后，既关注宏大的人类和社会命题，也深刻认识到个体与社会之间的紧密联系，对个人人生价值的追求趋于务实。同时也要看到，选择"躺平"，对一切无所谓的青年占比4％，这是社会发展新阶段必然会出现的部分青年在人生道路受阻后的表现，需要社会加以引导并为其提供人生价值实现的舞台。

（二）教育期望高、教育渠道多，教育焦虑存在

教育的合理期望是青年发展的重要内驱力。竞争性社会条件下，教育对青年在社会上的重要性显而易见，无论是学历的提升还是技能

的培育，都需要通过教育来实现。从调查情况看，杭州青年学历普遍较高，仅有 13.44% 是高中及以下学历。同时，青年对高学历的期望较高，对学历提升有着强烈的愿望，但是受时间、经济条件的影响，真正投入的并不多。在学习内容上，杭州青年既关注与职业发展相关的内容，也关注个人兴趣爱好培养方面的内容。在学习途径上，伴随着杭州教育改革的深化，各种教育资源越来越丰富，教育机构越来越齐全，青年在教育途径选择上更加多样化。在教育问题上，"子女教育投入大""城市教育资源公平""'双减'政策"成为排在前三的受关注问题，教育焦虑依然存在，教育公平和教育资源均衡化仍是需要努力改进的方向。杭州为推进"教育共富"，出台了《关于推进"美好教育"共同富裕促进山区 4 县基础教育优质均衡发展行动方案》《杭州城西科创大走廊基础教育高水平均衡发展（2022—2025 年）规划》等政策文件，加大对山区 4 县和城市新区基础教育发展的支持和保障。为均衡教育资源，杭州推进名校集团化发展，落实"双减"政策，一定程度上促进了教育公平，缓和了教育不均衡的问题。但受户籍制度、城乡差距、家庭条件等客观因素的影响，美好教育仍然还有提升的空间。

（三）健康素养较高、养生意识增强，但亚健康普遍

健康是一切的基础。为全力推进健康杭州建设，努力打造"健康浙江新标杆"和"健康中国示范区"，杭州提出《杭州市人民政府关于推进健康杭州三年行动（2020—2022 年）的实施意见》，提出加快构建与独特韵味、别样精彩的世界名城相匹配的多元化、多层次、多维度的大健康治理体系。在此背景下，青年健康问题得到全面重视和提升。根据《健康杭州发展报告（2022）》的调查，2021 年杭州市居

民健康素养水平年龄分布情况，25～34 岁年龄组健康素养水平最高，为 61.01％。但是随着社会节奏的加快，青年的亚健康状况普遍，本次调查数据显示，亚健康青年占比 55.98％。这与杭州日益加快的工作生活节奏密切相关，加班成为青年常态，睡眠时间达到 8 小时的青年仅有 8.61％。更值得重视的是一线低收入青年群体（尤其是蓝领工人）的健康问题。由于三班倒的工作模式，这些青年的睡眠节奏紊乱，且收入又与工作时长密切相关，其休息时间不足导致健康问题突出。因此，如何引导企业重视一线青年职工的健康是建设健康杭州需要加大力度的工作方向。同时，部分青年将大量休息时间花在短视频等网络娱乐上而引起身心健康问题的情况增多，尽管青年养生等话题时常成为网络热点，但真正健康的生活方式、生活观念仍需进一步倡导。

（四）就业态度积极、创业意愿不足，"慢就业"现象值得关注

青年就业关系个人成长成才，更关乎国家发展的未来。青年失业率高于社会平均水平，是世界各国面临的共同难题。在青年失业率继续走高的整体环境下，杭州青年的就业也面临着各种变化。从就业前景看，杭州青年对就业持乐观态度，92.89％的青年认为通过自身努力和社会帮助能找到工作，仅 7.11％的青年认为找不到工作，这里面包含了预期收入、工作匹配度等因素的影响。值得关注的是，受大环境影响，90.70％的受访者对当前的创业形势持消极态度，认为当前创业困难较多，有 21.57％的受访者明确表示当前不适宜创业。在这种情况下，如何提振青年的创业信心是非常急迫的问题。而在择业方向上，青年求稳心态明显，公务员、国企等体制内工作得到更多关注。在就业政策导向上，杭州引导青年前往基层就业的效果初显，青年助力乡

村振兴的意愿强烈，但是对于基层就业，青年最大的担心是教育、休闲娱乐的配套无法满足需求。面对就业压力，应届毕业生出现"慢就业"现象，部分青年选择继续考研、考公、等待更合适的工作机会的情况有所增加。在就业薪资方面，青年就业薪资偏低，调查数据显示年收入在5万元及以下的达到24.08％，这部分青年的生活压力在高房租、高房价、高消费的杭州非常之大。提振青年就业创业信心是青年发展型城市建设中的当务之急。

（五）婚恋生育高成本、低意愿，亟须改变社会氛围

恋爱、婚姻、生育是青年期重要的社会活动。从家庭生命历程的视角看，生育并不是单一、短期的行为或事件，而是与青年恋爱、婚姻、养育、教育等密切相关的长期过程。根据浙江省第七次人口普查数据，在全省11个地市当中，杭州总和生育率最低，只有0.96。[①]根据生育理论，杭州面临着"低生育率陷阱"。本次调查显示，在生育方面，杭州仅有1.46％的青年愿意生育3个或3个以上的孩子，且不受男女性别的影响。而在有关恋爱、婚姻的调查中，恐恋、恐婚的青年也在增加。恋爱、婚姻、生育意愿低的青年有所增加，且氛围在蔓延。产生这一低意愿的原因，与高经济成本以及由此带来的焦虑情绪密切相关。本次调查显示，在刺激生育意愿的选择中，35.77％的青年认为"收入稳定增加"能增加生育意愿，23.86％的青年认为"物质奖励政策"能增加生育意愿，物质奖励也可以归为经济因素。可见，经济条件是影响青年生育意愿的最重要因素。在婚恋观的影响因素中，38.73％的青年认为家庭教育影响其婚恋观，31.44％的青年认为互联网

---

① 数据由浙江省统计局提供。

和社交平台影响其婚恋观。值得注意的是，认为学校教育影响其婚恋观的仅为3.69%。重视家庭教育是营造积极婚恋观的有效途径。

（六）社会参与空间扩大、参与态度积极，希望提升参与能力

社会参与能够促进个人与社会融合，进而提升幸福感。青年的社会参与极其重要，社会参与是青年实现社会化最重要的途径。随着社会改革的深入，杭州市民参与社会公共事务的主体地位得到了基本保障，市场机制的完善让"社会人"的身份进一步明显，无论是社区自治还是城市化程度，杭州都走在全国前列，特别是杭州青春社区的实践，更是为青年社会参与创造了空间。而民间社会组织的活跃为青年的社会参与提供了广阔的舞台，特别是在团系统推出的青年社会组织"伙伴计划"的带动下，更多的青年通过社会组织参与社会公共事务。本次调查显示，杭州青年积极参与各类社会事务，保持了较高的参与热情。在参与方式上，75%的青年喜欢新媒体，这与数字之城的城市定位相吻合；在影响参与的因素中，工作生活忙碌排第一，社会氛围排第二；在参与氛围上，以青年喜闻乐见的方式营造氛围更能促进青年参与度的提高。比如杭州亚运会上的志愿服务，成为杭州青年展示与提升的窗口，"小青荷"得到全亚洲媒体和运动员的高度评价，擦亮了杭州城市名片。尽管如此，调查也显示，不同青年群体的参与情况差别较大，大学生群体更为积极，新时代农民工较为消极，新兴青年群体在意愿和行动上不一致。

（七）休闲资源丰富，线上休闲占主导，金钱与时间不足是影响休闲的关键

闲暇生活是体现青年活力的重要方面，也是一个城市幸福程度的

重要参考指标。杭州历来拥有独特的休闲文化和休闲氛围，"东方休闲之都""中国旅游休闲示范城市"等荣誉和头衔都证明了杭州作为休闲城市的国际知名度。《2022长三角城市休闲化指数》报告显示，杭州综合指数排名第二，仅位居上海之后，这也是杭州在长三角城市休闲化进程中的引领作用和示范作用的显著体现。身居其中的杭州青年，在闲暇生活上热衷于在线上打发休闲时间，这与杭州高度的数字化密切相关，个人生活的基本方面都能通过网购的方式实现，各种娱乐内容都能通过手机、电视等享受，相比之下，线下娱乐受新冠疫情和成本的影响，选择的青年明显偏少。本次调查结果显示，休闲态度受学历、年龄、性别、收入等因素的影响。比如从学历看，受教育水平越高，休闲态度越积极。在休闲方式的选择上，青年更趋向于朋辈和趣缘活动。这是因为这类活动能够满足青年的核心需求——能力、相互关系和自主性，即自由选择。因此，从政府改善城市休闲品质的角度看，必须考虑青年核心需求的满足。在休闲制约因素方面，资金、时间、环境设施成为排在前三的因素。43%的青年认为自己资金有限，33%的青年认为缺少时间，9%的青年认为居住地周边休闲配套设备不足。如何保障青年的休息权利、供给更多免费休闲设施是提高青年休闲品质的关键。

（八）喜欢独居，注重居住环境，期待市场更规范

居者有其屋是社会基本的保障。青年对于住房需求的满足更多依赖于社会和家庭。为更好地满足青年的住房需求，杭州不断完善以公租房、保障性租赁住房和共有产权住房为主体的住房保障体系，筹集认定保障性租赁住房10.84万套（间）；新增青年教师、医生、产业工人专项公租房保障家庭1240户，推出公租房实物配租房源6574套。制

定出台《关于进一步完善住房租赁企业"白名单"机制的通知》并公布"白名单"企业51家，有效降低租赁风险，保障青年租住权益。杭州上城区、钱塘区等地为大学生来杭就业创业推出青年人才驿站，定点酒店提供最多免费住七天的福利。这些政策和措施，一定程度上解决了青年的住房问题。本次调查显示，多数青年喜欢独居，67％的青年选择自住，33％的青年与父母同住。20％的青年租房居住，19％的青年自购房居住，24％的青年住单位用房和保障性住房。杭州贝壳研究院的调查也表明，青年已经成为买房和租房市场的主体。在本次调查中，青年人均住房面积30平方米以下的占比为55％。2022年杭州市国民经济和社会发展统计公报显示，杭州城镇居民人均住房面积为40.7平方米，青年人均住房面积低于杭州城镇居民人均住房面积。调查显示，青年住房支出成本安排较为合理，有47％的青年在最近一年每月房租房贷占收入10％以下，这与调查对象中提供宿舍和福利房的比例一致。从事租房中介超过10年的中介人员告诉调研人员，虽说现在买房越来越年轻化，但也有很多青年选择长期租房。关于租房市场情况，13％的青年认为杭州租房市场非常规范，40％的青年认为比较规范，28％的青年认为租房市场的规范化程度一般，7％的青年认为不规范。具体访谈中，青年认为租房市场不规范主要体现在价格不合理、临时要求退租、租房环境太差且得不到改进等方面。因此，规范市场、提升居住环境是社会面向独居一代的青年必须要选择的社会政策方向。

（九）积极参与世界名城建设，具备开放精神，期待更多国际交流机会

习近平同志在浙江工作期间明确提出，杭州不应当仅仅是浙江的杭州、中国的杭州，也应当是亚洲的杭州、世界的杭州，要将杭州打

造成世界一流的标准，世界一流的业绩，世界一流的胸襟和气魄，世界一流的现代化国际大都市。调查显示，81%的青年认为杭州非常友好。杭州正在用国际化的产业生态、国际化的产业人才、国际化的城市配套，推动形成完善和优越的开放发展环境。杭州青年通过参与"美丽杭州"建设、宣传杭州文化、参加环境保护活动以及提升自身文明水平等方面的内容来积极推动世界名城的建设，51%的青年参与过诸如G20杭州峰会、杭州第十九届亚洲运动会、国际夏令营、国际音乐节等国际友好交流活动。在城市建设方面，57%的青年希望继续改善民生问题，同时希望在城市规划方面能够更加合理。第十九届亚洲运动会再度向杭州开启了国际大都市的跃迁之门，借此机会杭州可以更好地实现"办好一个会、提升一座城"的目标，向世界充分展示新时代中国特色社会主义制度的优越性。亚运会也是杭州青年与世界交流的重要机会。亚运会共有3.76万名"小青荷"参与服务，城市志愿服务阵地"亚运青年V站"共有76.93万人次的志愿者上岗。在参与志愿服务的过程中，青年与世界发生更紧密的联系。同时在调研中，青年们也表示，杭州与国际大都市相比仍然还有差距，期待杭州有更多大型国际赛事并且能够参与其中。

（十）发展环境向好、发展政策务实，但政策与青年融合有待加深

根据浙江省青年工作联席会议发布的浙江青年发展综合指数（2022），杭州青年发展综合指数获评优秀等次，并在全省排名第一，下属13个县（市、区）中11个获评优秀等次，其中滨江区、西湖区、钱塘区、上城区、余杭区、拱墅区包揽全省县（市、区）综合排名前六名。杭州成绩的取得一方面跟省会城市的地位有关，另一方面也得益

于杭州市委、市政府对青年工作的高度重视。在市委、市政府的推动下，与青年相关的系列规划、政策纷纷出台，并在实施过程中不断具体和完善，直接有效地在青年就业创业、教育、安居、健康、人才等方面改善了青年生活品质，提升了青年发展质量。杭州推出青年发展型城市建设试点的预期成果、重点政策、实事项目等"三张清单"，落实多项举措和项目。各县（市、区）党委政府全面落实试点工作要求，确保青年发展型县（市、区）建设向纵深推进。通过搜索，2016—2023年市级层面有关就业创业的政策13项、人才政策9项、教育政策25项、住房政策5项、落户政策2项等。同时，与青年相关的行业配套政策也间接促进青年发展。如电商行业《杭州市商务局关于加快杭州市直播电商经济发展的若干意见》《关于促进杭州市新电商高质量发展的若干意见》等政策，使青年受益明显。由于受政策延时性以及青年变化迅速等因素的影响，调研中发现政策与青年之间还存在距离，如何让政策更加完善和细化，是下一步政策制定需要重点思考的方向。

五、促进杭州青年高质量发展建议

杭州青年发展型城市建设经历了从关注"青年引入"到培育"青年活力"，再到纵深推进"青年友好"的过程，站在新起点，面对新任务，只有立足青年，着眼城市实际，以"后亚运"为契机，高质量发展青年，才能打造青年发展型城市建设的杭州标杆。

（一）全新谋划新一轮青年发展规划

《青年发展型城市建设深圳倡议》提出"投资青年就是投资城市未来"。杭州经济发展一直保持高速增长，特别是新经济和数字经济战略实施以来，更是在青年心中获得价值认同。这种高认同带来了高预期。"高成就预期"成为青年心态的底色，他们出生于长期经济高速增长的年代，很多人从未想过自己"有可能会找不到工作""收入会下降""有一天会面临生活的困顿"。随着原有经济发展模式动力的消退以及国际环境不确定因素的增多，基于已有高速增长形成的高成就预期一旦不能实现，就可能引发新的社会风险。杭州要避免这种危险的发生，在战略规划上需要更多关注青年群体。

首先，要在经济发展规划和布局中坚持青年视角。青年留杭始于前景，杭州让青年看到前景是青年一切发展的前提。杭州在加速新旧动能转换过程中涌现出的新产业和新业态中，要有青年可以实现价值的产业和业态，同时要继续保持创新活力，为青年实现梦想提供充分的就业创业机会与平台。其次，要在城市规划设计中体现城市与青年的互动。城市中的场馆、商圈、景点、交通枢纽等重要点位规划布局既要考虑青年需求的满足，也要为广大青年打造服务城市的新平台。最后，要积极推进杭州青年发展规划与杭州国民经济和社会发展规划相衔接，将更多青年发展的具体内容写入各项专项规划。把青年发展规划的目标与城市各项专项规划进行点对点的对接，促进规划落地。特别是在国家层面已经启动新一轮中长期青年发展规划的时间节点上，杭州也需要着手提前准备新一轮的杭州青年发展规划，开展全方位的调研，为新的发展规划做好准备。

（二）全域优化青年发展社会环境

青年的社会地位由于其人生阶段属性具有一定的劣势，但是青年的创新性、活力性、多元性具有让城市高质量发展的优势。引导青年扬长避短，需要一个宽容的社会环境来支撑。

一方面，社会需要加强青年发展型基本单元建设，这是实现青年发展的有效路径。在青年相对集聚的城市空间，包括但不限于在社区、商业综合体、文化创意园区等开展青年发展型基本单元建设，打造一批符合青年特点、适应青年需求，功能完善、各具特色的青年发展型社区、街区、园区、企业、场馆等青年发展基本单元，构建可持续的青年发展空间场景。另一方面，家庭、学校教育需要与时俱进。由于"00后"处于一个充满"不确定性"的社会，家长的知识观、成才观、教育观若还停留在以往的认知结构里，家庭的代际矛盾与冲突就容易发生。家长应该将注意力更多地放在培养孩子确定性能力方面，以对抗快速变化的"不确定社会"。在评判孩子成长的标准上，家长需要更多元、更包容。青年教育的问题是时代命题，也需要在解决时代问题中关照青年教育。学校是青年教育的主阵地，在成长过程中扮演着极其重要的作用。学校教育不能脱离时代，无论是内容还是方法，只有从所处时代青年的真正成长出发确定教育内容与形式，才能服务青年发展。成长在互联网时代的青年，网络世界是其生活非常重要的构成部分，要通过互联网阵地建设，加强网络监管，为青年营造健康、积极、丰富的网络生态环境。因此，家庭教育、学校教育需要从根本上改变观念，适应不确定性时代的青年生理心理特点，创造包容的社会环境，为青年发展提供思想成长的空间。

（三）全面完善青年发展政策

青年政策是社会政策以青年群体作为对象的一个具体运用领域。青年发展政策则是在一个更高层面，以更加独特的角度，从整体上促进青年发展和预防问题发生的制度体系及操作机制。

从青年的本质、需求出发制定政策，首先要加大青年发展专属政策供给力度。社会政策应该将青年政策纳入其中，并与其他社会政策形成配合，根据需要作出适时调整。其次要做细青年发展政策的配套服务工作。杭州出台了就业创业、医疗保障、配偶安置、子女入学等一揽子普惠暖心政策，需要开发了解、运用政策的平台，发布、解读青年政策，并要求用人单位和政府主管部门建立政策更新的工作制度。最后要发挥青年在政策制定中的作用。青年是青年发展政策的最直接相关人，要鼓励青年积极参与政策制定，并运用青年组织及其他社会组织的资源来支持青年发展政策的实施。同时，由于青年对国家、地方有关青年发展政策的不了解，对政策认知有局限性和偏差，了解政策不全面，运用能力弱等现实，有必要借助团校、工会干校等培训单位，定期开展青年政策解读的专题培训，将培训纳入财政计划，保证培训质量。

（四）全程保障青年发展服务供给

随着我国社会主要矛盾的深刻变化，青年日益增长的美好生活需要和不平衡不充分的发展之间的矛盾也在凸显。不同地域、领域和年龄的青年在毕业求职、创新创业、社会融入、婚恋交友、老人赡养、子女教育及住房居住等方面还有许多操心事、烦心事。

要更好服务青年发展，一方面要解决青年急难愁盼问题。进一步完善青年就业创业政策，加大对杭州青年就业创业质量的监测，做好风险监测，定期发布青年就业创业白皮书等监测成果。持续推进促进职住平衡的住房租购政策，并不断完善租房配套服务，积极推进租购同权，为青年购房提供缓冲区间，减轻青年购房压力，为青年住房探索系统解决方案。完善青年生育政策，整合工会、共青团、妇联等资源优势，探索联合建立统一的公益性青年婚恋平台。落实健康中国规划，落实青年健康监测制度，为青年健康美好成长创造更加良好的条件。另一方面要更加关注最广大的普通青年群体的切身利益，充分发挥组织化动员和社会化倡导的优势，对普通青年群体的一般利益要给予回应，在保障青年权益等方面做得更全更实。

（五）全力引领青年更有为

青年发展最根本的还是在于青年自我奋斗。城市的高质量发展离不开青年的努力与奉献，青年有为才能在城市实现价值，才能得到高质量发展。

全社会要激励青年在奋斗创造中展现青春担当，但共青团应当充分发挥引领青年有为的桥梁纽带作用。首先要引领青年在高质量发展、共同富裕、乡村振兴的道路上贡献力量。其次要引导、激励青年在平凡岗位上扎实工作，在急难险重任务中冲锋在前，在基层一线接受锻炼。多数青年如螺丝钉，是社会运转不可缺少的重要部分，要让这些平凡岗位的价值被看见。最后要引导青年在社会文明建设中引风气之先。比如杭州亚运会，志愿服务就是青年建功的主战场，就是杭州青年创造有为的阵地和平台，在全社会乃至全世界展现了青春风采，展示了城市文明。尊重青年在城市发展中的关键作用，设计打造更多符合青年特点的就业岗位、创新空间、创业平台，动员更多青年在各领域争当排头兵和生力军，充分展现青春之我。

参考文献

[1] 蔡奇. 在中国共产主义青年团第十九次全国代表大会上的致词[EB/OL].（2023-06-19）[2024-02-01]. https://mp.weixin.qq.com/s/zZHkn0XYPQUVExIeeyMntA.

[2] 杭州经信. 聚焦|杭州：以创新为驱动产业发展实现转型升级[EB/OL].（2023-07-04）[2024-02-01]. https://mp.weixin.qq.com/s?__biz=

MzA5MzgyNzcxMg==&mid=2650022747&idx=1&sn=48d24be026945b181e5ff570f91aeb62&chksm=885764b4bf20eda2cb567d61217e64b7d3acda361b3eddf27958bd0e85f9524113aa1e02beec&scene=27.

[3] 杭州市教育局.杭州市教育局2022年工作总结[EB/OL].（2023-04-23）[2024-02-01].edu.hangzhou.gov.cn/art/2023/4/23/art_1229424753_4159739.html.

[4] 杭州市人民政府门户网站.2022年杭州市人口主要数据公报[EB/OL].（2023-03-02）[2024-02-01].https://www.hangzhou.gov.cn/art/2023/3/2/art_1229063404_4144634.html?eqid=87b7aa8100438671000000046497a08b.

[5] 杭州市统计局，国家统计局杭州调查队.2022年杭州市国民经济和社会发展统计公报[EB/OL].（2023-03-20）[2024-02-01].https://tjj.hangzhou.gov.cn/art/2023/3/20/art_1229279682_4149703.html.

[6] 柯静.杭州人结婚更晚了 婚龄6至15年是离婚高发期—2022年杭州市婚姻登记数据出炉[N].杭州日报，2023-02-08（A05）.

[7] 李克强.政府工作报告：2023年3月5日在第十四届全国人民代表大会第一次会议上[EB/OL].（2023-03-05）[2024-02-01].https://www.gov.cn/zhuanti/2023lhzfgzbg/index.htm.

[8] 廉思，袁晶，张宪.成就预期视域下的中国青年发展——基于时间洞察力理论的新认知[J].中国青年研究，2022（11）：30-51.

[9] 马建堂.新发展理念是新时代经济工作的根本指针[M].北京：人民出版社，2022.

[10] 沈杰.中国青年发展政策体系建构的理论预设[J].中国青年研究，2021（3）：38-44，52.

[11] 涂敏霞，杨成. 广州青年发展报告[M]. 北京：社会科学文献出版社，2022.

[12] 王浩. 政府工作报告：2023年1月12日在浙江省第十四届人民代表大会第一次会议上[EB/OL].（2023-01-18）[2024-02-01]. https://baijiahao.baidu.com/s?id=1755316316043199952&wfr=spider&for=pc.

[13] 吴雅茗，俞熙娜，张留. 杭州，迈向世界名城的脚步——写在G20杭州峰会一周年之际[N]. 浙江日报，2017-09-07（1）.

[14] 习近平. 高举中国特色社会主义伟大旗帜　为全面建设社会主义现代化国家而团结奋斗——在中国共产党第二十次全国代表大会上的报告[M]. 北京：人民出版社，2022.

[15] 徐珏，刘冰，张艳，等. 杭州市培育健康人群分析报告[R]// 王建勋，杨磊. 健康杭州发展报告（2022）. 北京：社会科学文献出版社，2023：215.

[16] 姚高员. 2023年杭州市政府工作报告[EB/OL].（2023-03-01）[2024-02-01]. https://www.hangzhou.gov.cn/art/2023/3/1/art_1229063401_4144223.html?eqid=e0fac3f7002f3ef3000000056488d2aa.

[17] 张良驯，杨长征. 中国青年发展规划的理论与实践[M]. 北京：人民出版社，2018.

[18] 赵静. 统计公报说：浙江外来人口现状及特征[EB/OL].（2021-11-22）[2024-02-01].https://m.thepaper.cn/baijiahao_15494284.

[19] 浙师大教育改革与发展研究院. 数据视角|中国人口规模变动趋势与家庭结构变化——直击杭城[EB/OL].（2023-03-01）[2024-02-01].https://mp.weixin.qq.com/s/JxUaR8EUTymT8f9FquK44A.

第二篇

分报告

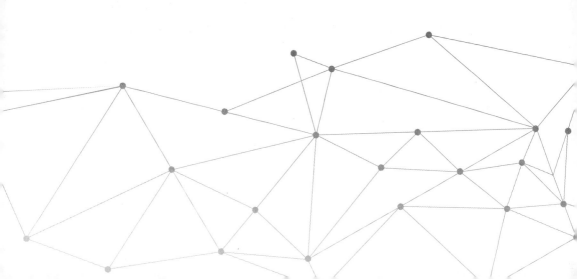

杭州青年思想引领研究报告

杭州市团校　谷云峰

摘　要： 本课题在明确了新时代加强和改进青年思想引领工作的重大意义的基础上，对新时代杭州青年的总体思想状况和思想引领工作进行了全面的分析，提出了持续加强党的全面领导，准确把握青年工作战略性的实现路径；牢牢掌握意识形态工作领导权，做好在复杂严峻环境下开展思想引领的精神准备；始终把服务青年落到实处，在把握正确导向的同时增强服务实效性；坚定不移聚焦共青团组织主责主业，勇于自我革命地加强和改进青年思想引领工作的举措。

关键词： 新时代；青年；思想引领；举措

党的二十大报告提出明确要求："全党要把青年工作作为战略性工作来抓。"[①]在以中国式现代化实现中华民族伟大复兴的新征程上，必须用中国式现代化的马克思主义构筑青年一代的强大精神支柱，自觉投身民族复兴的伟大征程，为高质量发展提供强大的动力支撑。要着力加强对广大青年的政治引领。青年有理想、敢担当、能吃苦、肯

---

① 习近平.高举中国特色社会主义伟大旗帜　为全面建设社会主义现代化国家而团结奋斗——在中国共产党第二十次全国代表大会上的报告 [M].北京：人民出版社，2022：71.

奋斗，中国青年才会有力量，党和国家事业发展才能充满希望。帮助广大青年确立正确的理想、坚定的信念，应该成为团组织的首要任务。只有抓好这项工作，才真正抓到了根本。这是党对共青团工作第一位的要求。

一、新时代加强和改进青年思想引领工作的重大意义

在新时代新征程上，中国共产党对青年工作高度重视，并提出了更高的要求。要着力加强对广大青年的政治引领。要引导广大青年树立坚定不移听党话、跟党走的政治信念，在强国建设、民族复兴的历史潮流中确立正确的人生目标，为一生的奋斗奠定基石。

（一）青年思想引领工作具有战略性地位

我国发展进入战略机遇和风险挑战并存，不确定、难预料因素增多的时期，我们必须坚持底线思维，居安思危。

中国式现代化的新征程上，政治领导是首要因素。历史反复证明且必将继续证明，只有建设一个坚强的政党，才能推动中华民族伟大复兴，实现中国式现代化。面对各种显性和隐性的风险挑战，青年的行为方式和思想观念日益多元，青年个体不断演变，而且更复杂的是，面对同样的社会变迁，不同的青年会有差异化的认同，通常还带有不成熟性，这些多样的意义理念有的与主导意义相辅相成、相得益彰，有的各行其道、互不干涉，有的摩擦冲突、相互对立。广大青年应当不断强化政治认同，和全国人民一道紧密地团结在中国共产党周围，在强国建设、民族复兴新征程上锐意进取、善作善成。

中国式现代化的新征程上，高质量发展是首要任务。在以高质量发展扎实推进中国式现代化建设的同时，必须不断提高社会发展水平，

加强精神文明建设，丰富社会主义文化，建设高度精神文明，为物质文明发展提供动力支持。必须推动青年思想引领工作常态化制度化，完善青年思想引领工作体系，增强包括广大青年在内的全国各族人民的凝聚力和向心力。

中国式现代化的新征程上，必须大力实施科教兴国战略。未来的竞争实质是科技竞争、人才竞争，因此必须大力强化现代化人才支撑，尤其是青年人才。习近平总书记一再强调青年科技人才在科技创新和科研攻关中的重要地位。2022年6月，《共青团做好新时代青年人才培养工作的行动计划》正式印发，明确构建以青年政治人才培养为核心，统筹加强青年人才培养的"1+5"工作格局。

（二）青年思想引领工作具有战略性使命

一代青年有一代青年的际遇，一代青年有一代青年的使命。以中国式现代化全面推进中华民族伟大复兴，明确了新时代青年的使命任务是在推进中国式现代化进程中团结奋斗。新时代青年重任在肩，当立鸿鹄志、做奋斗者，用青春在祖国大地书写新的篇章。

中国式现代化的新征程上，广大青年要保持高度的政治认同，不断增强行动的主动性和自觉性。政治认同是实现中国式现代化的根与魂，青年思想引领工作要进一步引导新时代青年坚持"两个确立"、增强"四个意识"、坚定"四个自信"、做到"两个维护"，巩固党执政的青年群众基础。

中国式现代化的新征程上，广大青年要担负起新时代新征程赋予的前所未有的新任务。广大青年要立足本职岗位，积极投身中国式现代化建设，在科技创新、乡村振兴、绿色发展、社会服务、卫国戍边等各领域各方面工作中争当排头兵和生力军，展现青春的朝气锐气。

中国式现代化所涉及的各个领域、各条战线都有足够的空间，青年思想引领工作要进一步引导新时代青年充分发挥主观能动性和创造力，推动青年在发展中凸显突击队作用。

中国式现代化的新征程上，广大青年要发扬斗争精神，敢于斗争、善于斗争。青年思想引领工作要进一步引导新时代青年在新时代新征程上，不断增强斗争意识和斗争本领，淬炼出不信邪、不怕鬼、骨头硬的精神品质。

（三）青年思想引领工作具有战略性职能

习近平总书记通过讲话、座谈、回信、批示、贺电等，从政治高度、战略高度反复强调青年工作的重要性，唤起了全党对青年思想引领工作的高度重视。这一战略的核心就是在以中国式现代化全面推进中华民族伟大复兴的过程中培养什么样的青年、怎样培养青年，建设什么样的青年组织、怎样建设青年组织等方向性、全局性、战略性的重大课题。

中国式现代化的新征程上，培养什么样的青年、怎样培养青年，要求青年思想引领工作要把加强对广大团员和青年的政治引领摆在首位。

谱写青春华章，需要广大青年坚定理想信念，笃立鸿鹄之志。我们看到，在杭州亚运会上，青年运动员们坚定为国争光的信念，用一个个奖牌书写奋斗华章，展现中国自信。谱写青春华章，需胸怀"国之大者"，书写责任担当。我们看到，在众多的领域里，青年工作者们躬身一线、深耕钻研，用一个个令世界瞩目的成就，展现中国实力。谱写青春华章，需甘于经受磨砺，坚持拼搏奋斗。新时代青年用乐观拼搏的精神跨越一道道难关，展现中国精神。

在中国式现代化的新征程上，要求青年思想引领工作把广大青年团结起来、组织起来、动员起来，要增强引领力、组织力、服务力，要坚持为党育人、自觉担当尽责、心系广大青年、勇于自我革命。

二、新时代杭州青年的思想状况

课题组深入杭州各个县（市、区），走进各类青年群体，通过问卷调查、访谈交流、资料收集等，感知青年的温度，倾听青年的心声。给课题组最青春的回答是，杭州青年与党同心、知行合一，展现了积极向上的主流群像。

（一）把树立正确的理想、坚定的信念作为立身之本

新时代杭州青年努力成长为党、国家和人民所期盼的有志青年，他们深刻领悟党的领导、领袖领航、制度优势、人民力量的关键作用，理想信念坚定。

问卷结果显示，在对"入党作用认知"方面，接近八成的青年选择了"入党能让我的工作和学习更有动力和干劲""入党是件值得骄傲的事情"，两项占比均为38.79％。入队、入团、入党，是习近平总书记对中国青年成长之路的深刻思考。新时代青年将总书记的殷殷嘱托牢记于心，在观察、比较、思考中，选择将入党作为自己新的人生追求，用他们的青春奏响唱亮追求政治进步的"人生三部曲"。统计年鉴显示，2022年全市青年党员数为223458名，共青团员数为418029名。

中国共产党百年奋斗的光辉历程证明了中国共产党党员的信仰、信念、信心如钢铁般坚强，青年的这种追求是建立在党的百年风雨、百年风华基础之上的。问卷结果显示，"对中国近代史，尤其是党的历史的了解"选项中，只有不到一成的青年选择了"不了解"和"完全

不了解"，分别为8.57％和0.73％。青年从百年党史中汲取前行的智慧和力量，增强了家国情怀，激励了责任担当。

正是因为有了这样的人生追求，在关于"您觉得什么样的人生最有价值"的选项中，我们看到，排在最前面的选项是"平凡但不平庸"，达到58.53％。在中国式现代化的新征程上，中国经济社会稳健发展的动力来源于平凡岗位上的工作者，把每件平凡的事认真做好。另外，选择我们一般意义上理解的地位、权力和金钱的，如"出人头地""身居高位""有大量的金钱"选项的，分别为7.82％、12.10％和14.84％，即使是将其理解为极端的负面，也远低于"平凡但不平庸"的58.53％，是非主流的。从青年的心理成长特点分析，这三项在青年自身成长过程中，如果不是走向极端，其中也存在着一定的积极意义，即价值追求和现实存在性，我们要用"共生"的视角来解释。

调查显示，面对"党的二十大报告为青年的美好生活描绘了一幅蓝图，您更关注和期待以下哪些方面"的问题，青年选择较多的是"更全面的法治中国建设""更公平的物质分配机制"和"更自信的文化发展建设"三项，分别占比64.11％、65.78％和52.38％，展现了杭州青年较高的社会责任感。青年是时代的觉醒者，他们清楚地认识到自己在新征程上担负的时代使命，他们既能将实现中华民族伟大复兴的中国梦置于整体视野下来谋划，又能思考新征程上面临问题的解决之道。同样，调查结果显示，青年会积极主动地去了解"中国式现代化相关信息"，新闻媒体、网络传播和学校课程学习成为他们接收信息的主要来源，分别是90.34％、87.00％和50.74％，仅有1.16％的青年"从来没有了解过这方面的内容"。

（二）在新时代施展抱负、建功立业

知行合一是新时代杭州青年的显著特点，他们不是坐而论道，广大杭州青年在新时代施展抱负、建功立业。这些在各行各业奋发进取、勇毅前行、满怀激情、思想进步的"有为"青年，担起了振兴民族的职责，用自身行动书写着不负青春的答卷。

乡村振兴需要青年既要勇担当，也要有作为，杭州青年告别城市的繁华，选择熟悉又陌生的田野，将热情与本领投入乡村振兴中，在实践中增长才干，磨炼意志。截至2023年9月，杭州市临安区累计已有600余名青年返乡创业，新农人联合会共吸收147位新农人，覆盖全区18个镇（街），业态涉及种植养殖业、农村电商、文创等乡村产业的各个领域。"90后"陈柳思考的是"我爸作为一个农民都有这么强的社会责任感，那我们这些大学生是不是更应该做点什么？"2014年他大学毕业回乡创业，建造标准化牛场，养殖马啸小狗牛，一步步深挖家乡小黄牛产业链和经济效益，带动全镇几十户农户走上了致富路。1989年出生的陈洁瑾，2017年筹建径山书院，积极探索联农带农利农新模式，书院联合周边茶园、果园、农场、民宿及农家乐近8000亩，帮助农户销售茶叶、水果、笋、玉米、大米等农副产品近600万元，带动周边民宿消化非周末存量客房上千间，真正实现联农带农，共谋发展。她描述了"能把个人发展与共同富裕这样的国家战略联系在一起，是幸运也是追求"的状态。

着眼当下，尽其所能和所学，立足岗位，积极践行工匠精神。坚守在平凡的岗位上奉献自己的光和热，是无数青春的故事。"95后"蒋应成通过不断突破和超越自我，最终站上世界技能大赛的最高领奖台，他在2018年成为省级"特级技师"，同年被破格晋升为"教授级高工"，2021年被授予"中国青年五四奖章"。"90后"李庆恒成为一名快递小哥，一干就是7年。卸货、下车扫描、上传输带、分拣……这是李庆恒每天的工作。2020年，他获评杭州市D类高层次人才。作为杭州D类高层次人才，李庆恒说："不管什么行业，只要踏踏实实工作，认真敬业，每个人都有人生出彩的机会。"

杭州是一座创新活力之城，有无数青年在杭州创新创业，创业日益成为厚植在杭州青年中的基因。截至2023年6月，杭州全市备案大学生创业企业3.2万余家，集聚创业大学生5.5万余名，带动就业11.8万人。于杭州而言，来自全国各地的青年创客，为城市注入一股股新鲜力量，犹如一条条"鲶鱼"搅动产业发展的格局。1990年出生的唐亚飞在创业十年间始终秉持着"古意茶，年轻化"理念，将茶园管理、产品研发、电商、视频直播、数字龙井等创新融合，"新茶经"全网带货总成交额22.5亿元。1996年出生的李琪恺创业多年，深耕农业水产板块，一直秉持将科学技术和科技论文写在祖国大地的信念，深耕行业一线，创立的杭州费尔马科技有限责任公司使用自主研发的多波束声呐解决了水下生物资产盘点的技术难题。

科技创新呼唤青年的力量，在创新活力之城杭州，青年科技英才在各自岗位上为杭州的科技进步奉献青春，为扛起"两个先行"头雁提供有力的科技支撑。《麻省理工科技评论》2022年发布"35岁以下科技创新35人"名单，陈志杰（用超高表面积的多孔材料进行氢气和甲烷储存）、刘帅（专注于生物材料和精准基因递送系统开发和应用）、薛晶晶（助力开发高效稳定的钙钛矿光伏器件和新一代光伏技术）、杨树（攻克长期困扰氮化镓器件的动态性能退化难题）、师恩政（助力突破卤素钙钛矿光电子器件商业化瓶颈）入选。截至2022年11月，全市博士后工作站累计建站348家，其中国家级工作站96家，博士后累计承担国家级项目322个，获各类科技奖项378个，取得授权发明专利1363项，发表论文2745篇。这个小而美、小而精的高层次人才群体，是这座创新活力之城的宝贵财富，他们所从事的科研领域与杭州重点产业结构高度契合，涵盖数字经济、高端制造、人工智能、生物医药等行业，始终紧紧服务于杭州经济发展大局。

杭州正在高水平重塑全国数字经济第一城，拥有以数字经济为核心的经济体系。全国最早布局云计算产业的云栖小镇，聚集了一大批锲而不舍、奋勇前行的青年"数字工匠"，培育了城市大脑、数梦工场、政采云等一大批顶尖涉云企业，逐步构建起"城市大脑生态"。为解决杭州20余万名持证残疾人就医难问题，西溪医院的胡志琛所在的"90后"团队提出了"全流程无障碍就诊"的解决办法，让患者少跑腿、让数据多跑路。新生代浙商代表王克飞自主研发全栈式工业"云化"软件，将SaaS（软件运营服务）技术引入工业软件领域，助力制造业中小企业数字化转型。

杭州青年立足岗位，不畏难、不惧苦，在急难险重任务中勇挑重担、冲锋在前。赛会服务保障水平关乎一场比赛、一个联赛或是一座城市的形象和口碑。杭州第十九届亚洲运动会在杭州和5个协办城市举行。赛会志愿者"小青荷"主要服务于54个竞赛场馆、20个独立训练场馆和22个专项工作团队，在竞赛运行服务、媒体运行服务等13个不同领域提供志愿服务，充分展示了杭州市民热情好客的东道主精神。1997年4月出生的西湖大学理学院博士研究生冷肇国罡曾参与"一带一路"国际合作高峰论坛、赴西藏支教等志愿服务，时长达千余小时。在杭州，像冷肇国罡这样的注册志愿者，活跃在城乡社区楼栋，围绕平安建设、防疫、旅游、关爱、生态文化等开展系列志愿文明服务行动，志愿服务成为新时代杭州青年的价值选择。杭州青年突击队积极参与亚运赛事保障、科技攻关、项目建设攻坚、文明宣传等重点领域，营造争先赶超氛围，发挥积极作用。"五彩交工"青年突击队由杭州市交通工程集团有限公司235国道项目人员组成。组建以来，青年突击队提前对30亿土石方工程量的亚运保障项目的重大施工节点和施工难点进行谋划，确保项目建设各项工作高效率推进，仅用一年半完成了27.69亿土石方工程量，项目成功申报省级课题3项，取得实用新型专利2项，连续2年被评为红旗项目。30岁的钟毅是杭州的一名科技警察，2020年，他带领的团队用了不到3天，就完成第一个"杭州健康码"测试版，随后经过14个版本和63项功能迭代，杭州健康码的正确率达到99%以上，也从杭州推向了全国。

（三）以青春铸就梦想，以奋斗成就未来

青春因磨砺而出彩，人生因奋斗而升华，杭州青年在各行各业努力拼搏，把不可能变成可能，在火热的青春中放飞人生梦想。通过调研看出，许多青年"自找苦吃"，不负读过的书、走过的路，不负韶华。"青年之字典，无困难之字"，奋斗精神推动着一代又一代青年迎难而上。

1993年出生的周小绍是一个意志力超强的"狠人"，"大器晚成"的他有着传奇的经历，做过健身教练，送过外卖，也进过工厂打工，他心怀梦想，有勇气就有奇迹。他作为男子柔术项目唯一的中国队员，在杭州亚运会柔术男子85千克级别比赛中战胜科威特选手阿里，晋级16强淘汰赛。"85后"浙江大学航空航天学院教授李铁风，带领团队研制自供电软体机器鱼，在万米海底实现深潜驱动，成功"打卡"马里亚纳海沟。35岁以下成员占比近九成的之江实验室智能超算研究中心团队组建了一支支青年突击队，开展集中科研攻关，打破谷歌宣称的"量子霸权"，提高超级计算机的性能水平，斩获超算应用领域的国际最高奖项——戈登贝尔奖。29岁的西湖大学特聘研究员王睿是迄今为止西湖大学引进的最年轻的博士生导师，作为青年一代的科技工作者，王睿和伙伴们想要瞄准世界一流，站在世界舞台上与同行对话，力争实现关键核心技术自主可控。杭州曼京科技有限公司法人代表、浙江省"90后""青年工匠"夏冬说："我们青年创客将牢记总书记的殷殷嘱托，继续发挥自己的青春之智，将更多科技成果转化为群众所需，以最平凡的青春风采回报最伟大的祖国。"

经济发展、社会开放、个体观念转变，社会给了新时代青年很多的不确定性，但是思维活跃、兴趣广泛的青年给出了他们自己的答案，涌现了拥有多种工作、生活方式和多重身份和职业的"斜杠青年"。"95后"青年小王就是其中一例，她是一个园区的运营主管，同时又是一名舞蹈培训师，两种身份之间是一道显示她的奋斗经历的"斜杠"。"斜杠青年"秉持的共同想法是让自己今后有更多的选择。

（四）青春也有阵痛，羁绊着成长的脚步

当代青年思想道德状况的主流是积极的、健康的和向上的。但是确实也存在一些不良倾向和问题，如政治信仰模糊、利己主义、缺乏斗争精神等。

调查显示，意识形态领域的斗争依然严峻。各种敌对势力仍未放缓和放弃意识形态渗透的图谋，青年作为易于接受新事物、新思潮的群体，成为敌对势力的重点渗透对象。西方各国妄图动摇马克思主义在意识形态领域的指导地位，对日益强大的中国通过政治渗透、文化渗透、社会渗透、组织渗透等多种方式，不停灌输、传播资产阶级的思想理论、价值观念和生活方式，少数青年政治信仰模糊甚至动摇和缺失。

调查显示，在某些特定场合、特殊情况下，身处激烈竞争的社会，"利己"和"利他"的矛盾成为摆在青年面前的一道"选择题"。

调查显示，一些青年的人生格局不够大，思想站位不够高，家国情怀不够浓，常常有缺乏斗争精神、安享一时的"小确幸"、沉浸在舒适的"躺平"和"佛系"、"躲进小楼成一统"等思想和行为，在一定程度上阻碍了他们的茁壮成长和高质量发展。一些人遭遇学业、事业挫折后容易丧失信心，甚至从短期脱离社会发展为长期放弃奋斗，以致不愿工作、沉溺于虚拟世界、长期在家"啃老"，成为"尼特族"。如有的青年"被裁员后心里很自卑，害怕再失败，从此不迈出家门"；有的青年"不喜欢和人打交道，没有上班的动力"；还有的青年直言"努力太累了，'躺平'是真的舒服"……一些青年在面临工作压力大、竞争激烈、社会期待较高时，选择了"45°半躺平"，既不想全力以赴，又不愿主动放弃。一些青年或频繁跳槽，或对工作持"得过且过"的态度，没有清晰的职业规划；在"网红梦"的影响下，"快速变现""一夜暴富"成了一些青年的"向往"。访谈中有青年直言不讳，自己的梦想就是当"网红"。"那些网红本身也是普通人，但是他们当了网络主播，赚钱太容易了！"

对于上述青年现象，要设身处地地理解不同青年群体的境遇和特点，历史地、辩证地去分析。随着经济高速增长、人民生活显著改善、劳动力受教育水平大幅提高，青年对未来的发展预期、收入预期、就业预期普遍在改变。社会需要理解青年、包容青年、成就青年，引导青年担起创造未来的使命。

我们坚信，新时代杭州青年的热情将更加饱满、勇气将更加坚定、精神将更加昂扬，在实现"两个一百年"奋斗目标这场接力跑中，跑出更好成绩！

三、新时代杭州青年思想引领工作

新时代杭州青年思想引领工作紧紧围绕党的二十大对青年工作提出的明确要求，坚持全党抓青年思想政治引领，推动工作项目、工作资源、工作力量聚焦到为党育人的主责主业上，始终把青年一代团结凝聚在党的周围。

（一）坚持"党管青年"，持续优化顶层设计

杭州市深入贯彻落实习近平总书记关于青年工作的重要思想和对杭州工作的重要指示批示精神，围绕忠实践行"八八战略"、奋力打造"重要窗口"，全面贯彻党管青年原则。率先出台《杭州市中长期青年发展规划（2020—2025年）》，建立一系列机制、推出一揽子政策、推进一盘棋统筹。在市、县两级全覆盖建立青年工作联席会议机制，加快破解青年急难愁盼问题，持续优化青年发展环境，广大青年的获得感、幸福感、安全感明显增强，为建设青年发展型城市奠定了坚实基础。

杭州2022年6月入选全国首批青年发展型城市建设试点，市委、市政府高度重视，市委常委会先后多次听取青年发展型城市建设试点工作汇报，将青年发展型城市建设试点工作写入市委十三届二次全会决议和三次全会报告。牵头单位反复调研论证，科学制定印发了《杭州市青年发展型城市建设试点实施方案》，将青年优先发展理念融入城

市规划、建设、管理、运行全过程。《杭州市国民经济和社会发展第十四个五年规划和二〇三五年远景目标纲要》鲜明体现青年元素，专门写入了"壮大优秀青年人才队伍""实施青年人才弄潮工程"等内容，多次以市委常委会形式对青年工作尤其是青年发展型城市建设工作进行专题研究。充分关注青年群体，青年发展得到越来越多的顶层设计支持，政策保障日益完备。浙江省青年工作联席会议发布的浙江青年发展综合指数（2022）显示，杭州青年发展综合指数获评优秀等次，并在全省排名第一。

（二）部门联动，统筹打造工作体系

坚持打破各地区、各部门之间的数据烟囱、政策壁垒，破解"小马拉大车"难题。

中共杭州市委办公厅、杭州市人民政府办公厅印发了《杭州市青少年阳光成长行动三年实施方案（2023—2025年）》，推动各县（市、区）党委健全青年工作联席会议制度、出台本地青年发展规划或实施方案。

市委宣传部（市文明办）组织开展群众性主题宣传教育活动，围绕"学习党的二十大精神""'八八战略'实施20周年""我爱杭州、奉献亚运"等主题，开展主题教育和文艺活动。联合市教育局、团市委开展"扣好人生第一粒扣子"主题实践。

市委统战部加强青年思想政治引领，发挥市社会主义学院主阵地作用，举办民主党派中青年骨干培训班、新生代企业家研讨班、港澳海外青年国情研修班等培训班，画好"同心圆"。

市委网信办策划开展网络文明传播活动，聚焦青少年、大学生群体，紧扣"五四青年节"宣传契机，广泛开展"青春有信仰"大学生网络文明传播活动，创新"青春课堂"、唱响"青春话题"。策划开展"网络文明校园行""网络素养精品教育课"等活动。

市教育局以中共杭州市委办公厅、杭州市人民政府办公厅名义出台《关于印发〈杭州市全面加强和改进新时代学校体育工作实施办法〉〈杭州市全面加强和改进新时代学校美育工作实施办法〉〈杭州市全面加强新时代学校劳动教育工作实施办法〉的通知》，加强和改进学校思想引领工作。

市公安局加大网络安全知识宣讲力度，依托"杭州校园网络安全联盟""团青日"等平台，开展"网络暴力""网络谣言""个人信息保护"等网络安全宣讲。

市司法局在全省率先制定出台《杭州市公民法治素养提升工程实施方案》，把青少年纳入法治宣传教育重点群体。开展法治宣传教育示范基地创建活动，完善"五四"宪法历史资料馆青少年主题展馆、钱塘青少年法治学习体验中心等青少年法治宣传教育阵地和项目。积极开展青少年法治宣传教育，制作情景剧、脱口秀、以案说法等普法节目，发挥"杭州律师妈妈保护未成年人权益法律服务团"作用。

市生态环境局推进生态文明社会教育，常态化开展环保宣教活动，推进生态文明教育进校园、进家庭、进社区、进工厂、进机关、进农村。着力增强青少年的生态文明意识、提高环保科学素养。

市文广旅游局加强青少年优秀传统文化教育，推动非遗项目及其传承人在学校开展"非遗进校园"活动。开展悦读快车项目活动、"拥抱春天 悦读童年"朗诵快闪活动。以"亚运有我——运动少年说"为主题开展"魅力声音"浙江省少年儿童音频征集主题活动。

市总工会面向青少年群体积极弘扬工匠精神，开展劳模工匠"四进"宣讲活动。

市妇联围绕"少年儿童心向党、用心用情伴成长"主题，依托各级各类妇女活动中心、儿童之家等服务阵地，广泛开展红色研学、家庭教育指导、儿童安全等活动。

市法院紧扣学校需求，通过"开学第一课"、模拟法庭等活动定期开展法治教育，积极打造法治宣传教育工作品牌。

市规划和自然资源局在《杭州市国土空间规划公共服务设施配套规定》中，提出完善文化体育等公共服务设施配套要求，为青年提供多元活力的公共活动空间。

市农业农村局实施万名农创客培育工程和"头雁"计划。

13个县（市、区）积极探索，启动青年发展型城区、青年发展型县域、青年发展型企业、青年发展型楼宇等创新实践，"青年优先发展"理念蔚然成风。浙江省青年工作联席会议发布的浙江青年发展综合指数（2022）显示，杭州13个县（市、区）中11个获评优秀等次，其中滨江区、西湖区、钱塘区、上城区、余杭区、拱墅区包揽全省县（市、区）综合排名前六名。

（三）聚焦主业，履行主责担当有力

杭州共青团组织立足党的事业后继有人这一根本大计，牢牢把握培养社会主义建设者和接班人这个根本任务，持续用习近平新时代中国特色社会主义思想构筑青年一代精神支柱，引领广大青年践行社会主义核心价值观。

以党的创新理论教育为核心内容。坚持用习近平新时代中国特色社会主义思想武装青少年，紧扣党的二十大，开展"学习二十大、永远跟党走、奋进新征程""争做新时代好队员"等主题教育实践活动，引领广大团员青年成长为有理想、敢担当、能吃苦、肯奋斗的新时代好青年。常态化开展学习教育，推进"青年大学习""浙里潮音"取得积极成效。主题教育学习覆盖所有团支部。

以"杭州青年说"等宣讲活动为主要载体。通过宣讲大赛、全年分阶段学习、群众性宣讲等形式，组织开展进农村、进社区、进企业、进校园、进工地、进网络等活动，全面展现近年来杭州取得的辉煌成就和发生的可喜变化、个人的奋斗历程和美好生活，以青年语言讲述党的理论，用时尚形式传播党的理论，有效增强了青年理论学习的"时代性""青年味""代入感"。

以"政治引领＋价值观培育＋实践养成"为培养模式。"青马工程"在高校、国企、农村、社会组织等领域深入实施，完善校级红领巾学院建设，中学团校实现全覆盖。建成的永久作为团员青年及团干部教育基地的杭州市青年运动史馆为全国首个地市级青年运动史馆。截至2023年9月，团队讲解1745次，参观量5.12万余人次，网上展馆浏览量4.82万余人次。

以各类重要事件和时间节点为契机。抓住党的二十大召开、新中国成立70周年、建党100周年、"五四运动"100周年、建团100周年等契机，广泛开展形式多样的主题教育实践活动，坚定青年的理想信念。

以榜样力量激发奋进新时代精神伟力。积极选树"十大杰出青年""最美'90后'"等为典型，不断深化"青年文明号"品牌工作，争先创优氛围更加浓厚，引导广大青年把个人追求与国家前途命运、杭州发展紧密结合，不断筑牢团结奋进的共同思想基础。

以新技术为重要抓手。把组织以数字的形式"搬到"网上，直接与青年"面对面"，让青年近距离了解、相信和喜爱团组织，增强团组织对青少年的吸引力和凝聚力。网络传播作品有内容、有温度，体现了青年的态度，在青年思想凝聚引领方面发挥了重要作用，推动形成了与网络发展相适应的青年思想引领工作新格局。

各个县（市、区）共青团组织自县域共青团基层组织改革以来，立足职责使命，把"强三性"始终贯穿改革全过程。在思想引领方面，团杭州市上城区委着眼团员青年思想引领工作，组建"'上城·青年说''80、90、00'青春宣讲团"，围绕共同富裕、宋韵传世、亚运保障、数字化改革等主题，广泛开展青春宣讲行动。团杭州市西湖区委联合高校实施"选派计划"，深化"青马工程"、大学生"返家乡"寒暑期政务社会实践项目等内容，打造"无问寒暑青春有你"西湖区校社共建品牌。团杭州市萧山区委组建青年力量宣讲团，开展"宣讲训练营""青春心向党"等主题宣讲活动，引领青年坚定不移听党话、跟党走。团杭州市余杭区委持续开展"十大杰出青年""十佳创业创新青年"等先进典型评选活动，选树先进个人、典型集体。团杭州市临平区委把优秀党员、团员、青年志愿者、"五老"等热心少先队事业、具有青少年工作经验的专业人才纳入校外辅导员人才库，在各社区（村）组建校外辅导员队伍。团杭州市钱塘区委与高校共建思政实践教育基地和学生劳动实践教育基地。团杭州市富阳区委依托区级青少年宫，构建集思政教育、主题展览等于一体的"百年风华青春闪光"富阳区青少年思想道德教育主题馆。团杭州市临安区委着力破解团员发展标准不统一的难题，设置落实"6+X"积分体系，制订积分制管理措施，综合评定入团积极分子综合素养。团杭州市桐庐县委广泛开展青年农村致富带头人、乡村振兴带头人、"青牛奖"寻访等评选活动。团杭州市淳安县委成立在杭流动团员区域化大团委，形成在外引导、服务、凝聚青年的新阵地。团建德市委优选市、校两级少先队员组建红领巾宣讲员队伍，用儿童化的语言向少年儿童传递党的声音。

（四）打造品牌，争创城市文明典范

作为全国文明城市，杭州市不断探索，文明实践、文明培育、文明创建融合互促，形成了具有杭州辨识度的文明品牌。

"最美现象"已从"盆景"转化为"风景"。杭州市作为历史文化名城，地处良渚文化、吴越文化、南宋文化的中心，形成了杭州人的共同精神——"杭铁头"精神，优秀的文化传统给了"最美现象"以深厚的精神底蕴。作为"最美现象"的发源地，"最美之路"已走过了十余年。从"最美妈妈"吴菊萍、"最美司机"吴斌到"最美爸爸"黄小荣、"最美校长"陈立群，在榜样力量的引领下，杭州"最美"之花从盆景生长为风景，并转化成了城市良好的道德风尚，引导和激励广大青年争做社会主义核心价值观的积极践行者。截至2022年年底，杭州市累计产生"时代楷模"1名、全国"诚信之星"1名、全国道德模范7名、全国道德模范提名奖获得者5名；"中国好人"37例、"浙江好人"270例、"杭州好人"852例，全市各级各类"最美"人物3万余名。

"礼让斑马线"成为"美丽风景线"。斑马线前的一小步"礼让"，是城市文明的一大步。2003年杭州市文明办在全市范围内推出了"文明从脚下起步"活动，公交集团以"人行横道礼让"作为响应，于2005年在所属11路公交车上试点推出。此后相关方案经过不断细化改进，到2016年3月，《杭州市文明行为促进条例》将斑马线上礼让行人等文明行为规范列入。最终，经过十多年的锤炼磨合，成功地把在人行横道前"见人必让、让必彻底"这一安全文明行车规范，变成了杭州司机们一种根深蒂固的习惯。截至2023年5月，杭州市区主要道路斑马线前的礼让率已达94.86%，公交车礼让率达99.00%。礼让体现的是一种人文关怀，提升的是城市的温度。"礼让斑马线"也成为很多外地游客来到杭州后最深刻的印象。

志愿者成为一张城市文明的"金名片"。明确实行"志愿服务工作委员会统筹领导、文明办牵头协调、民政部门主管、共青团主抓、各部门合力推进、全社会共同参与"的现代化志愿服务工作运行机制。根据"志愿浙江"应用平台统计，截至2021年年底，从总量看，杭州市以362万名注册志愿者高居全省榜首，在杭州常住人口中占比为28.79%。青年志愿服务的工作力量覆盖县（市、区）、乡镇（街道）各层级，社区已基本建立志愿服务站，搭建了纵向到底的工作架构，杭州志愿者工作正逐步朝着社会化、专业化、社区化三个维度向纵深发展。

全域覆盖的新时代文明实践中心成为思想引领工作的重要阵地。杭州市新时代文明实践中心（所、站）、县（市、区）、乡镇（街道）、村（社区）覆盖率达100%，并择优在企事业单位、"两新"组织、文明单位等拓展建设新时代文明实践点1600余个（截至2023年6月）。

近年来，杭州通过主题讲座、互动讨论、主题实践活动等持续开展"我们的价值观"等主题实践活动，让社会主义核心价值观有了鲜活的载体。将每月的第一个星期六固定为"学雷锋为民服务日"，定期组织开展学雷锋活动。

同时，我们也看到，落实意识形态工作责任制存在不足；青年的思想政治引领的实效性有待提升，有效抵达青年、感召青年的方式和载体需要与时俱进；青年发展专属政策的倡导和推动力度还要进一步加大，特别是面向更广泛、更普遍青年群体的服务体系需进一步完善；文明短板仍旧存在；共青团的基层基础仍相对薄弱，团干部作风不严不实现象仍有不同程度存在。

四、不断增强思想引领实效的举措

不断增强思想引领工作，既需要政治领导力、群众组织力、社会号召力一体推进，又需要聚焦新时代，立足新方位，扎实工作，开拓创新。

（一）持续加强党的全面领导，准确把握青年工作战略性的实现路径

新时代青年思想引领工作，要坚持以习近平新时代中国特色社会主义思想为指导。全面贯彻党的二十大精神，聚焦用党的创新理论武装青年、教育青年这个首要政治任务，坚持不懈用习近平新时代中国特色社会主义思想凝心铸魂，在真学真懂真信真用、深化内化转化上下功夫。

新时代青年思想引领工作，要切实加强党的全面领导。落实政治责任，勇于改革创新，强化法治保障，建强干部人才队伍，为担负起新的青年思想引领工作使命提供坚强政治保证。

新时代青年思想引领工作，必须全链条守牢安全防线。牢牢掌握青年思想引领工作的领导权、话语权。坚决有效防范化解风险，敢于亮剑、敢于斗争。各级党组织必须将分析研判意识形态领域情况纳入重要议事日程，切实当好"第一责任人"，履行主体责任和党

组责任，达到党委（党组）书记"第一责任人"和班子成员"一岗双责"要求。

（二）牢牢掌握意识形态工作领导权，做好在复杂严峻环境下开展青年思想引领的精神准备

在青年思想引领工作中，从培养青年政治情感到形成政治认知，从习得政治行为到奠定政治信仰，都会面临世界多极化、经济全球化、社会信息化、文化多样化以及别有用心的国家封锁遏制、极限施压所带来的严峻挑战。青年思想引领工作要准备应对复杂险峻的环境，见微知著，未雨绸缪，站稳思想引领的主阵地。

新时代青年思想引领工作要深刻领悟"两个确立"的决定性意义。增强"四个意识"、坚定"四个自信"、做到"两个维护"，持续加强对习近平文化思想的学习、研究、阐释。

新时代青年思想引领工作要巩固壮大奋进新时代的主流思想舆论。直面党治国理政所面临的一系列重大而尖锐的思想理论问题、意识形态问题，形成有学理性和说服力的回答，破除西方理论在这些方面的话语霸权，站在马克思主义立场对这些重大问题进行根本性的揭示。

新时代青年思想引领工作要着力建设具有强大凝聚力和引领力的社会主义意识形态。培育和践行社会主义核心价值观，赓续中华优秀传统文化，不断巩固全党全国各族人民团结奋斗的共同思想基础。

新时代青年思想引领工作要敢于直面出现的问题。对社会热点话题主动进行精准引导，对青年心中的疑惑进行科学、仔细的解答，对青年质疑的问题进行及时、准确的回应，对青年的不满情绪真诚、耐心疏导，防患于未然。要理性地引导社会热点话题，优化网上网下的社会舆论环境，及时建立高效的热点舆论快速反应机制，第一时间介

入、第一时间发布、第一时间答疑解惑，回应青年所思所想。

（三）始终把服务青年落到实处，在把握正确导向的同时增强服务实效性

信仰和利益从来就是一对辩证关系。"起于利益，收于信仰"是做好服务青年工作的基本原则。面向未来，要着力于如何以实实在在的治国理政成就赢得青年，青年思想引领工作要把解决思想问题和解决实际问题结合起来，传递好党的温暖。

新时代青年思想引领工作要不断推动《中长期青年发展规划（2016—2025年）》纵深实施。现阶段服务青年最根本的体现，在于以推动《中长期青年发展规划（2016—2025年）》落实为牵动，扎实推进以人为核心的新型城镇化战略，积极践行青年优先发展理念，更好地将满足青年多样化、多层次发展需求的政策环境和社会环境不断优化。

新时代青年思想引领工作要着力解决青年面临的急难愁盼问题。建设更高水平的平安杭州，加强经济安全风险预警防控机制和能力建设，完善生态环境治理体系，有效缓解住房供需结构性矛盾，推进教育资源优质均衡等。

新时代青年思想引领工作要主动关心和掌握特殊青少年群体。对贫困家庭青少年、残疾青少年、城乡间流动的农村青年、农村留守儿童等特殊青少年群体的成长需求，发挥群团组织优势，积极争取社会支持，为他们提供常态化、接力式的服务。

新时代青年思想引领工作要进一步优化完善舆情监测机制。及时收集、反馈网络舆情，做到聚焦青年问题更精准，提出意见建议更到位，将青年的温度如实地告诉党。

（四）坚定不移推动共青团的自我革命，全方位加强各级团组织的革命性锻造

作为紧跟党走在时代前列的政治组织，必须向党看齐、向党学习，"只有勇于自我革命，才能跟上时代前进、青年发展、实践创新的步伐"①。

要以党的自我革命推动团的自我革命，把共青团改革和全面从严治团进行到底。新征程上，共青团要充分发挥组织优势和动员优势，把最广大青年汇聚起来，激荡起青春建功的磅礴洪流。面对党对群团工作的高标准严要求，一些团干部的精神状态、能力素质、工作状态亟须提升，急功近利、作风虚浮，不思进取、患得患失等不良倾向仍然存在。在具体行动中，共青团要把党的全面领导落实到工作的全过程各领域，突出政治建设的引领作用，聚焦不断保持和增强"三性"的目标方向，始终坚持高标准、严要求"纵深推进共青团改革""坚定不移全面从严治团"，全方位加强各级团组织的革命性锻造。

（五）切实推进内容形式创新，不断增强思想引领工作的感染力

青年思想引领工作要坚持以人为本，坚持"三贴近"，不断创新，增强工作的针对性、实效性、吸引力和感染力。

把党的科学理论予以青年化阐释，提高青年运用马克思主义立场、观点、方法观察和解决问题的能力。党的科学理论体现了真理尺度和价值尺度的有机统一，真理尺度是要解决世界观和方法论的问题，价值尺度是要解决理想信念和初心使命的问题。要让青年对党的科学

---

① 习近平.论党的青年工作[M].北京：中央文献出版社，2022：9.

理论入脑入心，愿意听、听得见、听得懂，需要直面在正面宣传中存在的语言生硬、形式刻板、居高临下、空洞说教、思想僵化、套路老化等问题，大力提高正面宣传的质量和水平，进一步提高党的科学理论青年化阐释的能力和水平，努力增强思想引领的感染力，让青年爱听爱看、产生共鸣、真信真学。

要顺应新技术、新应用、新产品层出不穷的发展态势。要加快主流媒体移动化、智能化、社交化进程，着力打造形态多样、手段先进、竞争力强的新型主流媒体。要把握数字技术带来的新机遇，探索人工智能技术的应用，不断优化算法，实现精准推送，完成从人找信息到信息找人的转变，让思想引领达到润物细无声的效果。要健全互联网领导和管理体制，始终坚持做好网络舆论管理，掌控网络意识形态主导权，制订完善的网络舆情应急处理方案，使互联网变成事业发展的最大增量。要优化机制，牢牢把握"多跨"的要义，加强与新媒体企业联动，在音乐、短视频、网络作品等方面有更为深入的合作，实现平台互动，丰富传播形式，拓宽传播渠道。

要不断增强青年文化对外输出力。世界想知道中国的青年在想什么、在做什么，我们则可以告诉世界：中国的青年很有创造力，很有才华。要借助杭州成功举办亚运会的时机，使对外传播工作的内容再深化、再集聚，讲好杭州践行习近平新时代中国特色社会主义思想的故事，讲好杭州蓬勃动力的经济故事，讲好杭州深厚的文化底蕴故事，展现好"重要窗口"的头雁风采，把杭州故事讲得更响、传得更广，让杭州形象更加出彩。在引导广大青年展现可信、可爱、可敬的中国形象、浙江形象、杭州形象的过程中，增强青年的志气、骨气、底气。

要进一步扩大杭州作为"最美现象"发源地和"最美"高地的标

识度、美誉度、知名度。精神文明建设的文明短板须补齐，既需要治理方式和手段的创新，也需要新闻媒体、街道社区、社会团体一起参与，通过丰富多彩、线上线下的宣传活动，深度挖掘城市文化内涵，铸魂、溯源、走心，进一步擦亮"最美杭州""礼让斑马线"等金字品牌，持续深化"浙江好家风、礼让斑马线、聚餐用公筷、随手做志愿、重信守承诺、垃圾要分类、邻里讲和睦、爱心暖厨房、办酒不铺张、带走半瓶水"等文明行动，让文明之美各美其美、美美与共。

新时代青年思想引领工作，要始终牢记意识形态工作的极端重要性，不断加强和改进，带领和动员广大青年以学思用贯通、知信行统一的高度自觉，以"奋进新时代、建设新天堂"的奋斗姿态，以"忠实践行'八八战略'、奋力打造'重要窗口'"的接续努力，为加快打造世界一流的社会主义现代化国际大都市，努力为中国式现代化城市贡献青春力量。

参考文献

[1] 人民出版社.中国共产党第二十次全国代表大会文件汇编[M].北京：人民出版社，2022.

[2] 习近平.论党的青年工作[M].北京：中央文献出版社，2022.

[3] 习近平.高举中国特色社会主义伟大旗帜　为全面建设社会主义现代化国家而团结奋斗——在中国共产党第二十次全国代表大会上的报告[M].北京：人民出版社，2022.

[4] 新华社.习近平在同团中央新一届领导班子成员集体谈话时强调：切实肩负起新时代新征程党赋予的使命任务　充分激发广大青年

在中国式现代化建设中挺膺担当[EB/OL].（2023-06-26）[2024-02-01]. https://www.gov.cn/yaowen/liebiao/202306/content_6888501.htm?jump=true.

[5] 新华社.在中国式现代化建设中挺膺担当——习近平总书记同团中央新一届领导班子成员集体谈话时的重要讲话激励广大青年接续奋斗逐梦前行[EB/OL].（2023-06-28）[2024-02-01]. https://www.gov.cn/yaowen/liebiao/202306/content_6888750.htm.

[6] 张翼.浙江志愿服务发展报告（2021—2022）[R]. 北京：社会科学文献出版社，2022.

杭州青年社会主义核心价值观培育研究报告

杭州职业技术学院　柳伟男

摘要： 社会主义核心价值观是社会主义核心价值体系的内核。要持之以恒地运用习近平新时代中国特色社会主义思想来武装全团和教育青年。基于对问卷数据的分析，本报告得出了杭州青年对社会主义核心价值观认知高且内容熟悉、社会主义核心价值观与个人关系密切、社会主义核心价值观的培育从小抓起、社会主义核心价值观的培育环境良好及社会主义核心价值观的培育渠道广阔五个调研结论，并指出了存在的提升空间。针对三个提升空间，提出了"加强政策引领，夯实好关键基础"等三个有针对性的对策建议，以社会主义核心价值观引领杭州青年思想政治发展，使他们成为合格的社会主义事业建设者和接班人。

关键词： 社会主义核心价值观；青年发展；思想政治；问卷调查

　　杭州正在着力建设青年发展型城市。为了让青年更有为，杭州积极组织动员青年引领城市文明风尚，持续开展社会主义核心价值观（以下简称核心价值观）培育，发挥国家勋章和国家荣誉称号获得者、道德模范等群体的榜样作用，倡导诚信文化，弘扬劳动精神，引导青少年做社会主义核心价值观的积极践行者。作为社会主义核心价值观的重要体现，青年社会主义核心价值观在社会发展中具有重要意义。本报告旨在客观、全面地分析杭州青年核心价值观的现状，以期为相关主体在决策时提供参考和建议。

社会主义核心价值观是社会主义核心价值体系的内核，体现社会主义核心价值体系的根本性质和基本特征，反映社会主义核心价值体系的丰富内涵和实践要求，是社会主义核心价值体系的高度凝练和集中表达。本报告将从几个方面深入研究杭州青年社会主义核心价值观的现状：青年社会主义核心价值观的内涵及其重要性、杭州青年群体的现实情况以及他们对核心价值观的认知和态度等。本报告采用"问卷星"设计、收发和分析《杭州青年核心价值观调查问卷》，共收集有效问卷533份。通过对问卷数据的分析，我们得出了一些关于当前杭州青年核心价值观现状的结论。针对杭州青年核心价值观现状中存在的提升空间，我们提出了一系列针对性的对策建议，旨在进一步改善杭州青年核心价值观状况，推动杭州青年核心价值观的全面发展，使他们成为合格的社会主义事业建设者和接班人。

本报告希望能引起社会各界对青年核心价值观培育的关注，为杭州培育有道德修养、积极向上的青年群体作出贡献。我们也希望能为相关领域的主体在青年核心价值观培育方面提供一定的借鉴和启示。

一、研究意义

青春是希望的源泉，青年一代创造着美好的明天。党的十八大以来，以习近平同志为核心的党中央高度重视青年工作，关注青年一代的成长和发展，并将培育他们成为社会主义事业的合格建设者作为重点任务之一。为了实现这一目标，我们要持之以恒地运用习近平新时代中国特色社会主义思想来武装全团和教育青年。同时，我们要运用好理论武装、理想信念教育、社会主义核心价值观培育、精神素质培育以及实践教育等多种方式，尤其要发挥好社会主义核心价值观对青年成长和发展所起的重要作用。

核心价值观对青年成长和发展具有重要影响，起着积极的引导作用。作为社会主义核心价值体系的重要组成部分，核心价值观通过传递正确的价值取向，引导青年群体树立正确的世界观、人生观和价值观。它的重要性包括以下几个方面。

第一，核心价值观引领青年的价值追求。它为青年提供了正确的人生价值和行为准则，引导他们在成长和发展过程中树立正确的人生目标，明确自己的追求方向，助力他们形成积极的人生态度和价值追求。

第二，核心价值观塑造青年的道德观念。核心价值观强调社会主义核心价值体系，包括爱国、诚信、友善等。这些都是促进青年健康成长和社会可持续发展所需的良好道德观念。通过培育和践行核心价值观，青年能够形成正确、健康的道德观念，并在实践中形成正确的行为规范。

第三，核心价值观培养青年的社会责任感。它鼓励青年担当社会责任，强调个人与社会的关系。通过接受核心价值观的熏陶和引导，青年能够更好地认识到自己的社会责任和使命，从而积极参与社会实践，为社会发展作出贡献。

第四，核心价值观培养青年的创新创业精神。核心价值观鼓励青年积极进取、勇于创新。在核心价值观的指引下，青年能够树立正确的创业理念和创新思维，培养较强的学习能力、团队协作能力和创新意识，为自身成长和社会发展提供源源不断的动力。

第五，核心价值观关系青年的身心健康。它强调人的全面发展和身心健康。青年处于成长和发展的重要人生阶段，他们需要培养积极向上的心态，注重身心健康的平衡、和谐。核心价值观引导青年关注自身的身体健康、情感健康和心理健康，从而更好地实现个人价值和社会发展的目标。

核心价值观对青年成长和发展具有重要的引导作用。它不仅为青年提供了正确的人生观、道德观和社会责任观，还培养青年的创新创业精神和身心健康意识，帮助他们成为有社会责任感、有创新能力和成就感的优秀青年，为社会发展作出积极贡献。我们应该在青年教育和引导中更加注重核心价值观的培育，为青年成长提供良好的思想引导和行为规范。

二、研究设计

本报告的研究工作基于问卷调查展开。本次问卷采用"问卷星"在线问卷工具（https://www.wjx.cn），按照以下步骤进行了问卷的设计、发放和分析。

第一，明确目的和内容。我们通过问卷的方式了解杭州青年核心价值观状况的目标，包括他们对核心价值观的基本认知、关注与表达方式、获取核心价值观培育的途径以及如何践行核心价值观等方面。

第二，确定调查对象。根据2017年印发的《中长期青年发展规划（2016—2025年）》，我们确定本次调查的对象为年龄介于14～35岁之间的青年。根据其学业状态，我们将受访者分为三类：初高中阶段、大学阶段和已毕业（35岁以下）阶段。

第三，编写问题。我们编写了具体问题，确保问题清晰易懂，并能准确反映研究内容。在编写问题时，我们参考了"问卷星"现有的问卷库数据，并结合线上线下与受访者交谈的内容，共设计了19个问题。其中18个为客观题（单选或多选形式），最后一个为主观开放题（简答题）。问卷内容涵盖了六个方面：调查者基本情况（2题）、调查者对核心价值观的基本认知（6题）、关注与表达方式（3题）、核心价值观的培育渠道（5题）、践行核心价值观的方式（2题）和开放性回答（1题）。

第四，设计问卷结构。根据问题的逻辑关系和流程，我们设计了问卷的结构和顺序。问卷开篇首先明确了调查的目的，并标注了预计完成时间；然后，我们引导受访者根据六个方面依次回答关于核心价值观的问题；最后，我们以感谢语结束问卷。

第五，问卷发放流程。①预发放。在正式发放问卷之前，我们进行了预测试，以确保问卷调查能够顺利实施。预测试选择了一小组受访者（包括作者所在高校的大学生、作者身边35岁以下的在杭朋友及作者在杭朋友的初中至高中阶段子女）进行，并收集了他们对问卷的反馈意见，基于此对问卷进行了修正和改进。②正式发放。为了使本次问卷具有广泛性，作者走访了钱塘区、上城区、拱墅区、西湖区、余杭区、滨江区、萧山区及临平区等地的社区，委托第三方在富阳区、临安区、建德市、桐庐县及淳安县等地的社区发放问卷，并通过线上社交软件如微信和钉钉（要求IP地址属于杭州）等渠道发放问卷。为了确保问卷的客观性，在问卷导语、题项设置和线下发放问卷时，我们没有进行任何主观引导。此外，我们对本次问卷调查制订了合理的截止日期和回收计划，以确保获得足够的样本量。本次问卷的发放开始于2023年8月1日，截至2023年8月24日，共收集到533份问卷。

第六，数据分析计划。在设计问卷的同时，我们也确定了对回收数据进行分析的方法，确定适当的统计方法和技巧，便于从数据中提取有用的信息和结论。本次问卷的分析使用了"问卷星"管理后台的"统计&分析"功能模块，通过设置每个问题导出的图表类型，逐步进行数据分析。

三、结果分析

本次问卷调查共收集问卷533份。根据"问卷星"对问卷的有效性分析，可知这533份问卷均为有效问卷。此外，根据基本情况的调查结果可知，本次调查的对象处于初高中阶段的比例为24.77％，处于大学阶段的比例为45.59％，处于已大学毕业（35岁以下）阶段的比例为29.64％（见图1）。在接受问卷调查的青年对象中，男性青年和女性青年的占比分别为60.04％和39.96％（见图2）。

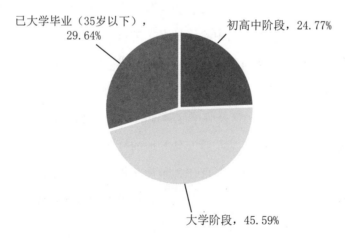

图1 调查对象受教育阶段分布

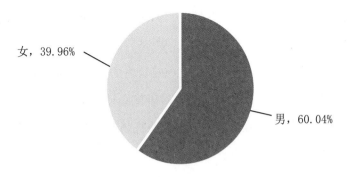

图 2　调查对象性别分布

综上所述，本调查的受访者年龄层次和性别结构基本合理。进一步分析问卷的后续提问，我们得出了如下调查结论。

（一）对核心价值观认知度高且内容熟悉

对核心价值观的了解程度，48.97％的受访者表示非常了解，45.03％的受访者表示比较了解，4.88％的受访者表示一般了解。总体的了解程度高达98.88％。这表明对于绝大多数的杭州青年，核心价值观已经深入人心（见图3）。

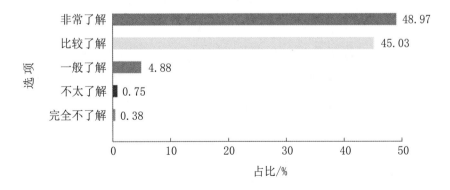

图 3　对核心价值观的了解情况

对核心价值观的内容了解情况，97.00％的受访者能够选择国家层面的"富强、民主、文明、和谐"，97.75％的受访者能够选择社会层面的"自由、平等、公正、法治"，96.44％的受访者能够选择个人层面的"爱国、敬业、诚信、友善"。对于核心价值观三个层面内容，总体的了解程度均高于96.00％，这也表明杭州青年对核心价值观的内容理解较为深入（见图4）。

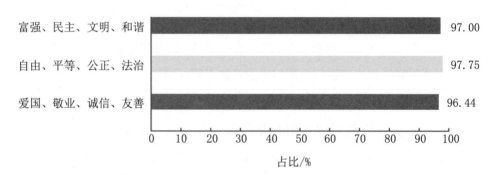

图4　对核心价值观的内容了解情况

根据图3和图4的数据，我们可以得出结论：杭州青年对核心价值观认知度高且对其内容非常熟悉。

（二）核心价值观与个人关系密切

分析核心价值观与学习、工作、生活联系的密切度与相关度，可以发现，75.42％的受访者认为联系密切，21.39％的受访者表示有一定的联系。总的来看，96.81％的杭州青年认为核心价值观与学习、工作、生活的相关性较高（见图5）。

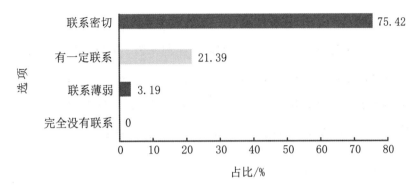

图 5　与学习、工作、生活联系密切度情况

对核心价值观的基本看法，83.11％的受访者表示"与每个人密切相关，需要倡导，更需践行"，15.38％的受访者表示"与大多数人相关，与我有关"。总体而言，持有积极正向观点的比例高达98.49％（"与每个人密切相关"和"与大多数人相关"），这表明杭州青年认为核心价值观与个人关系密切（见图6）。

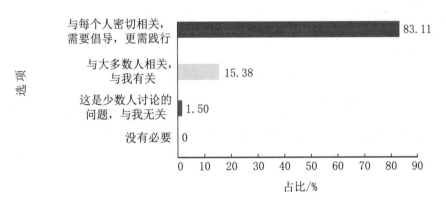

图 6　基本看法情况

根据图5和图6的数据，可以得出结论：杭州青年认为核心价值观与个人（包括学习、工作、生活等在内）密切相关。

（三）核心价值观的培育从小抓起

从开始接受核心价值观培育的时间阶段来看，7.32％的受访者表示从学前教育阶段已开始接受核心价值观的培育，81.61％的受访者表示从小学阶段已开始接受培育，7.32％的受访者表示从中学阶段开始接受培育。选择大学阶段前就接受培育的比例高达96.25％（见图7）。

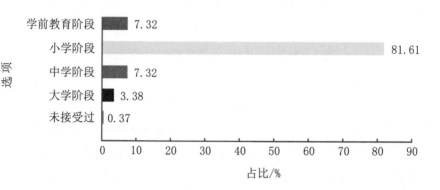

图7　开始接受核心价值观培育的时间情况

根据图7的数据，可以得出结论：杭州青年核心价值观的培育从小抓起。

（四）核心价值观的培育环境良好

对于有关核心价值观的热点事件及评论，76.74％的受访者表示都会看，22.51％的受访者表示只看自己感兴趣的，总体的关注比例高达99.25％（见图8）。

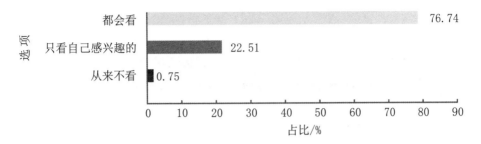

图 8　对热点事件及评论的关注情况

针对身边是否有违背社会主义核心价值观的人或事的提问，29.27％的受访者表示身边没有这类人或事，68.86％的受访者表示偶尔有（见图9）。

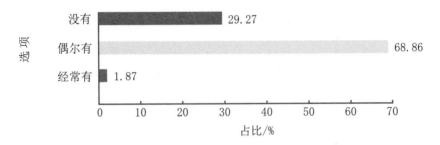

图 9　身边是否有违背核心价值观的人或事的情况

根据图8和图9的数据，可以得出结论：杭州青年所在的网络环境和线下周边环境都较好。

（五）核心价值观的培育渠道广阔

对于接受核心价值观培育的渠道，76.92％的受访者接受过课堂教学，42.40％的受访者接受过公益广告的培育，68.67％的受访者接受过团委宣传的培育，78.99％的受访者从亲朋好友处接受过相关培育。不同培育渠道均有较高比例的调查者选择（见图10）。

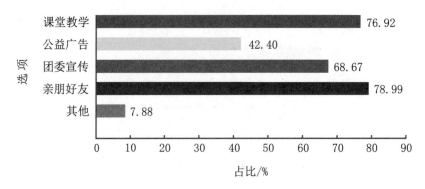

图 10　培育渠道来源情况

对于学校教育在核心价值观培育方面的作用，92.68％的受访者表示起到了作用。总体正向比例高达92.68％（见图11）。

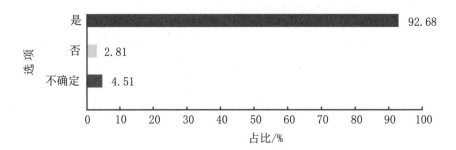

图 11　学校教育对核心价值观培育的作用

对于学习中是否涉及思政课程和课程思政，57.41％的受访者选择了涉及思政课程，25.89％的受访者选择了涉及课程思政，16.70％的受访者表示两者都涉及了，无受访者表示两者均不涉及。涉及思政教育的占比为100％，学校思政教育培育已实现全覆盖（见图12）。

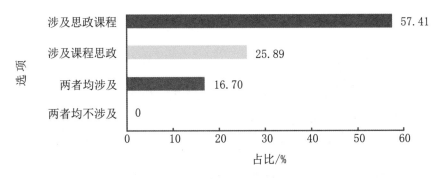

图 12　学校思政教育情况

对于学校共青团等组织在培育学生核心价值观方面的努力程度，69.42%的受访者表示非常充分，20.83%的受访者表示较为充分，9.01%的受访者表示一般。对共青团等组织在培育学生核心价值观方面的负向评价比例仅为0.74%，这表明杭州各学校的共青团等组织在培育在校青年核心价值观方面投入了极大的努力（见图13）。

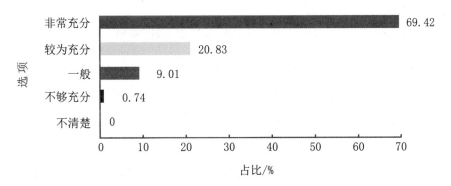

图 13　学校共青团等组织培育工作开展情况

根据图10至图13的数据，可以得出结论：杭州青年接受核心价值观培育的渠道广阔。

四、杭州青年社会主义核心价值观的现状及提升空间

（一）现状分析

1.杭州青年对核心价值观的理解深入并积极践行

杭州青年对核心价值观的认知高。他们对核心价值观的理解程度深入且知识储备丰富，已通过学校、社会和家庭等多个渠道接受核心价值观培育，广泛了解核心价值观的内涵和意义。他们明白核心价值观是指导个人行为、推动社会进步的重要准则。

除了认知高，杭州青年还与核心价值观产生共鸣，并在实际行动中践行。杭州青年积极向上、乐观开朗，大部分人关心社会问题、尊重他人，并推崇道德价值观念，将其内化为日常行为准则。无论是在学校、社会还是家庭中，杭州青年都展现出助人为乐、团结合作的精神，积极参与公益事业，推动社会不断向前发展，为杭州建设成为青年发展型城市贡献力量。

杭州青年对核心价值观的共鸣使他们成为社会的中坚力量和良好典范。他们自觉遵守法律法规，崇尚公平正义，注重个人品德修养，并以自己的行动和实践来影响身边的人。同时，他们怀有高度的责任感和使命感，不断提升自身素质和能力，积极为社会进步和发展作出贡献。

总体来说，杭州青年对核心价值观的认知高且内容熟悉。他们拥有丰富的知识储备，能通过实际行动来践行核心价值观，并为社会的发展和进步作出积极的贡献。通过积极引导，他们能够成为核心价值观的传播者和践行者，在维护社会稳定、促进社会和谐方面扮演着重要角色。杭州青年将继续以高度的责任心和使命感，引领并推动杭州

社会的良性发展。

2.核心价值观在学习、工作、生活方面产生积极作用

核心价值观是指在社会主义基本制度下，以爱国主义、集体主义、社会主义、科学发展等为核心的一系列道德规范和精神要求。它不仅是中国特色社会主义的重要组成部分，也是中华优秀传统文化的现代化表达，更是广大人民群众共同追求的价值目标。在核心价值观的引领下，杭州青年可以找到自身的价值所在，并通过自我奋斗来实现自我价值的提升。核心价值观与个人关系密切，体现在以下几个方面。

首先，核心价值观对于个人的学习具有引领作用。核心价值观强调了爱国主义、集体主义、诚信、友善等重要观念，这些观念对于塑造个人正确的世界观、人生观和价值观具有重要意义。杭州青年在学习过程中，通过接受核心价值观的熏陶和教育，能够树立正确的学习态度和价值取向，增强对社会的责任感和使命感。

其次，核心价值观对于个人的工作具有指导作用。核心价值观强调劳动、创新、诚信、公平等观念，这些观念对于培养杭州青年的职业道德和职业精神具有重要意义。在工作中，杭州青年能够秉持核心价值观，展现出勤奋努力、敬业奉献、诚信正直的品质，为社会和自己的发展作出积极贡献。

最后，核心价值观对于个人的生活具有影响力。核心价值观强调爱国、敬业、诚信、友善等重要观念，这些观念对于培养杭州青年的家庭观念、伦理道德和社会责任感具有重要意义。杭州青年在日常生活中能够践行核心价值观，树立正确的世界观、人生观和价值观，注重家庭和谐、尊重长辈、关爱他人，形成良好的社会风尚。

总的来说，核心价值观与个人的学习、工作、生活密切相关。杭州青年通过积极接受核心价值观的教育和引导，能够在学习、工作、生活中秉持这些价值观，发挥积极作用，既实现个人发展，又促进社会进步。

3. 以层次递进特色明显的培育方式塑造杭州青年

杭州青年核心价值观的培育从小抓起，在不同教育阶段形成了各自的特色，并层次递进深入青年核心价值观的培育工作。

（1）基础教育阶段

小学阶段是青年接受基础教育的重要阶段，也是培养他们正确价值观和道德素质的关键时期。杭州市教育局根据教育部要求，将核心价值观纳入小学及以上各级学校的德育工作和思想政治课程中，旨在通过教育引导学生在认知和行为上逐渐形成正确的世界观、人生观、价值观与道德标准。此外，市教育局在核心价值观培育行动中，制订了培育和践行社会主义核心价值观实施方案，各中小学校积极践行，并逐渐形成了独具特色的核心价值观培育和践行的"杭州模式"。该模式以四维共促和六措并举为主要特点，在注重"落细、落小、落实"上下足功夫，着力推动核心价值观融入广大师生的思想和行动中。具体来看，小学阶段的核心价值观培育包括以下内容。

一是引导学生树立爱国主义和集体主义的意识。学校教育孩子们热爱祖国和民族，培养他们对国家、社会、集体和他人的责任感和荣誉感，让他们懂得个人利益与集体利益的关系，形成集体主义精神。

二是培养学生的道德品质和社交能力。学校通过一系列教育活动，如讲故事、模拟游戏、伦理剧等，引导学生了解生命、尊重生命、保护生命和珍惜生命，培养他们的爱心、助人精神以及诚实守信等道德品质，同时引导学生正确认识自我，增强自信心和自尊心，提高社交能力。

三是引导学生崇尚科学、探索未知。学校让学生了解科学的基本知识和方法，培养他们对未知的好奇心和探索精神，激发他们的创造性思维。

在教育孩子形成正确的核心价值观时，家庭和学校共同承担着重要的责任。家庭要加强对孩子的启蒙教育，家长通过亲身示范向孩子灌输正确的行为标准和价值观念。学校则采取多种形式，如定期开展主题班会、课外活动、社会实践等，让学生在轻松愉快的氛围中学习核心价值观，并将这些价值观落实到日常生活和学习中。

初中阶段的核心价值观培育旨在引导学生进一步认识社会和自我，树立正确的人生目标和价值观念，主要包含以下内容。

一是强化爱国主义教育。初中生正处于思想认知和身体发展的关键时期，学校加强爱国主义教育，让学生明白爱国就是爱自己、爱家庭、爱民族，同时也要让他们认识到中国的优秀传统文化和历史文化，增强文化自信。

二是培养道德品质和责任意识。初中生需要更加深入地了解道德和伦理方面的知识，学校通过一系列教育活动，如读书、演讲比赛、社会实践等，引导学生践行核心价值观，建立起诚实守信、尊重他人、勇于担当的良好道德品质和责任意识。

三是引导学生正确看待个人与集体的关系。初中是学生开始独立思考和逐渐形成自我意识的时期，但同时也需要让他们认识到个人行为对集体的影响，培养集体利益高于个人利益的观念。

四是培养学生批判性思维和创新能力。初中是学生自主学习和探索的重要时期，学校注重培养学生的批判性思维和创新能力，让他们在知识和技能方面得到全面的提升。

五是培养学生良好的文化素养。通过让学生阅读大量的各类优秀文学作品和名著，领悟其中蕴含的核心价值观，例如《三国演义》中的"忠、孝、仁、义"等。

（2）非基础教育阶段

高中阶段是青年智力、道德、心理和行为诸多方面全面发展的重要时期。高中阶段核心价值观培育的主要目标是引导学生继续深入地认识自我和社会，形成正确的世界观、人生观和价值观，促进他们成为有思想、有情感、有责任心的公民。具体来说，包括以下内容。

一是强化思想政治教育。高中阶段，学校加强思想政治教育，让学生明白自己所处的时代背景和国家发展战略，培养学生热爱祖国和民族的情感，并激发他们为实现中国梦而努力奋斗的精神。

二是培养学生的创新精神和实践能力。高中阶段，学生需要更加注重知识与技能的整合，学校通过各种实践活动和项目实践，培养学生的创新精神和实践能力，并帮助他们建立起良好的职业素养和社会责任感。

三是增强学生的文化底蕴和人文情怀。高中阶段学校加强对学生文化传承和创新的教育，培养学生丰富的人文情怀和文化素养，引导他们增强对中国优秀传统文化的认识和理解，并发掘和传承当地和民族传统文化的价值。

四是强调道德和法治教育。高中阶段，需要更加深入地了解法律和伦理方面的知识，引导学生自觉遵守法律，树立诚实守信、尊重他人、勇于担当的良好道德品质和社会责任感。

大学阶段的核心价值观培育有中共中央、国务院等出台的一系列重要政策支持，包括2022年教育部等十部门印发的《全面推进"大思政课"建设的工作方案》。这些政策文件旨在通过引导和培养大学生树立正确的世界观、人生观和价值观，使其成为国家需要的各类高素质人才。

大学阶段核心价值观培育的具体内容包括爱国主义、集体主义、科学精神、人文关怀、自由探索、全球视野和社会责任等方面。其中，爱国主义和集体主义是大学生必须具备的精神品质，包括热爱祖国、尊重社会、具有团队合作意识；科学精神和人文关怀是大学生全面发展的重要方面，包括崇尚科学、追求真理、注重人文素养和关心他人的情感；自由探索、全球视野和社会责任是培养大学生核心价值观的重要方面，包括勇于探索、积极尝试、开放包容、具有跨文化交流的能力，同时树立社会责任意识，积极参与公益事业和社会建设。

大学阶段核心价值观培育的实施，通过多种途径和手段来落实。具体做法包括开展思想政治理论课、组织各类主题教育活动、推进志愿服务和社会实践等。此外，各高校还积极引导学生在学术研究、创新创业等领域发挥作用，注重培养具有国际视野和竞争力的高素质人才。

4.多方协同合力共建良好的核心价值观培育环境

杭州青年核心价值观的培育环境良好，离不开教育系统、社会各界、公共文化服务及家庭等的共同努力。

首先，教育系统为杭州青年核心价值观的培育提供了坚实的基础。杭州拥有众多优质的教育资源，学校的思想政治教育取得了显著成效。杭州高校、中小学注重德育教育，开展了丰富多彩的活动，如举办各类专题讲座、社会实践、志愿服务等，宣传和培育核心价值观，使杭州青年受到了全方位、系统化、深入化的教育。

其次，社会各界积极参与核心价值观的培育。杭州社会各界广泛参与宣传和践行核心价值观，思想道德风尚良好，公民素质不断提升。政府部门、社会组织、企业团体等广泛组织了各种主题教育、宣传活动，强调了核心价值观的重要性，引导杭州青年培养爱国主义、集体主义、自强不息、诚信敬业等优秀品质。

再次，公共文化服务也对杭州青年核心价值观的培育起到了积极作用。杭州的图书馆、博物馆、文化艺术场所等提供了丰富多彩的文化产品和服务，使杭州青年受到高水平、多元化的文化熏陶。这些文化产品和服务涉及社会道德、国家发展、人类文明等方面，对于引导杭州青年树立正确的世界观、人生观和价值观有着重要意义。

最后，家庭也是培育杭州青年核心价值观的重要环境。杭州许多家庭注重对孩子进行政治思想和道德行为教育，家长们通过言传身教、以身作则等方式，将核心价值观注入孩子的思想中，使他们成长为具有良好道德风尚和较强社会责任感的公民。

综上所述，杭州青年核心价值观的培育环境良好，教育系统、社会各界、公共文化服务和家庭等多个方面彼此协作、相互配合，使杭州青年受到了广泛深入的价值观引导，形成和践行了符合时代和国家发展需要的良好价值观念。

5.以多种渠道来全面深入地教育和引导杭州青年

广泛的渠道对杭州青年核心价值观的培育非常重要。这些渠道能够让杭州青年受到更加全面、深入的教育和引导，有助于他们形成更加完整、丰富的世界观、人生观和价值观。多样化的引导方式符合不同杭州青年的需求和实际情况，能够帮助他们更好地接受和理解核心价值观，提高其自我认知和自我意识。此外，广泛的渠道能够增强社会各界共同参与青年教育和引导的意识和责任感，营造良好的社会氛围和风尚。

学校是培养杭州青年核心价值观的重要场所。学校开展各种形式的思想教育和德育教育活动，拓宽杭州青年的视野，引导他们领略人民群众的智慧和创造精神，形成较为成熟、理性的世界观、人生观和价值观。近年来，国家对学校课程思政工作提出了更高要求。例如，2020年教育部印发了《高等学校课程思政建设指导纲要》，要求学校将课程思政工作纳入教师职业发展评价体系，并制定相关政策指导。在此背景下，杭州各级学校对课程思政工作也提出了更高的要求。例如，杭州市教育局强调推进"全员育人"，加强课程思政建设；市教育局还发布了《杭州市大中小学思政教育一体化建设实施方案》，在工作体系、队伍建设和推进机制等方面提出了具体要求；杭州市教师发展中心则要求将课程思政工作纳入教师职业发展评价体系，并制定相关政策指导。此外，杭州正在着力构建一体化思政课程体系，加强《习近平新时代中国特色社会主义思想学生读本》教材建设，做到课程定位、目标、教学内容全学段贯通。同时，杭州依托现有基础，打造历史文化、科技创新、教育循迹、理论学习、生态文明等五个实践基地圈，进一步提升理实一体化思政课程体系建设。这些工作将发挥好核心价值观的"一体化"引领作用，切实提升思政教育的铸魂育人效果。

共青团是培育杭州青年核心价值观的重要组织。共青团积极组织和引导杭州青年参加志愿者服务、社会调查、文化交流等各种社会实践活动，让他们亲身感受到中国特色社会主义的发展和进步，进一步培养其爱国主义、集体主义、奉献精神等优良品质。团学组织要不断适应时代变迁，重视多元化服务，积极引导广大青年参与各种形式的团学活动，提升青年社团文化水平。

社会各界也是培育杭州青年核心价值观的重要力量。政府、企业、媒体等社会组织或机构积极参与到青少年教育、文化交流等社会活动中，通过宣传和培育核心价值观的理念和行为，引导杭州青年树立正确的世界观、人生观和价值观。

家庭和亲朋好友也是杭州青年核心价值观的培育渠道。在日常交往中，家长可以耐心指引杭州青年，以身作则、言传身教，让他们知道如何履行国民责任、如何发挥自身主观能动性、如何尊重民族传统和文化精神。

媒体是培育杭州青年核心价值观的重要影响力之一，包括报纸、电视、网络等多种渠道。杭州的新闻媒体广泛宣传了中国特色社会主义，大力推广先进文化，组织了形式多样的各类文艺活动，引领杭州青年掌握时代脉搏、跟上时代步伐。例如，可以利用宣传典型优秀人物的先进事迹来引导青年感知主流价值观进而引发认同。这与"哪种形式对加强核心价值观发挥的作用更大"问题中60.04%的受访者选择优秀事迹宣传形式相呼应。

总之，通过学校、共青团、社会各界、家庭和亲朋好友、媒体等多方努力，杭州青年可以全方位、多维度地了解和接受核心价值观，在实践中逐渐将其融入自身的行动和思想中，为实现中国式现代化贡献力量。在当前世界发展形势下，不断提高青年的思想政治素质和综合素质不仅是杭州发展的必要条件，也是推进社会主义事业的重要保障。

（二）提升空间

1.杭州青年中的关键少数对核心价值观的认知认同有待提升

对于个人价值主要取决于什么因素的问题，分别有8.07％和10.13％的受访者选择了"金钱的多少"和"权力的大小"（见图14）。

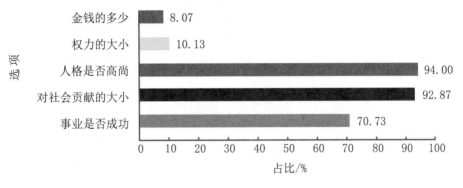

图14 个人价值的认知情况

此外，对核心价值观的了解程度，不了解的占比为1.13％（见图3）；对核心价值观的内容了解情况，有3％～4％的受访者没有选择三个层面的核心价值观（见图4）；从开始接受核心价值观培育的时间阶段来看，也有0.37％的受访者表示未接受过培育（见图7）。

综上可知，杭州青年中的这些关键少数对核心价值观的认知认同仍有进一步提升的空间。此外，虽然在本次调查中这类青年的占比不高，但是从杭州青年总体人口数量来看，对于核心价值观不了解的青年数量仍然很多。

2.杭州青年对有关核心价值观的热点事件关注度和参与度有待提升

对于社会问题，48.97％的受访者表示不会积极发表意见（见图15）。

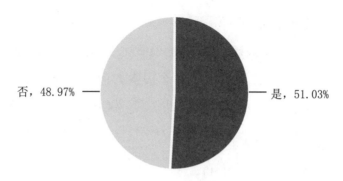

否，48.97% ——   —— 是，51.03%

图 15　积极表达自己看法的情况

此外，对于有关核心价值观的热点事件及评论，22.51％的受访者表示只看自己感兴趣的，0.75％的受访者表示从来不看（见图8）。

综上可知，杭州青年对核心价值观热点事件的关注度和参与度有待提升。

3.发扬和践行核心价值观的方式和方法有待进一步扩展

对于哪种形式对加强核心价值观发挥的作用更大，19.51％的受访者选择思政课程形式，6.38％的受访者选择讲座论坛形式，8.82％的受访者选择思政主题培训形式，5.25％的受访者选择主题竞赛活动形式，以及60.04％的受访者选择优秀事迹宣传形式。目前，在发扬核心价值观的作用时，优秀事迹宣传占比超过60％，其他形式的选择率明显低于优秀事迹宣传（见图16）。

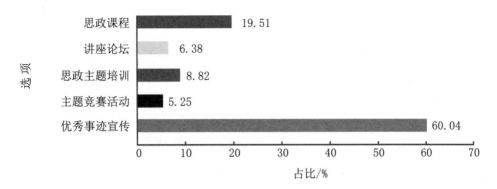

图 16 发扬核心价值观的不同形式

对于培育和践行核心价值观的方式，97.00％的受访者选择了"以培养担当民族复兴大任的时代新人为着眼点"，94.56％的受访者选择了"发挥社会主义核心价值观对国民教育等方面的引领作用"，92.31％的受访者选择了"把社会主义核心价值观融入社会发展各方面"。三种方式都有不少于3％的受访者没有选择（见图17）。

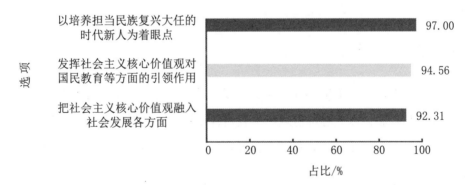

图 17 培育和践行核心价值观的方式

针对做担当时代大任的青年要如何践行核心价值观的问题，95.12％的受访者选择了要"强化教育引导，实现情感认同"，95.50％

的受访者选择了要"加强意识领导，提供方向保证"，90.81％的受访者选择了要"落细落小落实，重行动下功夫"，有84.43％的受访者选择了要"坚持外化于行，实现内化于心"。四种方法都有多于4％的受访者没有选择（见图18）。

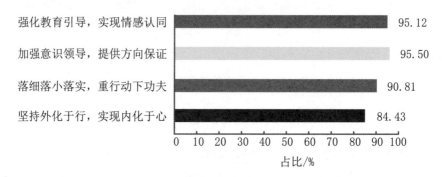

图18　践行核心价值观的方法

综上可知，对于杭州青年而言，发扬和践行核心价值观时的方式和方法有待进一步扩展。

五、对策建议

为了更好地推动杭州青年发展型城市建设，进一步促进杭州青年的成长和发展，以核心价值观引领杭州青年思想政治素养提升，使其成为社会主义事业的合格建设者和可靠接班人，我们提出以下三个方面的对策建议。

（一）加强政策引领，夯实好关键基础

实现对每一位杭州青年进行核心价值观培育是当前的重要工作内容。加强政策引领是解决少数杭州青年核心价值观状况仍需提升问题的关键手段，也是实现全覆盖目标的基础和关键。我们应该明确政策导向，以制度化的方式规范、引导和推动杭州青年的核心价值观培育工作。在实现加强政策引领方面，我们需要从以下几个方面考虑。

第一，依法依规落实国家有关法律法规和政策要求，保障学校思想政治工作的合法性和规范性。要通过落实相关法律法规，来使国家和地方精神文明建设的决策部署得到贯彻落实。

第二，注重顶层设计，明确学校思想政治工作的目标、任务、职责以及组织架构。在此基础上，要建立完善的制度体系，确保高质量、高效率的思想政治工作开展。例如制订具体的工作计划和年度工作方案，建立健全的工作机制以及考核评估体系，确保核心价值观的培育覆盖每一位杭州青年。

第三，强化师资队伍建设，提高思想政治教育的专业化水平，加强对思想政治课程和师资队伍的管理和培养，建立教师队伍素质评价制度，激励教师开展深入细致的思想政治工作。

第四，推动科学研究和实践创新，提高学校思想政治工作的针对性和实效性。要借助科技手段和现代化管理理念，积极探索创新的思想政治工作方式和方法，不断完善服务青年群体精神文化需求的途径和方式，使每位杭州青年都能受到适合他们需求的核心价值观培育。

只有在加强政策引领的基础上，才能更好地发挥核心价值观的引领作用，推进杭州青年核心价值观的培育。因此，应该高度重视政策引领，加强统筹协调，形成强大的合力，将杭州青年思想政治工作推向新的高度，将杭州青年核心价值观培育工作落实到每一位杭州青年的身上。

（二）增强文化自信，回答好时代课题

文化自信是青年群体对文化价值的认同和信念。核心价值观是杭州青年文化自信的灵魂和归宿，为保持和增强文化自信提供了思想基础。因此，在当前多元化的社会和文化背景下，增强文化自信、提升青年对核心价值的认同和信念，使青年能够更多地关注有关核心价值观的热点事件，成为培育青年核心价值观的重要时代课题。为此，我们可以从以下几个方面入手。

首先，加强核心价值观的宣传教育。要通过多种形式的媒体宣传，如社交媒体、电视、广播等，向杭州青年传递核心价值观的重要性和实践意义。可以利用创意和富有吸引力的方式，使杭州青年对有关核心价值观的热点事件产生兴趣，并能够主动参与其中。

其次，建设文化交流平台。要创建一个开放包容的平台，使杭州青年能够分享自己的文化经验和见解，增强他们的文化自信。也可以组织文艺演出、主题论坛、读书会等活动，鼓励青年参与并展示自己的才华和观点。同时，还要加强与高校、社区和文化机构的合作，共同打造具有吸引力的文化交流平台，促进青年之间的交流和互动。

再次，推动文化创意产业发展。文化创意产业具有吸引年轻人参与的潜力，要加大对文化创意企业和项目的支持力度。可以通过举办设计比赛、艺术展览等活动，鼓励杭州青年积极参与文化创意产业的发展，培养他们对核心价值观热点事件的关注度和参与度。

从次，加强文化教育和丰富文化体验。要推动学校教育系统加强对核心价值观的教育，开设相关课程或举办相关活动，让学生了解、尊重和传承中华优秀传统文化。同时，可以组织参观考察活动，带领杭州青年深入了解本土的历史文化和有关核心价值观的热点事件的背景，增强他们的关注度和参与度。

最后，注重青年的参与感和实践机会。要给予杭州青年更多参与决策与表达意见的机会。例如通过成立青年咨询委员会或开展主题座谈会等形式，听取他们的声音并采纳合理建议。同时，还可以通过志愿者活动、社区服务等途径，提供实践锻炼的机会，让杭州青年能够亲身参与到推动核心价值观热点事件的实践中。

总之，通过增强文化自信，青年群体可以更加深入地理解和感知核心价值观的内涵，不断激发对核心价值观热点事件的兴趣，从而更好地关注和参与其中，最终形成积极向上的社会氛围。

（三）丰富方式方法，提供好重要保障

在发扬和践行核心价值观时，要做到丰富方式方法、创新形式内容。这是推进杭州青年核心价值观培育工作的重要保障，也是适应当前青年多元化需求的必然要求。为此，我们可以从以下几个方面入手。

首先，要注重多种核心价值观培育方式的结合。我们需要将传统的课堂教育，如思政课、法制课等，与社会实践、讲座演讲、文艺表演等多种形式结合，以不同的方式呈现，提高教育效果。此外，还可以通过开展线上线下相结合的教育活动，利用网络平台和移动终端深入开展思想政治教育，满足杭州青年多元化的核心价值观学习需求。

其次，应注意向杭州青年提供全方位、多角度的核心价值观培育内容。针对不同青年群体，要制定有针对性的教育内容，注重情感教育，在教育中融入具体案例，并与工作、实践紧密结合，增强教育的实效性和针对性。

再次，要注重杭州青年自主参与和实践体验。我们要通过开展文化、科技、艺术竞赛和社会实践活动等多种形式，引导杭州青年积极参与，增强他们的自主意识、创新意识和实践能力，培养杭州青年开拓进取、勇于探索的精神。

最后，还要注重核心价值观培育的系统性、连续性和有效性。要建立起完善的档案记录，加强跟踪和评估，及时反馈杭州青年群体的思想动态，以保证核心价值观培育工作的延续性和有效性。

总之，丰富方式方法是推进杭州青年核心价值观培育的必备手段。我们既要注重常规的课堂教育和宣传教育，也要积极开展多元化的教育，发挥不同教育形式的优势，以实现青年全方位的成长，引导广大杭州青年树立正确的世界观、人生观和价值观，助力杭州建设青年发展型城市，为建设更美好的未来作出贡献。

参考文献

[1] 陈宝剑.培养有理想有本领有担当的"圆梦新一代"[J].思想教育研究，2020（5）：136-141.

[2] 邓志强.当代青少年核心价值观的形成规律及认同路径[C].当代青少年树立和践行社会主义核心价值观研究报告——第十届中国青少年发展论坛（2014）优秀论文集.天津：天津社会科学院出版社，2015：179-188.

[3] 李田伟，王海云.大学生社会主义核心价值观的心理认同培育探讨[J].西南林业大学学报（社会科学），2018（3）：86-88.

[4] 芦晨.高校大学生社会主义核心价值观培育与创新创业教育融合路径研究[D].桂林：桂林电子科技大学，2020.

[5] 秦程节.社会思潮网络传播对青年核心价值观认同的影响及应

对[J].学校党建与思想教育, 2017（9）: 72-76.

[6] 孙慧.以核心价值观统领大学生社会责任感的培养[D].太原:山西农业大学, 2014.

[7] 孙其昂, 侯勇.论社会主义核心价值观建设的现代性境遇与超越[J].中国特色社会主义研究, 2011（2）: 58-63.

[8] 徐建, 董翼.依托团学活动构建大学生核心价值观教育接受机制的重要意义[J].科教导刊（上旬刊）, 2012（15）: 198-199.

[9] 杨丹, 郑晋鸣.新时代典型人物报道的叙事策略——以"时代楷模"王继才系列报道为例[J].青年记者, 2022（4）: 79-81.

[10] 于俊如, 董翔.青年核心价值观的塑造: 现实背景, 基本内容与培育机制[J].中国青年研究, 2010（4）: 16-20.

[11] 张彦, 韩伟.以核心价值观引领大中小学思政课一体化[J].学校党建与思想教育, 2020（13）: 62-65.

[12] 郑海祥, 阚道远.托起文化自信的三大支柱: 社会主义核心价值观、民族精神和时代精神[J].思想理论教育导刊, 2017（10）: 85-89.

杭州青年"美好教育"研究报告

杭州市团校　杨梦鹤

摘　要: 本报告依托2023年在杭州开展的实证调查研究,对当前杭州青年的教育状况,包括杭州青年关心的教育议题、困扰杭州青年的教育问题、杭州青年学习教育现状等实际情况进行调查分析。经深入分析总结,提炼出在义务教育、高中教育、高等教育、继续教育等不同阶段和教育全过程中分别能够集中体现杭州青年教育状况的十大关键词,聚焦义务教育阶段"双减"政策的实施、高中教育阶段青年主体性的发挥、高等教育阶段心理健康教育的改善、职业青年培训教育体系的建立和全过程教育公平的进一步深化等,针对杭州青年在教育不同阶段中的突出问题、实际困惑和关注点,提出优化杭州教育全链条的五条建议措施,助力优质均衡的教育资源惠及每一位杭州青年。

关键词: 杭州青年;青年教育;教育公平

党的二十大报告强调,"教育是国之大计、党之大计",要"坚持教育优先发展""办好人民满意的教育"。[①]杭州市第十三次党代会报告指出,要"大力发展人民满意的教育,全面落实义务教育'双减'政策,规范民办义务教育发展,支持跨区域跨层级的名校集团化办学,推动职普融通,新增基础教育学位45万个,推动市属高校内涵式发展,支持在杭省部属高校高质量发展,让更多孩子接受更优质的教育"。根据《关于深化基础教育改革建设"美好教育"的实施意见》,杭州以建设"美好教育"为目标,从优化完善顶层设计入手,制定出台了《深化基础教育改革建设"美好教育"实施意见重点任务分工(2019—2022年)》《关于推进新名校集团化办学共建共享市域优质基础教育资源的实施意见》《关于进一步加强校外培训机构治理工作的通知》《关于建立健全师德师风建设长效机制的实施意见》《关于进一步推进杭州市高中阶段学校考试生制度改革的实施意见》等一揽子配套政策,初步形成了"美好教育1+N"建设推进机制。本报告旨在围绕杭州青年对各个教育阶段的看法,针对突出特点和实际问题开展调查研究,从而提出适切的青年"美好教育"相关建议。

一、研究对象与研究方法

(一)研究对象界定

"教育"是以知识为工具教会他人思考的过程,思考如何利用自身所拥有的创造更多的社会财富,实现自我价值。在教育学界,关于"教育"的定义多种多样,可谓仁者见仁、智者见智。一般来说,人们

---

① 习近平.高举中国特色社会主义伟大旗帜 为全面建设社会主义现代化国家而团结奋斗——在中国共产党第二十次全国代表大会上的报告[M].北京:人民出版社,2022:34.

是从两个不同的角度给"教育"下定义的：一个是社会的角度，另一个是个体的角度。我国一般从社会的角度给"教育"下定义，而英美国家的教育学家一般从个体的角度给"教育"下定义。

从社会的角度来定义"教育"，可以把"教育"区分为不同的层次。一是广义的"教育"，凡是增进人们的知识和技能、影响人们的思想品德的活动都是教育。广义的"教育"被看成是整个社会系统中的一个子系统，分配着且承担着一定的社会功能。二是狭义的"教育"，是指个体精神上的升华。这种定义方式强调社会因素对个体发展的影响，往往把"教育"等同于个体的学习或发展过程。三是更狭义的"教育"，主要指学校教育，是指教育者根据一定的社会或阶级的要求，有目的、有计划、有组织地对受教育者的身心施加影响，把他们培养成一定社会或阶级所需要的人的活动。

本报告研究的是杭州青年的教育状况及杭州青年对教育的认知状况，为紧扣研究主题，笔者结合政策文本、学界研究和现实情况，将本报告研究的"教育"概念定义为：青年学生在义务教育阶段接受的学校教育，青年学生在高中教育阶段和高等教育阶段接受的学校教育，青年在社会生活中为了个人成长发展而开展的继续教育（结合调研实际，主要指的是职业青年为提升自身专业能力而开展的学习教育）等。

（二）研究方法

本课题主要运用调查法和访谈法开展研究，以掌握青年对于教育全过程的总体性认识和对教育不同阶段的看法。课题组借助杭州市团校"掌上团校"平台实施的"青年发展型城市建设中的杭州青年"问卷调查，共计回收有效问卷2753份。研究数据还包含搜集的相关职能部门统计数据和教育统计年鉴等。此外，笔者赴上城区、淳安县、建德市等3个县(市、区)进行调研,开展座谈会4次,与杭州师范大学、浙江工商大学杭州商学院、杭州市东城第二实验学校、千岛湖中学、建德中学等12所在杭学校青年教师及学生进行交流,与浙江省交通运输科学研究院、浙江新化化工股份有限公司、杭州千岛湖啤酒厂有限公司等9家在杭企事业单位青年职工进行交流,与12位各领域在杭青年进行深度访谈(见表1)。借助这些数据,结合访谈座谈,笔者对在杭青年群体最关注的教育领域问题、教育投入情况、子女教育焦虑情况、继续教育情况等青年教育相关内容开展研究。

表1　访谈对象基本情况

编号	性别	年龄／岁	户籍	受教育状况	就业状况
J01	男	28	杭州市外、浙江省内	硕士研究生	高校辅导员
J02	女	27	浙江省外	硕士研究生	高校辅导员
J03	男	33	杭州其他县市	大学本科	中学教师
J04	男	30	杭州市区	大学本科	企业职员
J05	女	31	杭州市区	大学本科	企业职员
J06	男	25	杭州其他县市	大学专科	企业职员
J07	女	20	杭州其他县市	大学在读	—
J08	男	17	杭州市区	高中在读	—
J09	女	34	杭州市区	大学本科	中学教师
J10	女	28	杭州市区	大学本科	中学教师
J11	男	32	杭州其他县市	大学专科	企业职员
J12	女	29	杭州市外、浙江省内	硕士研究生	公务员

二、杭州青年教育现状

通过对问卷调查结果的综合分析,结合在访谈座谈中了解到的实际情况,笔者梳理总结出当前杭州青年在教育方面值得关注的4个现象。一是在杭州青年关心关注的教育问题中，"教育公平"的呼声较高。二是杭州青年重视教育，认可学习、阅读的重要性，但从实际投入来看，用于教育的经济和时间投入都相对偏低。三是杭州职业青年考虑个人成长和专业发展，接受继续教育和培训学习的意愿较强，但实际参与者不多，呈现"强意愿弱行动"的现象。四是在子女教育中，杭州青年感受到了一定程度的"教育焦虑"。

（一）高度关注"教育公平"

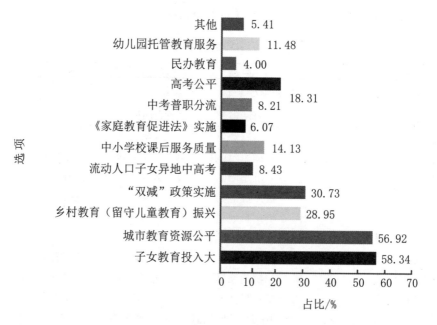

图 1 杭州青年关注的教育问题

如图1所示，在对"当前您最为关注的教育问题有哪些"的回答中，排名前五的分别是"子女教育投入大（58.34％）""城市教育资源公平（56.92％）""'双减'政策实施（30.73％）""乡村教育（留守儿童教育）振兴（28.95％）""高考公平（18.31％）"。而在对"您认为在子女教育中导致教育焦虑的最主要因素是什么"的问题的回答中，12.99％的杭州青年认为"教育资源不均衡"是主要因素。可见，杭州青年对于"教育公平"这一问题的关注度较高，并且这一问题对部分青年的生活和发展已造成一定的困扰。

当前，杭州教育事业发展取得了较大成就。一方面，立足杭州教育的基础，扎实推进"教育共富"，研究印发《关于推进"美好教育"共同富裕促进山区4县基础教育优质均衡发展行动方案》《杭州城西科创大走廊基础教育高水平均衡发展（2022—2025年）规划》等政策文件，加大对山区4县和城市新区基础教育发展的支持和保障。另一方面，立足杭州教育的特色，推进名校集团化发展，2004年《中共杭州市委、杭州市人民政府关于进一步推进基础教育改革和发展的若干意见》首次明确提出"实施名校集团化战略"，杭州名校集团化的成功经验曾被新华社列为推进基础教育均衡发展的五大模式之一；2017年《关于深化教育体制机制改革的意见》指出要完善义务教育均衡优质发展的体制机制，改进管理模式，试行学区化管理，探索集团化办学，采取委托管理、强校带弱校、学校联盟、九年一贯制等灵活多样的办学形式。杭州率先通过以强扶弱"名校＋弱校"，以强带新"名校＋新校"，强强联合"名校＋民办校"，混合多样"名校＋名企高校＋新校"，综合采用优质学校带动薄弱校、合并普通校、新建成员校等方式组建资源联合体，成为推进教育均衡发展的中坚力量。杭州教育在数量、速度和规模上都获得了长足发展。但是，我们也要清醒地认识到，不平衡不充分的发展状况在教育领域仍然突出。充分"满足人民日益增长的美好生活需要"，立足青年实际需求建成并普及"美好教育"，是杭州教育事业未来发展的方向和目标。

（二）教育投入有待提高

通过对杭州青年在过去一年中用于教育的消费支出和年收入的相关性分析，可以计算得出，超过七成青年在过去一年中的教育消费支出低于年收入的10%（见表2）。根据此次问卷调查结果，在过去一年中，53.21%的青年日均阅读时长不到1小时，日均阅读在1～2小时的占29.17%，达到2小时以上的不到10%，而更值得关注的是，7.85%的青年选择了"不阅读"的选项（见图2）。青年正处于风华正茂的黄金时期和拔节孕穗的关键时期，是最容易接受新思想、汲取新知识的时期，也是最需要通过学习知识、接受教育、广泛阅读来长本事、增才干的重要时期。而从调查结果来看，当前杭州青年在学习教育方面的投入，无论是从经济投入还是时间投入来看都还偏低。未来需要我们加强引导和督促，更好地在青年群体中形成爱学习、善学习的浓厚氛围。

表2 杭州青年年教育消费支出与年收入的相关性

单位：%

教育消费支出	年收入				
	5万元及以下	5万～10万元（不包含5万元）	10万～20万元（不包含10万元）	20万元以上	合计
5001～10000元	31.83	32.80	30.44	28.74	31.53
10001～20000元	23.38	12.72	12.64	16.09	15.47
20001元及以上	16.14	8.95	10.88	24.14	12.28
合计	100.00	100.00	100.00	100.00	100.00

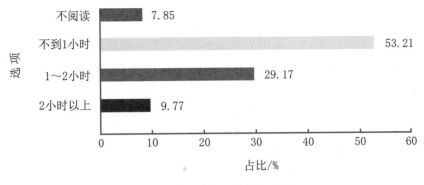

图2 杭州青年日均阅读时长

(三)继续教育"强意愿弱行动"

职业青年是本次调查的重要群体之一,为了解把握青年接受继续教育的意愿和影响他们继续教育的因素,笔者在调查问卷中设置了"您认为影响青年继续教育最主要的因素是什么"的问题。17.51%的受访青年坦言是由于"自我动力不足",38.72%的受访青年认为"缺乏时间、精力"是最主要的影响因素,34.44%的受访青年认为是"外部干扰因素多,难以专注",还有少部分受访青年认为"支出较高,难以承担""优质学习资源不足"也是影响继续教育的因素(见图3)。结合在访谈座谈中了解到的情况,部分青年认为自己接受继续教育的动力不足并不仅是因为自己没有意愿或是不需要,而是由于现阶段的工作和生活(包括婚姻、养老、育儿等)已经分散掉绝大多数的时间、精力、财力,如果接受继续教育,势必会影响当前的工作生活状态,在这样的压力和考量之下,选择接受继续教育的青年并不多。近年来,杭州的人才吸引力持续提升,杭州人才净流入率连续多年位居全国第一,猎聘数据显示,2022年流入杭州的人才年龄区间分布中,20～40岁总占比达93.42%。与此同时,数字经济的高速发展、人才竞争的日趋激烈进一步加快了青年的工作节奏，增加了生活压力，挤压了"自我"的空间。新形势下引导青年调整好前进的脚步，帮助职业青年获得更多的学习教育机会，是摆在我们面前的重要任务。

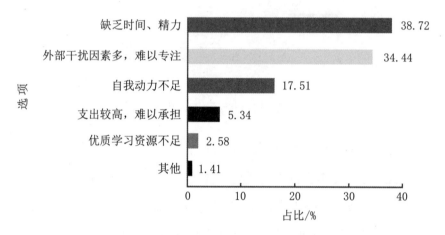

图3　影响杭州青年继续教育的主要因素

（四）"子女教育焦虑"现象较普遍

在杭州青年最关心的教育相关议题中，"子女教育投入"问题排在首位，在访谈调研过程中，多数青年表示自己和周围的人都或多或少存在"子女教育焦虑"，有的甚至表示自己和爱人已经决定以后不生小孩，以此来"回避以后可能遇到的麻烦和矛盾"。（受访青年：J11）

为了对杭州青年的子女教育焦虑情况有整体性的把握，笔者在调查问卷中设置了"您认为在子女教育中导致教育焦虑的最主要因素是什么"的问题，36.40%的受访青年选择了"缺乏时间和精力"，认为"不懂教育，缺乏专业指导""教育成本高"的受访青年分别占19.69%和19.18%，还有少部分青年认为"教育资源不均衡"和"就业形势严峻"也是重要因素（见图4）。总体来看，在目前杭州青年群体中，出现了不同程度的子女教育焦虑现象，究其原因，除自身意愿等主观原因外，成人世界的生存压力、社会环境等客观因素占据较大比重，这需要政府、用人单位、学校、家庭等各方形成合力，共同为青年的子女教育提供更多贴合实际的支持，创造更好的环境氛围。

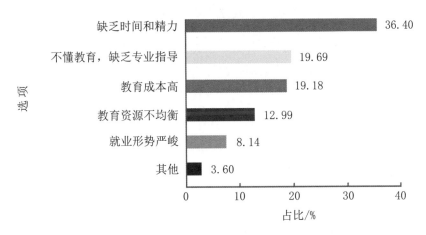

图 4　导致杭州青年子女教育焦虑的主要因素

三、杭州青年教育的关键词

综合问卷调查和访谈座谈情况，笔者发现，由于教育的阶段性、发展性特点，青年对于不同阶段的教育的感知、需求也呈现出不同的特点，本文试从青年对不同教育阶段的看法出发，总结提炼能集中体现该阶段特征的关键词。具体来讲，在义务教育阶段，青年家长、青年教师与青年学生集中关心的话题仍是"双减"政策的实施及其带来的实际效果；在高中教育阶段，直面高考的压力，高投入、高密度的学习对青年影响深远，但同时也带来不可回避的问题；在高等教育阶段，变化贯穿青年学习生活的方方面面，如何适应外界变化并正确调整成长蜕变过程中的心理，是青年学生面临的重要课题；在继续教育阶段，青年既要追求事业发展，又要兼顾个人成长提升，需要获得更多的支持；此外，教育公平与随之而来的落差感始终是贯穿教育全过程的重要话题。

（一）义务教育阶段："双减"与"内卷"

2021年，中共中央办公厅、国务院办公厅印发了《关于进一步减轻义务教育阶段学生作业负担和校外培训负担的意见》（以下简称《意见》）。《意见》指出，一要减轻义务教育阶段学生作业负担，二要减轻校外培训负担，也就是"双减"。具体来讲，根据"双减"有关要求，学校应当合理地调控以及设计作业结构，让孩子尽量在校内完成作业，不能再给家长布置作业，不能让孩子自己批改作业等，同时各机构不能占用法定节假日、休息日进行学科培训，要求学科类教育机构一律不得上市。"双减"政策的出台重新强调了义务教育的公共属性，同时强化了学校的主导地位，教育主导权重新还给了学校，有利于学校教育的良性发展，且能够在很大程度上为家长减轻教育的经济负担和精神负担。

在此次研究的问卷调查中，针对"当前您最为关注的教育问题有哪些"的回答中，30.73%的受访青年选择了"'双减'政策实施"，为该问题选项排名第三的回答。可以看出，杭州青年对"双减"的关注度较高。从访谈过程中了解到的情况来看，"双减"政策得到了众多青年的支持和拥护，无论是学生（受教育青年）还是家长（已生育小孩的青年）。但同时也有青年提到，在义务教育阶段，学生的负担依然很重，很多压力不可避免地逐渐转移到了青年家长和青年教师身上。

"现在的小学生，尤其是低年级小学生，家庭作业挺多的，而且很多都是像手工、手抄报、演讲稿这些，对于小孩来说难度比较大，很难独立完成，只能依赖父母的帮助，这无形中增加了父母的负担。而且现在大家养小孩很'卷'，有的小孩到了周末反而更忙，因为要去七八个兴趣班，作为家长压力很大。"（受访青年：J05）

"初中生因为有升学压力，学业负担很重，而且对于县里的学生来说，教育资源相对没有那么好，很多成绩好的学生到了初三压力非常大。相应地，老师也有指标压力，也要付出大量的时间和精力。"（受访青年：J03）

"双减"政策颁布前，为维持平衡不得已采取竞争策略，但其实质是失衡和内耗。后"双减"时代，义务教育内卷化现象应该得到明显控制，义务教育发展更加公平、更加均衡。但是，一些政策未能回应的遗留问题则有可能进一步加剧义务教育内卷化，这不仅影响到身处其中的学生，更使与之息息相关的青年家长与青年教师压力倍增。

（二）高中教育阶段："烙印"与"缺位"

在访谈过程中，笔者设置了"您认为最重要的教育阶段是什么"的问题，大部分受访青年都认为高中阶段对自己的影响最大。笔者认为，这与高中教育制度的双重属性不无关系。一方面，高中教育具有选拔性，注重对优秀人才的识别、培育和选拔，通过长时间的教学，培养高中生的各项基本技能，在无形之中锻炼了学生学习基本学科技能所需的学习能力、逻辑思维能力及创新力。另一方面，高中教育也具有社会性，作为教育制度的一环，给予了学子们在社会各阶层之间流动的机会，在这个层面上，高中教育既传授学生进入社会所需要的基本知识技能，也不断磨炼学生的意志，锻炼部分社会能力，如耐心、细致等。在这一阶段，青年学子们目标明确，同时在家庭、学校甚至整个社会的关怀与支持下学习知识、培育技能、磨炼意志品质，从青年的全教育链条乃至全生命周期来看，是给人生打上深刻"烙印"的关键时期。

同时，尽管教育改革已取得较好成效，但由于高中教育阶段尤其是高考的特殊性，"唯考试""唯分数""唯升学"等现象依然较普遍存在，造成德育教育、实践教育等的"缺位"。

"我们有德育类课程，形式也比较丰富，表现比较好的团员还可以参加区里、市里组织的活动。但是专门的理论课程很少，有很多内容我只是知道个大概。而且因为不希望影响学习，活动课同学们参与的积极性不是很高，除非是非常感兴趣的活动。"（受访青年：J08）

"现在的高中生非常需要有现实世界的实践阅历。互联网媒体发展太快了，高中生对社会、对生活、对世界的认识和理解是有局限的，容易受误导，容易偏执。现有学校教育还不能给学生展示真实社会和真实世界，也还没有给学生提供很好的观察和思考外部世界的机会。我觉得这是高中教育未来需要去探索的，就是要让高中生走出校园，组织和引导他们参与到更多的实践当中。"（受访青年：J09）

（三）高等教育阶段："变化"与"挑战"

青年步入大学，要面对全新的知识体系、全新的生活环境，面对变化是常态，但如何适应变化、拥抱变化却是不小的挑战。一方面，大学生从知识学习到躬身实践、从被动学习到主动学习、从封闭化学习到开放式学习等，在学习上需要应对诸多变化。另一方面，大学是微型的社会，大学生也需要应对身份、环境的变化和人际关系的挑战，例如，有研究认为，家庭背景影响大学生人力资源的形成；我国教育领域发生了性别逆转，出现了女性优势和所谓的"男孩危机"，这一现象正在影响劳动力市场和婚姻市场的性别机会结构，并进而影响了男性和女性的个人生活机遇乃至整个社会的性别关系，等等。此次调研也发现，近几年大学生心理问题多发，成为高校辅导员高度关注的问题。

"我明显感觉到现在的大学生很有自己的想法，我平时工作的重要内容之一就是和学生聊天，感觉他们很需要倾诉，很渴望表达。他们有很多困惑，但是和我聊学习上困惑的相对比较少，主要是人际关系和就业方面的，比如和父母的矛盾、和室友和同学的关系、不知道找什么样的工作，等等。"（受访青年：J01）

"我带的学生因为专业的特殊性，课业压力很大，同时从去年到今年，出现心理问题的也比较多。我们一般会先进行心理辅导，也会和他们的父母及时沟通情况，今年还有两位学生因为心理原因休学了。（造成他们出现心理问题的）因素很多，就我自己的观察，原生家庭的因素占的比重很大，（出现心理问题的学生）有很多是单亲家庭。"（受访青年：J02）

（四）继续教育阶段："认同"与"困境"

访谈中，当被问及"你是否有提升学历的意愿"时，绝大多数受访青年的回答都是"有意愿"，但是当继续被问及"最近两年是否有明确的提升学历的计划"时，受访青年均表示暂时没有。

"我是本科毕业，近两年单位里进的新人都是硕士打底，所以自己很想再提升一下，但是实在没有精力。"（受访青年：J05）

"如果有机会，我非常愿意继续读博，刚参加工作的时候打听过，单位之前没有在职读博的先例，如果单位不支持的话，我暂时

也不会考虑辞职读全日制的博士。"（受访青年：J12）

"公司有提供一些培训学习的机会，我也希望多学习提升自己，但是因为工作比较忙，参加工作以来我还没有参加过一天以上的培训。"（受访青年：J04）

可见，青年非常认同学历提升、学习培训对于自身成长发展的重要性，参加工作后仍有较强的意愿接受继续教育，进行个人专业发展。但是由于时间、精力、机会等的限制，能够付诸实践的还是较少，这反映了当下职业青年在平衡工作、生活与自我时所面临的现实困境，也呼吁着更加包容的用人单位和社会环境，让职业青年有更多的机会学习提升。

（五）教育全阶段："公平"与"落差"

当前杭州教育已步入高质量发展阶段，调研发现，青年对于杭州教育整体状况的满意度、认可度较高。但不可否认的是，"教育公平"仍是青年普遍关注的问题，教育领域不平衡不充分现象依然存在，且青年对于教育公平问题的"落差感"不同程度地体现在各教育阶段中。

在义务教育阶段，"落差"主要体现在优质教育资源分配上。九年制义务教育虽然得到普及，儿童失学的问题已不复存在，但是在山区四县，由于"撤点并校"政策，部分边远乡村仍然存在学生上学路途遥远、家长经济负担加大等问题。另外，教育设施、师资水平和教育质量还存在较大的城乡差距、区域差距和校际差距。"政府近几年出台的一系列政策对我们（杭州其他县市）是一种保护，这两年生源流失的问题已经好了很多。但是在经费投入、师资、文化资源等很多方面，我们和杭州（主城区）的差距还是很大的。"（受访青年：J03）在九年制义务教育得到普及的情况下，基础教育领域的公平问题已不再是入学率的问题，更多的是优质教育资源公平分配的问题。从这个角度来说，九年制义务教育的普及并未完全消除基础教育领域的不平等，相反，优质教育资源的竞争更加激烈。

在高中教育阶段，"落差"主要体现在机会分配的公平问题上。特别是主城区青年学生和县区青年学生之间还存在一定的教育机会不平等。一项基于全国性调查数据的分析显示，排除人口数量变化和教育机会供应量变化，在性别、父亲职业和文化水平相同的条件下，高中阶段升学概率的城乡差距从20世纪70年代末至80年代前半期的1.9倍，增加到了80年代后期至90年代前半期的2.5倍，并于90年代后期至21世纪开始持续增长至3.9倍。进一步研究发现，处于优势地位家庭的子女在高中阶段有更多机会获得优质教育资源，他们在初中毕业后更多地进入重点高中，因而进入较好的大学的可能性也相对较大。而位于中间或中间偏下阶层家庭的子女则有较多机会考入二三流大学，如果在中学阶段成绩太差而觉得考大学成功率较低，他们会选择中等职业教育；其中农民子女如果在初中阶段成绩太差、考大学希望不大，一部分会选择中等职业教育，另一部分则会放弃升学机会，选择离开学校外出打工。由此可见，高中教育的分流成为教育分层的一个关键节点，因此形成的路径分化某种程度上导致了阶层地位的代际传递，部分青年的流动渠道和发展空间受限，影响教育公平的实现和社会均衡发展。

在高等教育阶段，高等教育的普及化水平逐年提高，但机会不平等仍然存在，不同阶层间的高等教育机会"落差"仍然突出。根据2019年中国社会状况综合调查（CSS）数据，在"80后"和"90后"青年群体中，父亲职业为管理人员和专业技术人员的，接受高等教育的比例分别为83.3％和86.3％；父亲职业为办事人员、个体自雇者和工人的，相应比例分别为 64.6％、58.0％和52.8％；父亲职业为农民的，相应比例则为21.7％。根据以上数据可以看到，尽管如今上大学的机会越来越多，但机会分布并不均衡。结合前文的分析，高等教育普及化水平的持续提高使工农子弟接受高等教育的机会逐年增加，但高等教育仍然是等级分化的，中上阶层子女有更多机会考入"985"高校，工农子弟则往往较多地进入高职院校。

四、优化打造"全链条式"美好教育

针对上述杭州青年在不同教育阶段的突出问题、实际困惑和关注点，笔者以优化打造美好教育全链条为出发点，重点聚焦"双减"政策的实施、青年主体性的发挥、心理健康教育的重视与改善、职业青年培训教育体系的建立和全过程教育公平的进一步深化等五方面具体内容，提出相关建议措施。

（一）落实"双减"，实现"双增"

1.增加"责任感"

一方面，学校需要承担起更大的责任，以减轻学校青年教师的压力。在为学生提供课后托管服务的同时应及时制定并完善有关配套政策，可在学校已有资源的基础上，形成必要的辅导方案，尽量避免学科内重复作业，让学生觉得学习乏味；也可以引导大学生特别是师范专业大学生进校实习，构建新的师生关系，减轻学校教师的负担，同时也为师范专业学生提供更多实践锻炼的机会。另一方面，校外培训市场的规范和整治是一个漫长的过程，需要社会各方面承担起责任，对学校、家长、校外培训机构等主体作出正确的引导。政府可以通过推动校外培训机构为学校课后服务提供高质量的服务产品，来促进学校教育与校外培训机构的双向良性发展。

2.增加"教育能"

这里的"教育能"可以理解为"教育的能量"或"教育的能力"。笔者认为，要缓解义务教育阶段青年的教育压力，需要从教育主体入手，增加"教育能"。对于青年教师而言，在"双减"政策的大背景下，教师该怎样教；什么是高效的课堂教学；学生该做什么样的作业；如何调动学生的学习积极性；怎样培养学生的学习兴趣；怎样变被动学习为主动学习，变"浅度学习"为"深度学习"，变机械学习为有意义学习；小学教育如何更好地与初中教育衔接；初中教育如何做好"分流"，"分流"的依据是什么等，这些都是教师提升"教育能"所必须思考和加以解决的。"双减"某种程度上对教师的"教育能"提出了更高的要求，需要青年教师充分挖掘和激发教育潜能。对于青年家长而言，增加"教育能"意味着要提升教育观念和教育能力，要树立新的、科学的教育理念，不断学习儿童心理学知识，了解青少年心理发展规律，更好地开展家庭教育。针对此次调查问卷中"您认为在子女教育中导致教育焦虑的最主要因素是什么"的问题，19.69％的青年选择了"不懂教育，缺乏专业指导"。可见，青年家长提升教育能力离不开外界的帮助和支持。一方面社会要形成注重家风建设、家庭教育的文化氛围，共青团、妇联、居委会等社会部门要更加关心青年家长的子女教育问题，要积极帮助家长提升教育素养；另一方面，学校也应当发挥重要作用，可以通过建立家庭教育咨询中心、举办家长专题讲座等形式，系统提升家长的教育能力与意识。

（二）深化青年工作理念，放大青年主体性

前文提到，高中教育中"唯考试""唯分数""唯升学"等不良现象仍然存在，当前高中学校仍然以智育为主，德育工作仍然以说教为主，对高中生个人意识增强、思想开始形成、寻求独立与要求发声等特征的关注还不够，使青年的主体性得不到充分实现。因此，高中教育需要更加深度地引入青年工作的理念和方法。对待高中生，要注重关心关爱和倾听，注重指导引导和服务，将提高育人水平与增强服务意识能力结合，使高中生意识到自己的成长，意识到身为青年的责任，进而促使他们更加积极主动地实现自我发展。

1.提高对青年工作的认识

学校应组织教师深入学习贯彻习近平总书记关于青年工作的重要思想，这是高中教育做好青年工作和深化改革的根本遵循。高中改革要注重与《中国教育现代化2035》《中长期青年发展规划（2016—2025年）》等的结合。在实施教育教学的过程中，教师应结合当代高中生的思想态度、身心发展、认知水平等实际情况，尊重学生、关心学生、倾听学生，使高中成为青年成长发展的重要阵地；要改变传统的管理者、说教者、主导者的形象，努力做好"青年朋友的知心人、青年工作的热心人、青年群众的引路人"。

2.增加学生社会实践

要进一步加强教育与生产生活的联系，让高中生看到真实的现实世界，培养他们正确思考的能力。学校要组织和引导他们参与到当前全面建设社会主义现代化国家的伟大实践之中，让学生在学习、观察和实践中学会思考、明辨是非，真正理解坚持党的领导与坚定"四个自信"的价值意义。要让学生在实践中加深理解"千千万万普通人最伟大"的含义。当代青少年崇尚个性和追求商业成功等,为学校教育带来挑战,因此更加需要正面积极的引领来帮助高中生做到心中有榜样,自觉践行社会主义核心价值观。杭州是文化资源大市,学校可以充分利用丰富的文化教育资源,为学生讲述好连续三十多年每周摆免费修车摊的孔胜东、跳江救人的外卖小哥彭清林等杭州本土鲜活的榜样故事。只有让学生亲身接触到这些普通人,才能使学生真正认识他们的伟大,真正领会幸福都是奋斗出来的,奋斗是幸福的。

3. 善于开展青年工作

要使青年发展成为学校办学追求的目标之一。要将《中国教育现代化2035》的8个基本理念与当代青年发展的时代使命结合在一起,教育引导学生志存高远,明大德、守公德、严私德,自觉抵制拜金主义、享乐主义、极端个人主义、历史虚无主义等错误思想,追求更有高度、更有境界、更有品位的人生。习近平总书记强调:"要尊重青年天性,照顾青年特点,经常到青年中去,同青年零距离接触、面对面交流,了解他们的思想动态、价值取向、行为方式、生活方式,倾听他们对社会问题和现象的看法,对党和政府工作的意见和建议。"[①]这对于高中改进教育教学方法具有重要意义。学校要真正做到"以青年为中心",认真听取学生对学校发展的意见和建议,让学生参与到学校改进与改革中,实现学校、教师与学生共同发展。此外还应加强学生党建和共青团工作。结合高中生特点,将党建要求贯彻到学生工作之中,充分发挥团组织的作用,为学生提供丰富多彩的思想建设工作,让他们在实践参与中认识自己、发现自己,把自己的小我融入祖国的

---

① 习近平. 论党的青年工作[M]. 北京:中央文献出版社,2022:214.

大我、人民的大我之中，与时代同步伐、与人民共命运。

（三）重视心理健康教育，塑造向上成长动能

大学生作为情绪较为敏感的群体，在心理和行为上容易出现变化。近年来，大学生群体的心理状态在外界环境的影响下出现了一些新的特点，例如，大学生就业环境中的不确定因素增多，教育内卷逐步升级；同时，成人生存压力的传导机制对青年学生产生了一定影响，大学生的危机意识不断增长，进而影响到心理状态。因此，高校需要持续加强大学生心理健康教育，帮助其以健康、积极、向上的姿态面对生活、面对未来。

1.加强心理健康教育

高校要将心理疏导作为重要的教育工作，通过案例分析和预测性分析，找到心理健康教育的切入点。应准确定位发展方向，帮助大学生树立正确的就业观，提升其思想认知水平，帮助他们始终保持向上的动力。应加强各方面指导，学校要加强就业指导和职业规划，帮助他们坚定就业信心，有效缓解青年学生的就业压力和对求职的恐惧感，真正成为大学生人生成长的重要支撑力量。

2.营造积极向上环境

应创设良好的环境。采取积极的政策，鼓励学生树立信心，引导他们培养健康的思维方式；积极组织心理访谈、知识普及等有关活动，让青年的负面情绪有合理宣泄的出口。应培养心理服务力量。设置专业的心理咨询服务机构，配备专职心理医生，为青年提供更广泛的心理支持，帮助他们掌握必要的自我调适方法。应开展多样化的社交活动。定期组织青年开展群体性社交活动，在活动中进行教育引导。保持良好的社交关系，帮助他们从群体中汲取力量。

3.培养自我调适技能

加强大学生的心理自我调适技能培养，帮助青年成为自己的心理治疗师。一是注重贴近支持。依托大数据，为学生建立心理服务档案，动态跟踪掌握学生心理。学校心理咨询服务机构应定期为学生提供心理常识教育，分析典型案例，帮助学生规避负面情绪的影响。二是注重实践转化。在青年学生中建立互助小组，组内成员互相关心、互相倾诉，遇到问题时互相帮助解决，帮助他们将自身掌握的心理调适技巧转化为实践中的服务力量。三是注重自我诊断。每位学生都应掌握必要的心理方面专业理论知识和实践技巧，帮助他们准确判断负面情绪，在出现负面情绪时能够进行适当的自我引导，保持健康的心理状态。

（四）创设支持性教育环境，助力青年专业发展

"支持性环境"这一概念常用于公众健康领域，指为公众提供对健康行为有益的物理环境和社会环境。前期调研发现，外部因素干扰、保障机制不足是影响职业青年专业发展的重要因素，基于此，笔者认为在青年专业发展方面，同样应从观念、机制等多个角度出发，积极创设支持性环境，为青年搭建更包容、更开放、更友好的专业发展平台。

1.更新观念认识

应进一步增强对青年专业发展重要性的认识。只有青年的专业意识增强，专业知识不断积累，专业能力持续提高，才能推动集体事业顺利发展。当下，社会的发展对组织和个人均提出了更高的要求，用人单位承担了更多的社会责任和压力。但如果一味强调组织目标的实现，将其转化为对青年职工的要求，却忽视了青年的专业发展需求，

是不利于良性发展的。繁重的工作任务挤占了青年职工的时间资源，会造成青年无暇顾及专业发展；加上工资待遇较低，激励措施不到位，会导致青年对工作热情有所减退，对职业认同产生怀疑，甚至产生职业倦怠。这符合赫茨伯格的双因素理论，即人们在基本保健因素得到满足的情况下不会对工作产生不满情绪，如果进而施之有效激励措施，则能极大地提高工作积极性。

2.完善相关机制

应建立科学的青年职工培训体系。青年的专业发展具有阶段性、个性化的特点，用人单位应采取不同的培训模式，分类别、分阶段、分层次地加以培养，加强培训的针对性和实效性。例如，刚参加工作的青年尚处于专业发展的起步阶段，需要对他们进行集中的岗前职业道德、专业知识、工作方法的培训，辅之以相应的实践的锻炼，使青年尽快适应岗位角色。应采用多种途径和形式培训青年职工。调研结果显示，在众多学习教育途径中，杭州青年最喜欢的前五种分别是网络（39.09%）、学校继续教育（22.16%）、书籍报刊（15.18%）、公共图书馆（8.57%）和讲座培训（8.07%）。用人单位可以结合青年实际需要，采用形式多样的培训方式。比如对于新入职工，可采用导师制，让经验丰富的职工对青年职工进行辅导和示范；对于成长期的青年职工，可以通过技能竞赛等形式促进其发展；还可以聘请行业专家、一线技术专家举办讲座指导，提高青年的专业能力。此外也可以建立青年专业发展个人档案。引导青年制订专业发展目标，提升其专业发展意识，促进青年通过自我管理，自觉主动地提高专业能力。通过专业发展个人档案给予青年过程性评价和发展性评价，并以此作为青年评优评先和职称晋升的依据，有助于青年提高专业能力的积极性。最后还应建立并完善相关工作机制，鼓励青年进行培训进修和继续教育。青年的专业发展不是一蹴而就的，是一个渐次提升、充实、不断巩固的过程，需要持续地、有意识地强化提升。用人单位要通过完善相关机制大力提倡青年职工培训进修，鼓励青年接受继续教育。

3.提供支持保障

为保障青年专业发展，一方面，相关部门要为青年培训进修和继续教育寻找资源，主动帮助青年牵线搭桥；另一方面，要尽量为青年培训进修和继续教育提供经济和时间保障。可以适当调整青年工作任务，并提供相对固定的专业培训或学习时间，例如可在一周中选定一个或多个固定时间为青年职工培训时间，帮助青年协调因参加培训进修、技能比赛等专业发展事项而无法完成的工作任务。用人单位还应积极提高青年培训、进修费用的报销和补贴比例，加大对培训、进修青年的资金支持力度，创造条件解决青年因为专业发展而产生的费用负担，以此缓解青年在专业发展、能力提升方面的经济压力，解决青年的后顾之忧。

（五）立足教育公平，共建共享优质均衡教育

1.政策引领推进教育公平

一是增加投入，保障教育经费。随着教育事业的不断发展以及教育公平的深入推进，政府对于教育的财政支持逐步提高，教师薪酬以及学生人均公用经费有了很大程度的提升，同时县级政府部门也进一步增加了对乡镇地区的教育资源投入，有效拉近了乡镇、城乡教育的发展差距，助力了义务教育公平。二是充分补偿教育弱势群体。例如，政府部门对贫困家庭学生给予了更多的关注和重视，制定了有针对性的补偿政策，在免除杂费之外还定期给予补助金，不断拓宽奖学金、

助学金的补助范围，加大补助力度，支持和引导社会各方捐助贫困家庭学生。三是建立终身教育资源共享机制。优质教育资源共建共享的本质在于不受时间、空间的限制，为全民提供全方位的学习支持，有利于推动实现教育公平。政府部门可以在地方开放大学等各属地高校中做好利益协调工作，建造各类社区学习中心、图书馆等，利用计算机云平台技术形成各个信息集群，建立政府主导、集中管控下的有偿共享机制，创立和完善终身教育资源长效激励机制。

2.全局规划推进校际均衡

学校布局结构的优化关系千家万户，杭州城市规模不断扩张，人口数量持续提升，因此必须更加关注和重视教育资源配置问题。推进学校布局建设，应当始终遵循科学规划、统筹布局的基本原则，将学校规划建设和城市整体发展方案结合起来，确保教育资源能够实现优化配置。尤其是科学规划县域中小学校，适当增加学位，保证学校和居民小区同步规划建设，让所有适龄学生都能够实现就近入学。

3.人才强教推进师资提升

积极组织开展好师德师风建设活动，将"四有教师"作为核心标准，着力实施师德大讲堂、最美教师评选活动，建立完善师德建设、考核体系，不断提升师德师风建设的有效性，让教师真正成为学生未来成长过程中的指路明灯。另外，还需要贯彻落实教育部颁布的《严禁中小学校和在职中小学教师有偿补课的规定》，提高惩处效果，明确负面清单。在此基础上适当增加教师薪酬福利，改善同区不同薪的问题。县级政府主管部门要积极向上级部门争取更多政策支持，或者与社会各方展开联系合作，拓展教育资金来源。同时要关注教师发展，推进构建研训培养体系。深入实施乡村教师支持计划，借助"名师乡村工作室""共享优课"等项目活动提高教师队伍整体素质能力。

4.强化管理推进教育构建

建立完善的教育管理制度。在建制度、立规矩时遵循说服教育与制度管理深度结合，积极遵守与管理约束深度结合，采取惩处过错与激励优秀深度结合的原则，以促进教育管理服务水平不断提升，为学生提供更好的教育服务。不断推进特色品牌塑造，构建独有的校园文化。教育管理部门可设置品牌学校建设工作指导小组，积极帮助相对薄弱学校建立符合校情、具有特色的品牌发展方案，同时探索构建区域特色共同体，避免优质教育资源一味朝名校倾斜，确保教育资源均衡配置。此外，学校在日常管理工作中应突显以教师为主体的管理理念，在重要决策和日常事务上注重充分征求教职工的意见建议，引导广大教师树立较强的责任意识，以更加积极主动的姿态参与到学校教育管理工作中，明确教育公平的具体目标，推动教育管理水平不断提高。

参考文献

[1] 丛含宇，刘凤林. 大学生心理成长视域下负性情绪教育对策探讨[J]. 大学，2023（8）：103-106.

[2] 郭华玲. 技工学校青年教师专业发展问题及对策研究——以L技师学院为例[D]. 福州：福建师范大学，2020.

[3] 韩世梅. 我国教育信息化促进教育公平的政策演进、问题分析和发展建议[J]. 中国远程教育，2021（12）：10-20，76.

[4] 韩拓，马维冬，巩红，等. 新冠肺炎疫情居家隔离期间大学生

负性情绪及影响因素分析[J]. 西安交通大学学报（医学版），2021（1）：132-136.

[5] 李春玲，郭亚平. 大学校园里的竞争还要靠"拼爹"吗？——家庭背景在大学生人力资本形成中的作用[J]. 社会学研究，2021（2）138-159，228-229.

[6] 李春玲. "80后"的教育经历与机会不平等——兼评《无声的革命》[J]. 中国社会科学，2014（4）：66-77，205.

[7] 李春玲. "男孩危机""剩女现象"与"女大学生就业难"——教育领域性别比例逆转带来的社会性挑战[J]. 妇女研究论丛，2016（2）：33-39.

[8] 李春玲. 教育不平等的年代变化趋势（1940—2010）——对城乡教育机会不平等的再考察[J]. 社会学研究，2014（2）：65-89，243.

[9] 李春玲. 教育发展的新征程：高质量的公平教育[J]. 青年研究，2021（2）：1-8，94.

[10] 李清臣，岳定权. 家校合作基本结构的建构与应用[J]. 中国教育学刊，2018（12）：38-42.

[11] 刘朝辉，焦洁，庞亚俊，等. 河南女大学生生活方式负性情绪与肥胖程度的关系[J]. 中国学校卫生，2020（2）：239-242.

[12] 刘琳琳. 习近平关于教育公平重要论述研究[D]. 呼和浩特：内蒙古大学，2021.

[13] 谭清宇，朱玲，彭朕磊，等. 应对方式与心理弹性对大学生负性情绪的影响[J]. 职业与健康，2021（8）：1113-1116，1121.

[14] 王雅智，彭凯. 公平优质受教育权：权利义务关系与实现可能[J]. 广东第二师范学院学报，2021（6）：14-23.

[15] 习近平.高举中国特色社会主义伟大旗帜 为全面建设社会主义现代化国家而团结奋斗——在中国共产党第二十次全国代表大会上的报告[M].北京：人民出版社，2022.

[16] 习近平.论党的青年工作[M].北京：中央文献出版社，2022.

[17] 新华社.中共中央办公厅 国务院办公厅印发《关于深化教育体制机制改革的意见》[EB/OL].（2017-09-24）[2024-02-01]. http://www.gov.cn/zhengce/2017-09-24/content_5227267.htm.

[18] 杨敏，汪菲.集团化办学的历史演进、发展模式与优化路径[J].当代教育理论与实践，2021（2）：1-6.

[19] 杨婷，黄文贵.当前中国校外培训机构的规范与治理[J].教育学术月刊，2020（9）：27-32.

[20] 中国社科院社会学所.2019年"中国社会状况综合调查"数 据[EB/OL].（2022-04-01）[2024-02-01]. css.cssn.cn/css_sy/zlysj/lnsj/202204/t20220401_5401858.html.

[21] 周俊洋.义务教育阶段就近入学政策的实施困境与出路[J].黑龙江教师发展学院学报，2021（12）：66-69.

杭州青年健康状况研究报告

杭州市团校　赵睿诗

摘　要： 健康是促进人的全面发展的必然要求，是经济社会发展的基础条件。党的二十大报告指出："人民健康是民族昌盛和国家强盛的重要标志。"[①]本报告聚焦杭州青年的健康问题，从其健康状况的自评入手，对基本身体状况、睡眠质量、饮食习惯、锻炼程度、心理压力调适等方面进行调查和访谈。调查结果显示，杭州青年普遍具备健康意识，但存在亚健康的困扰。日常生活中，杭州青年能够保持较为良好的生活习惯，睡眠时间基本达到了"健康中国"的要求，一日三餐基本准时，重视锻炼。杭州青年也在很大程度上存在心理压力，但能够自我疏导不良情绪等。此外，基层公务员关注自身健康，运动锻炼的积极性较高；国有企业的行业性质对青年身心健康影响较大；非公企业青年工作强度较高，普遍实行一人一岗，工作对个体时间分配的影响较大。

关键词： 杭州青年；健康；身体；心理

---

① 习近平.高举中国特色社会主义伟大旗帜　为全面建设社会主义现代化国家而团结奋斗——在中国共产党第二十次全国代表大会上的报告[M].北京：人民出版社，2022：48.

党和国家历来高度重视青年健康发展，随着我国健康事业的不断推进，青年健康问题的重要性日益凸显。"将健康融入所有政策"已成为国家卫生与健康工作方针的重要内容，关心、关爱、关注青年的身心健康也成为青年工作的应有之义。国家及地方各部门在制定政策和实施过程中，都将青年健康问题纳入考量。近年来发布的健康政策都将青少年群体作为重点人群，也更加注重多部门协同合作与协调发展，政策措施的落实情况亦逐渐被纳入相关部门考核，各地亦逐步强化青年健康政策的执行监督。

一、绪言

党的十八大以来，为了有效推动青年健康成长，一系列与健康相关的政策相继出台。2016年中共中央、国务院印发《"健康中国2030"规划纲要》《全民健身计划（2016—2020年）》，同年，中宣部、国家卫生计生委等22个部门联合印发《关于加强心理健康服务的指导意见》，这是我国第一个关于加强心理健康服务的宏观政策性文件。2017年中共中央、国务院印发《中长期青年发展规划（2016—2025年）》，将青年健康作为青年发展的十大重点领域之一；同年，国家卫生计生委、国家体育总局、全国总工会、共青团中央和全国妇联共同制定《全民健康生活方式行动方案（2017—2025年）》，组织实施"三减三健""适度运动""控烟限酒""心理健康"四项专项行动，都将青少年群体作为重点人群。2019年6月，国务院印发《关于实施健康中国行动的意见》，2020年国家体育总局、教育部联合印发《关于深化体教融合 促进青少年健康发展的意见》。2023年教育部等17个部门印发《全面加强和改进新时代学生心理健康工作专项行动计划（2023—

2025年）》，这标志着国家将包括青年健康在内的青年工作作为当前治国理政和国家战略体系的内容之一，上升为国家的基础性、战略性工程，体现了党和国家对青年的亲切关怀和殷殷期盼。

省级层面，2016年12月，浙江省委、省政府印发《健康浙江2030行动纲要》，在率先完成国家"主要健康指标进入高收入国家行列"目标基础上，提出浙江人群主要健康指标位居高收入国家先进行列，基本建成健康环境、健康人群、健康社会与健康发展和谐统一的健康促进型社会。2019年12月，浙江省人民政府印发《浙江省人民政府关于推进健康浙江行动的实施意见》，提出在全面实行健康影响因素干预、持续改善健康环境、维护全生命周期健康、防控重大疾病、强化医疗卫生服务保障、发展健康产业六大方面的任务目标。

市级层面，2017年3月，中共杭州市委、杭州市人民政府印发《"健康杭州2030"规划纲要》，提出到2030年，全面巩固提升丰富"七个人人享有"和到2050年建成与现代化国际大都市相适应的健康城市的战略目标。2019年10月，杭州市人民政府印发《杭州市公共政策健康影响评价试点实施方案（试行）》，持续推进城市健康治理，并对各类政策、国土空间规划和政府投资的重大工程项目探索开展前瞻性健康影响评价，建成全国健康产业创新发展示范区。2020年12月，为全力推进健康杭州建设，努力打造"健康浙江新标杆"和"健康中国示范区"，结合杭州实际，杭州市人民政府提出《杭州市人民政府关于推进健康杭州三年行动（2020—2022年）的实施意见》，提出普及健康生活方式、改善健康环境、营造健康社会、全生命周期健康促进、重大疾病防控、优化医疗卫生服务保障体系、推进大健康治理体系现代化、发展健康产业八个方面的目标要求。同月，杭州市委、市政府出台《杭州市推进大健康治理能力现代化的实施意见》，加快构建与独特韵味别样精彩的世界名城相匹配的多元化、多层次、多维度的大健康治理体系。

青年健康问题也受到学界越来越多的关注，研究成果丰硕，但也存在研究空缺。笔者以"青少年健康"为关键词，在知网搜索到10714条结果[①]，其中的研究对象实际上大多数是少年，聚焦在大学以前年龄阶段的少年群体，而且存在研究内容过于具体而缺乏群体代表性的弊端。比如，很多研究集中在"教体融合""网瘾研究""雷锋精神""体质提升"上，但少有以青年健康观念、健康现状为主要调查内容的学术研究。笔者以"青年健康"为关键词，能搜索到的结果则大大减少，有2201条结果，其中还包括了很多医学类的专业型论文。而在理论和实证研究的论文里，研究内容也大多集中在"青年健康成长"这一方面。真正把当代青年作为研究对象，把身体和心理健康作为研究内容的论文并不多。

除了出台政策为青年健康保驾护航，进行科学研究为提升青年健康提供智力支撑外，相关部门也开展了一些数据调查和评估，以期了解和反映当前青年群体最真实的健康状况。共青团中央维护青少年权益部委托中国青少年研究中心开展了"青年健康"专题第三方评估。调查数据表明，我国青年的饮食结构较为合理，食用蔬菜、肉蛋、水果等频率比较高，饮食规律较好。且受教育程度越高的青年饮食习惯越好。青年健康意识和生活质量有了明显提高。随着年龄增长，青年吸烟比例显著增加，而随着受教育程度的提高，青年吸烟比例显著下

---

① 最后搜索时间：2023年11月1日。

降。青年的身体素质，包括速度、耐力、爆发力、力量、柔韧性等部分素质指标呈现止跌或稳中向好的趋势。调查显示，青年对于运动可有效改善情绪健康、心理健康影响生理健康等知识的掌握程度较好，尤其是25～35岁青年的心理知识掌握程度最好。

根据《健康杭州发展报告（2022）》的调查数据，2021年杭州市居民25～34岁年龄组健康素养水平最高，为61.01％。20～39岁人群中，男性的身高、体重有所提高，心肺功能、力量素质和反应能力有所下降，平衡性、肌肉耐力和柔韧性保持稳定；女性各项指标基本保持稳定，柔韧性和平衡能力略有提升，反应能力稍有下降。

人民健康是城市发展最强有力的动力源泉之一，保障广大市民健康生活和工作，是一座城市实现良性发展的必然要求。近年来，杭州吸引了一大批优秀青年人才来杭就业创业。自2022年6月入选青年发展型城市试点以来，杭州更加把青年健康发展放入打造中国式现代化城市范例的重大场景来考量，全力打造"杭州对青年更友好"的服务体系。杭州市推出一系列实实在在的举措，为青年群体的身心健康保驾护航。在优化健康环境方面，启动实施了青少年阳光成长行动，组建杭州市青少年阳光成长行动专项工作组，构建"家庭、学校、政府、社会"四位一体工作格局，成立青少年心理健康诊疗中心及专家联盟，实施"青少年积极心理品质培育""医教融合高危个案干预帮扶"等十大专项行动，重塑心理健康促进服务体系。

本专题研究依据2023年杭州市团校关于青年发展型城市建设中的杭州青年抽样调查获得的数据，并采用相关职能部门的统计数据，针对广大在杭青年群体进行了关于"身体健康情况""健康观念""睡眠质量""饮食习惯""心理压力情况""心理压力调节"等方面的调查研究，既开展了广泛的问卷调查，也前往各个县（市、区）对机关事业单位青年、自主创业青年、国企（央企）青年、私营企业青年等不同职业类型的青年群体进行了一对一的深入访谈。本专题研究旨在更全面、多方位、多角度地了解当下杭州青年的健康状况以及他们对自身健康的态度看法，力求发现目前在政策举措、配套安排等方面存在的困难和原因，从中找到提升青年身体素质、缓解青年心理压力、帮助青年成长成才、助力青年良好发展的有效途径和渠道。

二、杭州青年健康状况基本现状

（一）普遍受亚健康困扰

世界卫生组织于2005年设立了健康社会决定因素委员会（CSDH），并提出了社会决定因素的模型和行动框架，将一系列可能的健康影响因素按照与个体关联的紧密程度，由近到远地分为五个层级：第一层级是遗传因素；第二层级是个人生活方式；第三层级是社会和社区网络，如社区凝聚力、社会支持等；第四层级是社会结构性因素，如住房、教育、工作环境、卫生保健服务等；第五层级是宏观的社会经济、文化和环境因素。

本研究采取了青年自评的方式来反映群体的健康观念。从整体上看，杭州青年对自身的基本健康情况反映较好，认为自己"不健康"或"正处于疾病中"的样本比例较低，仅占5.26%。认为自己身体健康的占比38.76%。但值得高度重视的是，绝大多数受访对象存在健康困扰，亚健康成为普遍状况，占比55.98%（见图1）。也就是说，仍有一些身体或心理问题引起了他们的注意和警觉，当然，这也在某种程度上反映出杭州青年群体普遍具有健康意识。

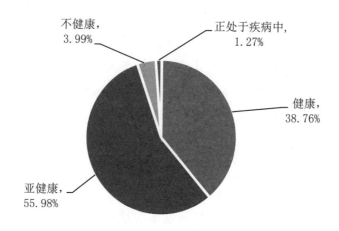

图 1　杭州青年身体健康程度

亚健康状态必然对青年群体的身体状况造成不可逆的恶性影响。在亚健康状态下，人体往往能够坚持和忍受，继续进行正常工作和生活。与迫切需要手术、住院的疾病不同，亚健康下的疾病，往往容易被选择性忽视，形成"小毛病不就医，自己买药治疗""体检出问题，只要不影响生命就忽略不计"等行为惯性。久而久之，为身体埋下重大疾病隐患，最终发展到难以救治的局面。这不仅是个体和某个家庭的重大健康损失，如果此类情况大规模出现，也会造成社会和医疗系统的成本增加。

当前，我国经济结构深入转型，数字经济高速发展，新业态和新职业大量涌现，但也伴随着巨大的行业竞争。年轻人正在面对更长的劳动时间、短平快的工作安排和难以平衡的工作与生活关系。"24岁年轻人连续加班两个月猝死""知名互联网公司员工春节加班猝死""99年女子加班猝死""年仅22岁，疑因熬夜加班猝死"等新闻频繁见诸媒体，年轻人健康情况恶化甚至危及生命的问题日渐严峻。近年来，杭州汇集了大量互联网企业和高新科技企业，以滨江和未来科技城为主要代表，高新产业园区云集，各行各业的"大厂"总部纷纷落户杭州，吸引了大量青年人才从全国各地涌入就业。但是，这一类的企业，工作节奏快、工作强度高、加班成常态是主要特点，其员工的健康状况值得有关行业和部门高度重视，以提升他们在杭州的幸福感和归属感。

建立健康单位（场所）则有助于解决青年面临的亚健康问题。2017年3月，杭州市委、市政府发布了《"健康杭州2030"规划纲要》，提出"以健康社区、健康学校、健康机关、健康企业等健康单位和健康家庭为重点，深化实施'健康细胞'工程，筑牢健康杭州建设基础"和"以健身步道、健康公园、健康楼宇、健康主题文化楼道为重点，突出示范带动作用，推广和普及健康生活理念，推进健康支持性环境建设"。经过15年的"健康细胞"培育，杭州市已经建成2447家各类型健康单位（场所）。

本报告还专门调查了受访青年的睡眠情况，从数据来看，64.29％的受访青年保持了每天6～8小时的睡眠，占总受访人数的三分之二；21.94％的受访青年每天睡眠时长为5～6小时；只有5.16％的受访青年每天睡眠时长不超过5小时；能够睡到8小时以上的受访青年占8.61％。按照《健康中国行动（2019—2030年）》提倡的"新国标"，成人每日平均睡眠时长从2022年起到2030年要达到7～8小时。此外，不同年龄段的人每天所需的睡眠时长也是不一样的。[①]按照这个标准，半数以上的杭州青年的睡眠时长基本达到了"健康中国"的要求。

---

① 分别是：1～2岁的幼儿应睡11～14小时；3～5岁的儿童建议睡10～13小时；6～13岁的学龄儿童应睡9～11小时；14～17岁的青少年应睡8～10小时；18～64岁的成年人均建议睡7～9小时；65岁以上的老年人，建议睡7～8小时。

但也应该看到，仍有很大一部分杭州青年的每日睡眠时长是低于8小时的。《中国睡眠研究报告2023》的调查结果显示，2022年，中国民众每晚平均睡眠时长为7.40小时，整体睡眠状况有所改善，但近半数人睡不够8小时。本次调查的结论与该报告的结论高度相符。该报告还显示，工作职位越高，睡眠时长越短，高层管理者的睡眠时长比被管理者和自由职业者短。被管理者和自由职业者的睡眠质量自评均好于高层管理者。最值得关注的是，蓝领在睡眠时长和质量上都排名在最后。结合本次调查，根据交叉分析得出以下结论：睡眠时长小于5小时的受访对象中，年收入小于5万元的青年占比最高，达到6.94%；其次是年收入5～10万元的青年，占比4.77%；比例最低的是年收入10～20万元的青年，占比4.40%。可见，工作收入与睡眠时长存在相关性，一般而言，蓝领工人的收入少于高层管理者的收入，本次调查的结论与全国的情况比较相符。

对杭州而言，大量工厂分布在萧山区、滨江区、余杭区、西湖区、拱墅区等地，建德市、淳安县也有多家大型的化工、饮品、芯片等生产工厂，近些年，车间工人年轻化成为趋势，大量青年在工厂里从事一线生产工作。一方面，制造业基础岗位相对薪资不高，虽然有些企业不在主城区，但青年工人仍然面临买房、育儿、养老等较大的经济和生活压力，如果不能得到实际解决或压力疏导，会造成一定的失眠、焦虑、躁动；另一方面，一些工厂实行三班倒制度，工人睡眠节律易被打乱，进而引起心脑血管疾病等较为严重的身体问题。此类群体的健康状况应该得到当地政府和相关单位更多的政策倾斜，未来能出台更多服务青年产业工人成长成才的"专属政策"。

（二）重视健康生活方式

一般而言，良好的饮食习惯与健康状况呈正相关关系。饮食习惯又包含很多方面，比如就餐是否按时、饮食结构是否均衡、是否暴饮暴食、食材是否绿色安全等。本次调查的主要目的之一是反映工作性质与饮食习惯之间的内在联系。与农村青年相比，在城市工作的青年大多工作时间更长，加班、忙碌的工作日程或急需完成的任务会打乱青年正常的用餐时间，导致不规律的进食习惯。这种现象在企业中比较常见。青年忙碌起来不能准点吃饭，或边吃饭边工作的情况，常常见诸自媒体，成为被年轻人"吐槽"的事件。本次调查显示，有近半数杭州青年能够保持每天三餐按时就餐，占比49.29%。但是，也有37.02%的受访对象表示，"基本按时，但忙起来时很难做到"，13.69%的受访对象表示就餐时间"随着工作节奏和时间决定，很难按时"，这说明工作时长对规律就餐有直接影响（见图2）。总体来看，杭州青年的饮食习惯较好，但由于工作原因不能按时就餐仍然是普遍现象。

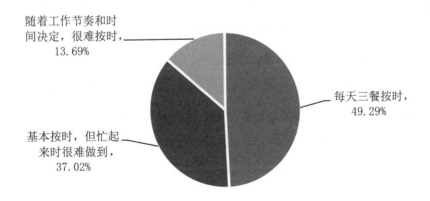

图2　杭州青年一日三餐的就餐情况

　　进一步剖析工作时长对饮食节奏的影响，交叉分析数据显示，一日三餐能按时就餐的青年中，工作时长为标准8小时的占比最高，为60.47%；其次是日工作时长8～10小时的，占比47.01%；日工作时长小于8小时的占45.16%；而占比最低的是每天工作10～12小时以及12小时以上的，两组数值十分接近，分别占比29.29%和30.00%。可见，杭州青年的日均工作时间越长，能保证一日三餐按时就餐的概率就越低，工作时长与饮食规律呈负相关。这种关联可以对个人的健康和工作效率产生重要影响。第一，从个体健康角度出发，长时间不吃饭可能导致低血糖或胃肠问题，而不适当的用餐时间可能影响新陈代谢和体重管理，最终导致亚健康甚至重大疾病。第二，从工作效能看，在工作时间内合理分配餐间休息时间可以帮助青年恢复精力，提高专注度和生产力。如果工作时长过长，可能会减少用于休息和用餐的时间，反而降低了工作效率。第三，工作时长可能会影响青年的用餐选择。在工作时长较长或忙碌的情况下，人们可能更倾向于选择快餐或外卖，而当时间充足且条件允许时，他们可能更愿意享受悠闲的用餐体验。第四，就餐时间也是社交互动的机会。规律的午餐时间可以促进同事之间的交流和团队建设。面对这些普遍性较强的问题，用人单位、行业管理部门需要高度重视和相互配合，切实保障青年就业者的合理工作和休息时间。

　　一方面，随着人们对健康的重视程度日益提高，健康消费呈现持续增长的态势，健康产业蓬勃发展。除了传统的医疗保健服务、制药和生物技术外，当前在年轻人中兴起了健康消费的热潮。比如，在很多商业综合体、小区里都开设了健身房，年轻人是健身的主力；在各大自媒体平台，涌现出一批专业带队跳操的健身主播，有些直播同步观看人数超10万人；在许多城市，出现了各种"跑团"，人们结伴长跑，保持"打卡"频率；此外，户外徒步、爬山运动兴起，飞盘运动大受欢迎。运动、锻炼从一种生活习惯升级为生活时尚。但另一方面，也有相关数据显示，我国青年的锻炼现状不容乐观。世界卫生组织发布的《2022年全球身体活动状况报告》称，估计全球14亿成年人没有达到指南推荐的身体活动水平，约占全球成年人口的27.5％，而且这些年来这一数字基本没有变化。对此，本次调查专门设置"您平时运动或锻炼身体的频率"的问题，希望了解杭州青年的锻炼习惯。需要说明的是，本次调查不涉及具体的锻炼方式和每次的强度、时长，主要的目的是了解青年是否能保持锻炼的习惯。从结果来看，选择比例最高的是"一周1～2次"，占比为46.97％，也就是说，有近半数的受访对象能够做到每周1～2次的锻炼频次。有11.62％的受访对象能够坚持每天锻炼，而另一部分与之占比相近的青年——13.00％的受访对象表示一周能锻炼3～4次，换句话说，有24.62％的受访青年每周的锻炼次数超过3次。但是，仍有28.41％的受访对象选择了"不锻炼"，对这一类群体，一方面需要进一步探究他们不锻炼的内外因由，另一方面也急需引导其树立健康的健康观和运动观，积极锻炼身体，保持积极向上的精神风貌。

年龄与锻炼身体的频率之间存在一定的关系，但这种关系是复杂且受多种因素影响的。人们的锻炼需求和能力随着年龄的增长而变化，因此不同年龄段的人可能会有不同的锻炼需求和锻炼频率。本次调查的交互数据能够说明青年群体的锻炼频次和年龄的关系。在"每天都保持锻炼"的群体中，占比数值随着年龄上升呈明显的阶梯式下降趋势，分别为：小于22岁的青年占比17.20％，22～25岁占比11.93％，

26～30岁占比10.39%，31～35岁占比9.26%。随着年龄上升，每天保持锻炼的实际行为在降低。而在完全不锻炼的群体中，则出现了极具代表性的两极分化特点，即30～35岁的占比最高，为32.63%，小于22岁的占比最低，为15.92%。两个交叉数据的结果都显示，杭州青年的锻炼频率随着年龄上升而逐渐降低。这一结果从医学角度和社会学角度可以得到解释。青年通常有较高的能量水平和较强的肌肉骨骼系统，可以更频繁地进行身体活动和锻炼。而随着年纪增大，肌肉质量和骨密度可能会下降，加之成年人奔波于工作和生活的诸多事务之间，能腾出的锻炼时间相对较少。

众所周知，有效的锻炼可以帮助维持身体健康、控制体重和减少慢性疾病风险。由于个体差异很大，有些人可能在任何年龄段都非常积极地锻炼身体，而其他人可能由于健康问题或其他外界因素（如工作繁忙无暇锻炼）而无法进行合理锻炼。保证青年更方便地开展锻炼是建设青年发展型城市的应有之义。2022年7月初，《杭州市嵌入式体育场地设施建设三年行动计划（2022—2024年）》正式印发，明确了嵌入式体育场地的定义，提出了嵌入式体育场地建设的目标。另外，此前建设的公共体育场地多是健身步道等项目导致杭州市目前的场地结构不合理。因此，这次建设的公共体育场地资源将向三大球（足球、篮球、排球）、三小球（网球、羽毛球、乒乓球）和门球这七个项目倾斜，以补齐杭州市公共体育设施建设的短板，调整结构。未来，市民在家门口就能健身。这一系列举措都有利于降低青年开展锻炼的时间、精力和经济成本，更好地体现青年发展型城市的深刻内涵。

（三）压力调节能力较好

2022年4月，国务院新闻办公室发布的《新时代的中国青年》白皮书指出，中国青年面对困难不消沉、面对压力愈坚韧，2021年有关调查显示，88％的受访青年认为自己可以做"情绪的主人"。2021年，中国科学院心理研究所发布《中国国民心理健康发展报告（2019—2020）》，其中"2009年和2020年青少年心理健康状况的年际演变"显示，10余年间青少年心理健康状况平稳，人际关系、生活习惯和个人心理素养水平是青少年心理健康的保护因素。对个体而言，心理健康和身体健康同等重要，二者相互影响甚至相互转化，并共同塑造一个人的整体健康和幸福感。情绪状态、应对压力的能力和心理疾病影响甚至决定着身体健康状况，比如，慢性压力和焦虑可能导致高血压、心脏疾病、免疫系统功能下降等，良好的心态是健康体魄的有效保障。身体健康问题，如慢性疼痛、慢性疾病和疾病治疗，也会对心理健康产生负面影响，患者可能感到沮丧、焦虑和情绪不稳定。而积极的健康生活方式则对两者都有益。锻炼、均衡饮食、充足的睡眠和减少不良习惯如吸烟和酗酒等，都有助于维护身体和心理健康。本次调查专门设置了有关心理健康问题的内容，期望对当下杭州青年的压力情况和自我疏导能力有所把握。

本次调查首先考察了杭州青年的心理压力基本情况，从结果看，66.40％的受访对象表示"有一定的压力，但能自我调节"，认为"偶尔感受到压力"的受访者有14.38％，选择"没有压力"的有1.68％。综合来看，杭州青年的压力感总体而言能维持较好的态势。但是，仍有17.54％的受访对象选择"压力非常大，心情很糟糕"，接近五分之一的比例，是值得高度重视的群体（见图3）。

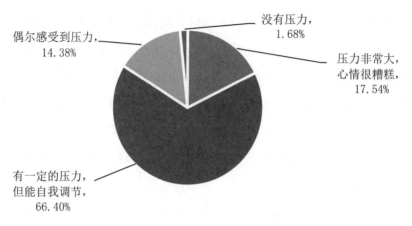

没有压力，
1.68%

偶尔感受到压力，
14.38%

压力非常大，
心情很糟糕，
17.54%

有一定的压力，
但能自我调节，
66.40%

图3　杭州青年压力程度

　　面对压力，青年一方面要学会感知压力的程度，另一方面要提高对压力的处理能力。通常意义上，当代青年的压力来源基本有：工作（工作环境、工资和职业发展机会都与心理压力有关，高度竞争的工作市场、不安定的就业前景和高强度的工作要求都可能增加工作人员的心理压力）、家庭（比如家庭成员关系处理）、经济（低收入、高生活成本、负债和财务不稳定等）。具体到个人，会有更复杂的表现形式。强烈的心理压力将导致一系列心理疾病，如抑郁症、焦虑症等，势必降低一个人的生活质量。其结果是，微观层面不利于个人福祉与家庭和谐，宏观上将对社会稳定造成负面效应。近年来，许多抑郁症患者自杀的案例令人痛心，其患病年龄有低龄化趋势。相反，积极的心理则可以提高生活满意度、增加幸福感和社交互动。健康的心理状态也有助于人们更好地应对生活中的各种挑战，包括工作压力、人际关系问题、创伤经历等。

　　心理压力大在大城市的青年中尤为突出。城市中工作的青年面临更大的职业发展压力和更残酷的竞争环境,"内卷"一词火爆一时就是最直观的体现。生活上,城市青年也承受了更高的生活成本,留给个人用以休闲娱乐和照管家庭的时间大大压缩。一系列的压力使得大城市的青年普遍经历长期的紧张和焦虑状态。这种情况不仅会破坏人体的稳态平衡系统,导致一系列健康问题,还会促使形成不良的生活方式,如吸烟、酗酒和缺乏体育锻炼等,进一步加重前述的亚健康状态。近几年,不少青年选择"逃离北、上、广",形成了一批"回游青年",他们回老家小城市或农村就业创业。杭州的广大城镇和乡村地区也有许多类似的回乡创业青年。为他们提供政策支持和有针对性的服务保障,有利于这一部分青年更好地发展自己、服务家乡。

本次调查对收入情况和压力程度的相关性作了交互分析,从结果看,表示压力非常大的受访对象中,年收入超过20万元的青年占比最高,为21.84%,之后压力随收入降低逐级递减。可见,收入越高,压力感知越大是杭州青年比较鲜明的心理特征。这与国内现有的一些调查结果相吻合。但是必须看到,社会中的经济不平等对低收入人群的作用更大。当个体感觉到收入水平远低于社会上层阶层的人,或者无法满足基本需求时,可能会感到不满和压力,甚至可能造成社会动荡。当前,浙江正在全力高质量建设共同富裕示范区,杭州作为省会城市,理应结合全省中心工作,把共同富裕示范区的建设要求融入打造青年发展型城市的过程中,在提升青年生活水平、减少青年群体贫富差距、增强青年城市生活幸福感上下功夫。

在压力处理能力的问题上,本次调查显示,"听音乐、看电影、运动、旅游逛街等"是杭州青年首选的解压方式,占比57.22%。选择"找人/朋友倾诉"来应对压力的受访者有17.39%,两者都可以看作相对健康的解压方式，这证明杭州青年在总体上具备良好的心理素质和解压能力。但是，也有10.10％的受访对象表示面对压力会"暴饮暴食、过度消费"，5.05％的受访对象选择了"消极对待不管它"，仅有1.42％的受访对象表示会"找收费专业机构解压"。可见，绝大多数杭州青年在遇到压力问题时向专业机构求助的意识仍有很大提高空间。心理疏导机构还没能在青年群体中形成良好的覆盖力和影响力，并未对青年群体发挥更大的作用。

三、杭州青年健康状况的群体特征

本次调查还走访了杭州几个重点县（市、区），与基层青年公务员、企业青年职工、事业单位青年职工等重点群体进行了访谈交流，希望从中提炼出具有代表性的青年健康问题群体特性。[1]

基层公务员关注自身健康，运动锻炼的积极性较高。以杭州某镇政府的青年为例，青年公务员工作量较大，整体上工作节奏紧凑，也存在一定的晋升压力。但青年公务员仍注重体育锻炼，健身房锻炼和各种集体球类运动是比较受欢迎的选项。以某区司法局为例，青年公务员的加班率高，加班时间较长。局团支部和工会非常重视青年的身体健康，经常在节假日组织爬山等集体活动。青年自身对健康也较为重视，注重锻炼，尤其是未婚青年，经常组队跑马拉松、打篮球。

国有企业的行业性质对青年身心健康影响较大，青年重视身体健康，但仍存在不愿运动，崇尚"宅"文化的案例；来自身份编制和职位晋升的压力较大，部分青年社交意愿低。杭州一地级市供电公司党

---

① 本次访谈时间为2023年5月，相关数据截至2023年5月。

建部职员介绍，公司目前35岁以下青年300余人，团员80余人。分布在电网指挥部门的青年员工，如从事调控、抢修的一线青年员工相对辛苦，实施24小时值班倒班制，而部室从事行政工作的年轻人往往身兼数职，工作压力较大，加班、熬夜成为常态，此类因素是影响青年职工身体健康的首要因素。供电单位团委常态化组织团员青年进行体育活动，大多数年轻人积极参与，少部分参与意愿较低。此外，企业往往存在多种聘用形式的员工，比如供电公司有正式编制员工、自聘员工和外包员工三类，正式编制员工晋升比例为1∶5，通常需要8年左右时间，在各项指标达标的情况下才有机会晋升到高一层级的岗位，由此带来的心理压力较大。

某县属国企下属二级子公司城市旅游开发有限公司共有34名员工，35岁以下的青年17人，暂未单独设立团支部。其中70%的青年有大专以上学历，主要分布在景区从事服务业。由于旅游业服务强度大，青年员工普遍工作时间长，"上六休一"是工作常态，加上新开发的"夜游"经济，每天的工作时长也相对拉长。管理层更是经常出现"无休"的情况。高强度的工作性质和增加的工作时长令青年无法抽出时间锻炼身体。

非公企业青年工作强度较高，普遍实行一人一岗，工作对个体时间分配的影响较大。职业病、慢性病年轻化率较高。某县一啤酒公司是一家大型生产性民营企业，青年难以长期留任，员工老龄化现象严重，每年招聘力度大，但青年并非扎根企业，而是常抱观望态度，离职率很高。啤酒公司的七八百名员工中，35岁以下的青年只有百余人，28岁以下的青年只有七八十人。工人们都实行三班倒工作制，对健康作息有一定负面影响。又由于工厂岗位没有A/B轮换制，一人一岗，只能内部小范围开展活动，与外部青年交流较少。另外，内部组织活动时，青年的积极性有待提高，即便参加，还是各自看手机。在公司组织的体检中发现，青年患脂肪肝的比例很高。为此，公司团委创新工作形式，以兴趣为单位组织活动小组，推动青年自发组织登山、打篮球等运动。另外，生产型企业往往存在安全隐患，啤酒公司非常重视青年的安全培训，为青年工人的平安健康提供了保障。

某县一芯片制造科技公司是一家加工型生产企业。员工共有350人，28岁以下的68人，35岁以下的150人左右，大多数员工都是电子厂流水线工人。由于精细化电子操作，对视力有一定要求，年轻工人居多，女性占三分之二，本地人居多，整体学历偏低。由于是流水线生产，工作饱和度较高，员工中午只有40分钟吃饭时间。更重要的是，骨骼方面的职业病发病率较高，公司为此为职工提供每年一次的体检服务。

另一家化工行业的公司作为杭州下辖地级市一家规模较大的非公企业，总员工有400～500人，28岁以下的青年有162人。本地的青年职工居多，工作压力相对较小，部分年轻人乐于去健身房健身，但仍然有很大比例的青年选择"宅"的生活方式。

对于自主经营的小型个体经营户而言，以淳安县汾口镇为例，缴纳了农业保险的户籍青年可在规定时间内参加免费的体检。很多返乡创业的青年表示，回乡后创业政策友好，虽然存在一些经营压力，但目前的经营状况尚可，来自工作的压力能够缓解，前景乐观。

四、对策建议

自2022年6月杭州获批全国青年发展型城市建设试点以来，市委、市政府予以高度重视、有效指导。2023年1月，浙江省青年工作联席会议发布的浙江青年发展综合指数（2022）显示，杭州青年发展综合指数获评优秀等次，并在全省排名第一。在注重为青年身体和健康提供保障方面，政府先后出台了诸多举措，护航青年健康发展。比如，在公共服务设施配套规定中新增社区公园、多功能运动场等设置，全市新建嵌入式体育场地设施2243片，更好满足青年多元活力的公共活动空间需求。但仍须看到，从政府和社会层面促进青年身心健康发展的任务依然艰巨，还有很多空白需要填补，以下是笔者基于本次调查得出的若干思考和建议。

（一）完善与青年健康相关的政策体系与法律法规

目前，从国家到各地方已经出台了不少与加强国民身体素质相关的政策意见和行动方案，但形成法律法规的并不多见。另外，现有的与健康相关的法律文书或宏观政策指向全民，或具体针对弱势群体（如病患、婴幼儿、老人等），比如《学校卫生工作条例》主要为了加强对学校卫生工作的监管和约束，从而提高学生健康水平。但是，专门针对已经走上工作岗位的青年群体健康的法律文件还未出现。然而，这一类青年往往占比很大，又处于奋斗事业和承担家庭责任等多重压力之下，近年来，慢性病和恶性病的发病率有年轻化趋势，而对于他们的关注明显不足。

因此，在大力发展青年发展型城市的有利条件下，各个相关部门应该形成联动机制，尤其是卫健部门、体育部门、群团组织、住建部门、规划部门，应充分精准定位，发挥各自领域的优势，形成合力，最终以法律形式从更高的视野、更深的层次、更具针对性的目标出发，出台明确指向青年健康的法律条文或规章制度，使其既具有约束力，又具有可操作性。还要出台与之相配套的监管体系和追责问责机制，确保在具体的执行过程中，各部门权责分明。充分利用网络和舆论阵地对法律的执行情况进行外部监督。

法律法规强调的是约束，而政策指向的是鼓励。不仅要推出与青年健康素养相关的"举措清单"，更要从政策层面把提升青年健康素养具象化。给予在杭青年提升身心素质的一系列政策支持。如健康体检优惠政策、校园运动场地免费开放、各级医院开展免费心理咨询等。目前，杭州为建好青年发展型城市试点，已经形成了"党委政府重视、部门协同推进、市县密切联动"的工作格局，在这一契机下，可制定囊括提升青年身心健康各个方面的总政策，各县（市、区）结合实际出台细则，为杭州青年的健康福祉保驾护航。

需要特别指出的是，杭州目前外来青年净流入量逐年上升，出现了一大批来杭打拼的单身青年，他们是通常意义上的"空巢青年"。这一部分群体占比大、特殊性强，但往往缺乏专门的政策将其作为服务对象。曾有学者专门调查了"空巢青年"的健康情况，结果表明，"空巢青年"的精神健康水平更低一些，同时在生活满意度与幸福感等生活状态方面也显著更低，初步显示了"空巢青年"可能确实存在一定的孤独、焦虑，以及对自己的生活质量不甚满意等情绪与问题。另外，"空巢青年"患抑郁症的概率比普通青年高3.8个百分点。因此，民政部门、群团组织需要制定具有较高针对性的政策办法，在各街道、社区基层组织的具体配合下，形成联动的工作格局，对来杭工作的优秀人才和各类从业人员给予充分、直接的关心与关爱。

（二）引导青年自主形成积极的健康心态、养成良好的健康行为

常见的影响青年健康心态的因素有六类：自然环境、社会环境（家庭、学校、社区、重大社会事件）、遗传与生理因素、人口学因素、心理因素（人格、认知社会情绪能力、意志、基本需要）、生活因素（日常习惯、媒体运用、生活事件）。在建设青年发展型城市的过程中，应突出需求导向，持续优化"杭州对青年更友好"的服务体系。不仅在落户、住房、子女教育、健康医疗等方面解决在杭青年的实际问题，更应在深层次关注他们的心理健康。

青年能保持健康的体魄和向上向善的精神风貌，的确取决于一个适合青年发展的城市和社会环境，这是外因。但从内因上看，则需要青年珍视、重视自身健康。提高服务青年健康的组织力，一方面要各主管部门之间的高效组织，另一方面要激发社会组织的活力，合理运用社会组织的功能，形成由政府牵头、相关单位或行业为主导、社会组织为协调的循环组织模式。依托社会组织的灵活性，与街道、社区工作相结合，增强健康科普教育的力度。可借助发达的互联网平台，进行健康养生、防未病、舒缓压力等方面的健康教育。最终目的是加强青年健康知识的教育、普及和宣传，帮助广大青年习得科学的健康知识，引导其树立良好的健康观念。在生产工作和日常生活的细微处，有意识地采用有益于身心健康的方式方法，察觉并避免会对健康产生隐患的因素。

健康观念的差异和个体所能享受到的与健康相关的资源、待遇方面的差距，与社会分化有关。必须承认，良好的健康观念和健康的生

活习惯的形成，在很大程度上取决于特定的个人经历、社会关系、其所处的地区和社群文化以及个体自身的社会经济地位。从事不同工作、收入不等的各类青年群体，在健康生活方式、医疗待遇、健康消费能力等方面差距甚大，要解决这一问题，根本上是解决社会分配的问题。当前，浙江正在高质量发展建设共同富裕示范区，青年发展型城市建设在这个优势环境中，相关部门应该把缩小青年群体的贫富差距、扩大中等收入群体作为应有之义，从而降低身份不平等、收入不平等带来的健康不平等，弥合不同青年群体间的健康观念和健康待遇差距，这不仅有利于整个青年群体的健康发展，更有利于社会和谐稳定。

（三）开发身体健康跟踪体系和心理健康监测系统

通过上述调查，我们发现，与急性病或创伤性事故不同，亚健康、慢性病往往容易被年轻人忽视，因为在这两种情况下，机体仍然能够正常开展工作和生活。然而，如果对此不加以重视和管理控制，很可能会形成或发展为严重疾病的隐患，在未来的某一刻爆发。近年来，"年轻人因某处疼痛持续忍耐不肯就医拖成重症""20+青年长期以饮料代饮用水造成过度肥胖、脏器衰竭"等类似新闻十分常见。可见，要整体性提升青年群体的身体健康素质，需要科学合理的外部介入。比如，以年龄为区间，以大行业为分类，建立全市范围内的青年健康资料库。在体检全覆盖的基础上，整合各大医院的结果，责任部门细化到居住社区，对出现健康隐患的青年进行预警和健康教育。整个过程要严格保护青年群体的隐私，相关工作人员签订保密书。此外，应该将青年健康素质的监测工作纳入各相关部门的考核指标，让青年健康服务相关的工作落到实处。

（四）把青年健康服务纳入城市设计规划，为青年创造朝气蓬勃、活力四射的健康环境

第一，加强公共健身设施建设，在城市公共场所，如公园、河滨、滩涂等地建立免费或低成本的户外健身设施，如跑步道、自行车道、健身器材等，让青年能够随时进行锻炼。这方面，杭州已经取得了十分优秀的成果，各个县（市、区）的绿色步道吸引大量年轻人跑步"打卡"。第二，资助成立青年运动俱乐部和社区中心，在青年较多的社区，利用现有场地，提供如足球、篮球、网球、游泳、瑜伽等活动条件，为青年提供锻炼和社交互动的机会。设立专门为青年服务的健身房，可收取合理的会员费用，同时提供多样的设备、健身教练指导和灵活的开放时间，以满足不同青年的需求。第三，体育局、团委、工会可组织青年体育比赛和锻炼挑战，激发青年的竞争精神，同时提供锻炼和娱乐的机会。第四，保证固定时间的身体、心理健康教育培训，教导青年了解关于健康生活方式、营养、运动技巧和体育安全的知识。第五，开发城市应用程序和数字平台，提供有关附近健身设施、运动活动、健康建议和锻炼计划的信息，使青年更容易找到合适的锻炼场所和活动。第六，鼓励青年参与体育和健康促进志愿者项目，以培养他们的领导能力和社会责任感。

通过上述调查结果不难发现，大多数青年在遇到心理困扰时不会寻求专业机构的帮助。心理问题的预防比身体健康的提前干预难度大。鉴于互联网时代青年的网络使用习惯，应充分运用大数据等网络功能发挥渗透作用，帮助青年客观、科学、准确地了解心理问题，疏导心理压力。各级医院、群团组织应广泛开展心理咨询普及，开展常态化心理咨询服务，让青年在需要寻求心理帮助时找得到、用得上。

参考文献

[1] 光明日报.新时代的中国青年[EB/OL].（2022-04-24）[2024-02-01].https:// baijiahao.baidu.com/s?id=1730921935727807973&wfr=spider&for=pc.

[2] 团中央权益部.你合格吗？青年健康发展成就各项数据出炉，快来对照！[EB/OL].（2019-09-20）[2024-02-01]. https://www. sohu.com/a/342184950_120055594.

[3] 王俊秀，张衍，张跃.中国睡眠研究报告（2023）[M].北京：社会科学文献出版社，2023.

[4] 习近平.高举中国特色社会主义伟大旗帜 为全面建设社会主义现代化国家而团结奋斗——在中国共产党第二十次全国代表大会上的报告[M].北京：人民出版社，2022.

[5] 徐珏，刘冰，张艳，等.杭州市培育健康人群分析报告[R]//王建勋，杨磊.健康杭州发展报告（2022）.北京：社会科学文献出版社，2023.

[6] 杨磊，王建勋，李金涛，等.杭州市高质量发展建设健康城市实践报告[R]//王建勋，杨磊.健康杭州发展报告（2022）.北京：社会科学文献出版社，2023.

[7] 赵霞，孙宏艳，张旭东，等.《中长期青年发展规划（2016—2025年）》实施以来我国青年健康政策与工作进展分析[J].中国青年研究，2020（12）：38-47.

[8] 浙江建设、杭州市城市管理局、浙江省体育局、杭州日报.杭州免费嵌入式体育场，你都去过了吗？[EB/OL].（2023-08-13）[2024-

02–01]. https:// www.sohu.com/a/711506536_99964967.

[9] 浙江省委、省政府.《健康浙江2030行动纲要》印发实施[EB/OL].（2017–02–20）[2024–02–01]. http://www.huzhou.gov.cn/art/2017/1/17/art_1229213531_54818890.html.

[10] 郑晓冬，周如茵，方向明.“空巢青年”的健康状况与生活状态研究[J]. 南方人口，2018（4）: 1–11.

[11] 中国城市青年群体健康观念调查报告（2022）[R].新华社"新华健康"信息服务平台，2022.

[12] 仲启丰.“健康中国”背景下青年健康素养现况解析及对策[J]. 湖北体育科技，2019（3）: 212–216，265.

[13] 周详. 中国青年健康心态的形成与培育[J]. 人民论坛，2022（16）: 38–41.

杭州青年婚育现状研究报告

杭州市团校　牛岳

摘　要： 近年来，深受全球化与个体化进程的影响，我国青年婚育状况较过去发生了巨大变化，青年晚婚、不婚现象越来越突出，青年生育意愿不高。青年是提振当下和未来生育水平的重要主体，了解并分析当下青年群体婚育难、婚育推迟现象问题，深入剖析青年群体婚育推迟的主客观原因与潜在影响，对于今后我国保持适度生育水平和促进人口长期均衡发展至关重要。本文对杭州青年的婚育意愿与行为进行深入探讨，发现经济压力大、社交圈窄小、婚育观日益多元化等是当代青年单身或晚婚晚育的重要原因。在此基础上，对杭州生育情况及青年婚育状况与问题进行分析，参考国内外婚育支持政策的具体实践，提出应引导青年树立正确的婚育观、持续做好青年相亲交友活动、完善符合新时代发展要求的婚育支持政策和其他保障体系等建议。

关键词： 青年婚育观；晚婚晚育；生育率；保障政策

低生育率和人口老龄化已经是漫及全球的趋势，无论是东方还是西方，高速人口增长在除了非洲之外的每个地区都已经成为历史，超过世界人口总数一半的人都生活在生育率低于更替水平的国家和地区。国家统计局公布的全国人口数据显示：2022年全年出生人口956万人，这是1950年以来，年出生人口首次跌破1000万人，也是1949年以来的最低水平。根据2020年第七次全国人口普查数据，我国14～35岁青年人口约为4.0亿人，占全国总人口的28.4%，比2000年峰值4.9亿人减少了0.9亿人。针对人口出生率连续下降的问题，国家连续调整人口政策，放宽生育限制，先后出台"双独二孩"、"单独二孩"、"全面二孩"、三孩生育政策和完善生育支持配套措施，实施积极应对人口老龄化国家战略，以期尽快有效提振生育水平和应对人口老龄化。但政策对于提振婚育水平的效果并不突出，结婚率、生育率仍未见明显提升。此外，民政部数据显示，我国平均初婚年龄也从2010年的24.89岁推迟到2020年的28.67岁，推后了3.78岁。

笔者统计了杭州市民政局历年数据发现，2022年杭州市共办理结婚登记65315对，跟2016年的63260对相比，增加了2055对。在平均初婚年龄方面，男性28.8岁、女性27.5岁，与2016年男性28.5岁、女性26.7岁相比，分别推迟了0.3岁和0.8岁。截至2022年年底，杭州市常住人口达到1237.6万人，比上一年增加17.2万人，增量居全省首位。作为"人口大户"的浙江省会城市，杭州近年来结婚登记人数和总人口一直在增加，看起来完全不存在人口下降问题。实际上，杭州人口的增长和生育率并不形成一一对应的关系。根据浙江省第七次人口普查数据，在全省11个地市当中，总和生育率最高的是衢州，达到1.37，其次是丽水1.27；总和生育率最低的是杭州，只有0.96。可以看出，越是经济相对发达的地方，生育孩子的数量越少、时间越晚。按照人口理论，2.1的总和生育率是维持代际更替、人口稳定的基本条件；

1.5是国际社会通认的警戒线，一旦下滑至1.5以下，就有掉入"低生育率陷阱"的可能。按照这个数据，杭州人口发展将长期处于"低出生、低死亡、低增长"的现代型人口再生产阶段，这会给人口长期均衡发展带来不少挑战。

青年既是婚育群体的中坚力量，同时也是提振当下和未来生育水平的重要主体。随着我国进入新时代，青年的婚育观念受到社会发展的深刻影响，出现了前所未有的变化，其婚育行为也随之改变，呈现出新的特点和趋势。做好青年婚恋工作，不仅直接影响青年个体的健康发展，也关系社会的和谐稳定。因此，有必要充分了解分析当下青年群体婚育难、婚育推迟甚至不婚不育的现象问题，深入剖析青年群体婚育推迟的主客观原因与潜在影响，这对于今后我国保持适度生育水平和促进人口长期均衡发展至关重要。近年来，以全面推进青年发展型城市建设为契机，杭州不断吸引集聚大量青年人口，营造全社会关心支持青年发展的浓厚氛围，使杭州真正成为青年人才心生向往、人生出彩、情感归属的梦想城市。针对杭州青年婚育意愿与行为的研究有利于掌握、理解杭州青年的婚育意愿与行为的现状及预测未来变化趋势，解决或缓解青年婚育难的问题。

一、杭州青年婚育现状数据分析

（一）婚育观受公众媒体影响较大

青年婚育观受公众媒体影响较大。青年认为影响其婚恋观念形成的最主要因素是家庭教育，占38.72%；其次是互联网和社交平台，占31.09%；个人及身边朋友亲戚经历影响因素占16.67%；学校教育影响因素只占3.71%（见图1）。

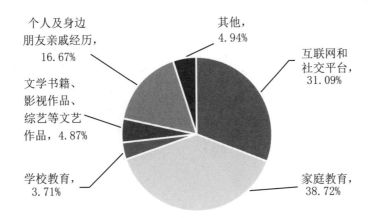

图 1　影响青年婚恋观念形成的因素

（二）择偶偏好有所改变

调研数据反映青年择偶在满足一定的物质基础条件上，更注重内在的匹配度。青年认为配偶的"性格"和"三观"最重要，分别占78.21％和81.06％，有35.33％和33.29％的青年认为"能力"和"外貌"很重要。从数据中我们也发现，青年对配偶的"经济收入""家庭背景""学历"并不十分看重，这三项选择分别占16.09％、11.46％和5.34％。

（三）家庭观念有所变化

在被问到人生最大的幸福是什么时，有27.64％的青年认为拥有"幸福美满的家庭"最重要，其次是"平淡简单的生活"，占比21.33％（见图2）。

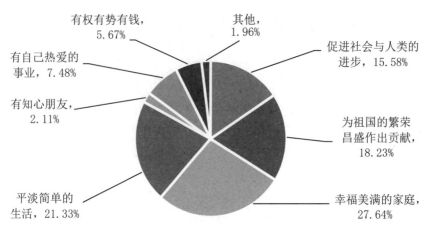

有权有势有钱，
5.67%

其他，
1.96%

促进社会与人类的
进步，15.58%

有自己热爱的
事业，7.48%

有知心朋友，
2.11%

为祖国的繁荣
昌盛作出贡献，
18.23%

平淡简单的
生活，21.33%

幸福美满的家庭，
27.64%

图 2　青年眼中最大的幸福

（四）生育"二孩""三孩"意愿不强

在生育问题上，有40.57％的青年认为"不论男孩女孩，只要1个就好"；25.28％的青年目前对于生儿育女没有想法；仅有1.31％的青年愿意生育3个或3个以上的孩子（见图3）。

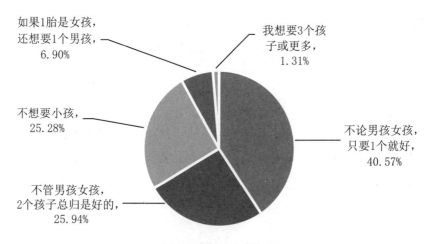

如果1胎是女孩，
还想要1个男孩，
6.90%

我想要3个孩
子或更多，
1.31%

不想要小孩，
25.28%

不论男孩女孩，
只要1个就好，
40.57%

不管男孩女孩，
2个孩子总归是好的，
25.94%

图 3　青年的生育意愿

（五）"社交圈子小"是阻碍青年择偶的最大障碍

"社交圈子小"是青年择偶的最大障碍，占比19.40％，"工作和事业还未稳定"占比16.78％，"缺乏维护亲密关系的能力"占比16.27％，"缺乏动力，享受单身生活"占比11.91％（见图4）。

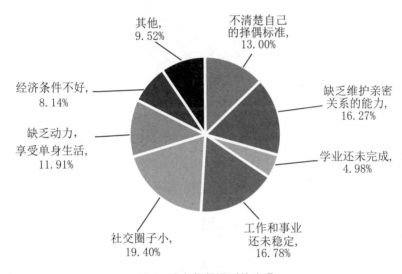

图4　青年择偶遇到的障碍

（六）影响青年生育最主要的因素是经济压力大

63.09％的青年认为"经济压力大"是养育孩子最大的困难，其次是"养育孩子的能力不足"，占15.69％（见图5）。在"最能提高您的生育意愿的因素"这项选择上，有35.77％的青年选择"收入稳定增加"，23.86％的青年选择"物质奖励等政策"（见图6）。

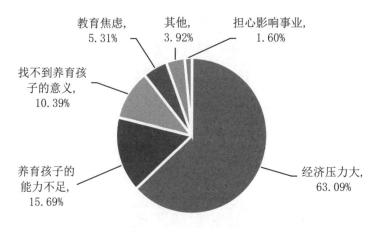

图 5　影响青年生育的因素

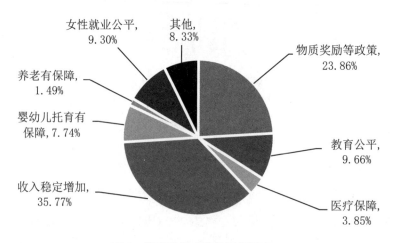

图 6　提高青年生育意愿的因素

二、杭州青年婚育问题现状分析

青年婚育意愿与行为深受社会经济转型与社会发展的影响，是经济、社会、文化、政策等多方面作用的结果，既有全国性的共性原因，也有杭州的特定环境因素，只有找到其中的关键原因，才能破解杭州青年婚育难的问题。结合杭州青年问卷调查的数据和50名杭州青年个人访谈，笔者发现杭州青年群体在婚育问题上，存在以下几个现象。

（一）青年越来越多元的婚育观与传统社会、家庭之间的矛盾

大规模的人口迁移、快速的城市化、高等教育高速扩张，都对青年的婚育意愿和行为产生重大影响，传统社会以家庭为圆心的"家本位"逐步让位于以个体自由发展为核心的"人本位"，"男大当婚、女大当嫁""养儿防老"等传统思想也逐渐被越来越多的青年所抛弃。今天的杭州青年思想更独立、观念更多元，相比传统观念中的"门当户对"，更看重恋爱、婚姻和生育在个体意义上的价值，如互助进步、精神寄托、情感陪伴以及对自身成长的意义，更注重"内在的匹配度"，看重人品和性格，认为结婚生子不再是人生的必备选项。同时，青年的婚恋观更加开放包容，对婚姻的期望值较高，他们渴望在适龄阶段走进婚姻的殿堂，但并不会为了尽快"脱单"而将就自己，宁愿继续单身也要等待心仪对象的出现。在个人访谈中，被问到"如果一直没有找到理想的结婚对象，您会怎样？"这一问题时，青年基本都回答"继续等待，找到理想的人才结婚"。余杭区某事业单位员工孟女士在个人访谈中表示："婚姻是为了让自己生活得更舒服，而不是一个必须完成的任务。"她说："现在时间和收入完全由自己支配，不需要迁就任何人，我很喜欢这种状态。其实单身也没有那么可怕，只是个人的不同选择。"

从教育层面上看，受教育水平稳步提高客观上延迟了青年群体的婚育年龄。2022年1月20日，国家卫健委人口家庭司工作人员在回答记者提问时指出："当前，'90后''00后'作为新的婚育主体，绝大部分成长和工作在城镇，受教育年限更长，面临的就业竞争压力更

大，婚育推迟现象十分突出。"第七次全国人口普查与第六次全国人口普查数据相比，每10万人中拥有大学文化程度的由18881人上升为29317人；拥有高中文化程度的由17720人下降为15366人；拥有初中文化程度的由31841人下降为26227人；拥有小学文化程度的由22667人下降为20642人。随着受教育程度的逐年升高，青年能够认真地思考婚姻的意义，详细地规划婚姻生活，理智地选择婚姻与交友。

（二）青年对相亲交友活动的需求高和活动实际参与率低之间的矛盾

目前杭州市工会、共青团、妇联等组织开展的交友联谊活动以线下活动为主，从基层团组织的反馈来看，单身青年全员有效参与覆盖率不高，活动配对率低，活动往往达不到预期效果。一方面团组织开展活动找不到年轻人参加，另一方面青年需要渠道拓展朋友圈，结识异性朋友，这种信息不对称不仅带来了资源的浪费，对青年的帮助也非常有限。通过访谈，笔者了解到，绝大部分青年对共青团和亲戚朋友组织的各种相亲交友活动并不反感，也愿意参加，但是参与率不高，主观和客观原因都有。客观原因是年轻人工作繁忙，闲暇时间少，经常加班加点，周末时间也不能保证，在空闲时已经没有什么精力和欲望考虑其他事情，只想一个人放松，宁可一个人宅在家里睡觉、打游戏、追剧。还有一部分青年觉得相亲交友活动方式陈旧或者活动安排得太满太紧，导致他们参与活动的兴趣越来越低。杭州某国企男青年王先生曾多次参加共青团组织的相亲交友活动，据他回忆，活动安排的项目多但是针对性不强，留给彼此的介绍时间只有3分钟左右，交流的时间非常少，能留下深刻印象的一个都没有。主观原因是有些青年渴望爱情，又恐惧亲密关系，或者性格内向、不善交流、不知如何与异性相处，这部分青年在联谊交友活动中主动性和积极性不强，在活动中没有充分表现自己，也没有勇气了解对方，活动没有收到良好的效果，影响今后参加活动的积极性。

（三）青年对婚恋期待值高与"等靠要"之间的矛盾

社会转型加速青年群体分化，个性化的发展让青年的择偶标准普遍偏高，多元化的择偶观增加了两性匹配的难度，两者叠加使得部分青年陷入了"婚恋难"的困境。值得注意的是，青年对于婚姻的"恐慌"并没有影响他们对于爱情的美好向往和热烈追求，他们希望通过努力和奋斗为自己的婚姻创造条件，等条件成熟了再结婚生育。通过个人访谈发现，杭州女性青年对婚恋对象的期待更高，她们不愿意将就，追求爱情时不主动的更多，害怕自己处理不好感情，不能成熟地恋爱，有的甚至有"恐婚"倾向；有的青年因为未来的不确定性，干脆不想甚至排斥谈恋爱，觉得是"浪费时间精力"；有的因为没谈过恋爱，对感情过于谨慎，各种挑剔，不愿降低期待；有的则是享受单身状态，认为"一个人挺好"。

青年单身现象的重要原因是自身对情感的态度以及生活和工作的外在限制。大中型城市青年的生活和工作节奏较快，交友范围受限，工作忙导致不少青年恋爱时间较少，难以维持稳定的恋爱关系。同时，随着互联网技术的发展，年轻人获取信息的渠道更加多元、内容也更为丰富，能够接触和了解更为广袤的世界，但自身却无法到达更高的社会层次，因而其个体的失落感就更加突出，一旦挫败积压，容易扭曲自我，变得焦虑、恐惧、患得患失且心灰意冷，在婚恋领域的典型表现即"低欲望躺平主义"。笔者认为，"佛系青年""佛系恋爱观""空巢青年""不婚不育保平安"并不是绝大部分青年群体的初衷，更多的是对自己的调侃和宣泄出口，其背后通常是更大的、更纠缠的、更急迫的社会问题。

（四）社会低婚育现状与网络舆论之间的矛盾

青年个体婚育意愿的形成和发展是一个复杂的过程，受到文化传统和家庭、社会舆论的多方面影响。海量的网络信息会对青年的婚育观念产生影响，青年在浏览、评论这些网络舆论时，容易被舆论内容所影响。与此同时，消费主义思潮的兴起在社会进程中扮演了越来越重要的角色，微博、微信、快手、抖音、小红书等已成为年轻一代社交娱乐与获取信息的主要平台，这些平台中出现大量的俊男靓女——"高富帅""白富美"，时刻向人们展示着乌托邦般的浪漫爱情，建构不切实际的爱情童话令青年男女深陷其中难以自拔，导致部分青年在现实生活中的恋爱和择偶标准也随之盲目提高。在杭州这样互联网、数字经济发达的城市，由于精力与经济成本的原因，年轻人容易模糊虚拟社交和现实社交的区别，他们通过电子产品、社交媒体以及虚拟游戏进行社会沟通，甚至通过恋爱综艺节目、"嗑CP"等文化产品对于亲密关系想象性地占有，当他们真正走进现实社会时，容易因为财力、时间和空间限制感受到强烈的阻碍与困扰。

一方面结婚率逐年走低，晚婚、不婚青年越来越多，而另一方面，关于婚姻、家庭的负面网络舆论越来越多，青年内心对于婚育的不安全感和不信任感就会上升，对婚姻和生育会产生质疑和恐惧，原本不存在的或是微弱的焦虑感在负面舆论中滋长蔓延，加剧了社会低婚育现象。微博话题"研究发现越上网越不爱生孩子"一度冲上热搜榜，单日阅读次数高达1.27亿次。2022年5月，北大核心期刊《人口研究》同期刊发了两篇有关互联网与生育意愿关系的研究文章《互联网使用会影响居民生育意愿吗？》《上网为什么会影响个人生育意愿？》，两篇文章都认为，互联网改变了人们获取信息的方式，提高了信息搜寻效率，正在悄然改变人们的价值观念和生活方式，包括对人们的生育意愿和生育行为产生重要影响，对此我们需要高度重视。

（五）青年婚育成本越来越高与青年压力越来越大之间的矛盾

婚姻成本，广义上是指男女双方在完成婚姻过程中，所花费的一切时间、精力、金钱、情感等物质和非物质成本的总和；而狭义上是指经济物质成本的总和。婚姻成本持续上升是当下青年婚育年龄推迟的重要原因，过高的婚姻成本已经超过大部分青年及其家庭所能承受的范围，婚姻支出越来越成为很多家庭炫耀资本、攀比财富的方式。畸高的婚姻成本不仅是传统社会制度、物价上涨、性别结构性失衡等社会性客体因素导致的，同时也是过度逐利、拜金和攀比心态等价值观作祟的结果，这种畸高的婚姻成本促使青年群体对婚姻产生无力感和逃避的心理，进而导致社会整体结婚率的下降。

步入婚姻之后，年轻夫妇还要直面生育、养育、教育等成本上升的压力和挑战，导致很多人不敢生养。根据"育娲人口研究"发布的《2022中国生育成本报告》来看，中国是全球一百多个国家中养育孩子成本第二高的国家，仅次于韩国，国内家庭把一个孩子养育到18岁的平均成本是中国人均GDP的6.9倍，相当于德国的2倍和法国的3倍。北京和上海养育一个孩子的平均成本是最高的，分别为96.9万元和102.6万元，西藏最低，为29.3万元，而浙江的养育成本为72万元左右，作为浙江省会的杭州，养育成本肯定高于这个平均数。对于杭州绝大部分家庭来说，这是一笔不小的负担，生育意愿必然会随着养育成本的提高而进一步降低。

三、婚育支持政策与措施

（一）婚育支持政策

从国家层面来看，2017年4月，中共中央、国务院印发的《中长期青年发展规划（2016—2025年）》，将青年婚恋作为青年发展的重要领域，规划明确指出未来要进一步提升青年婚姻家庭和生殖健康服务水平，青年的相关法定权利要得到更好保障。为进一步推动服务青年婚恋工作，2017年9月，共青团中央、民政部、国家卫生计生委联合印发《关于进一步做好青年婚恋工作的指导意见》，要求推动实名认证和实名注册在婚恋交友平台的严格执行，建立健全婚恋交友信息平台、婚介婚庆服务机构的行业标准体系和监测评估体系，加强对个人用户信息保护的监督执法，依法整顿婚介服务市场。在生育保障方面，2019年，国务院办公厅印发《关于促进3岁以下婴幼儿照护服务发展的指导意见》，这是首个针对3岁以下幼儿托育服务行业的国家级指导意见。2021年6月，《中共中央 国务院关于优化生育政策促进人口长期均衡发展的决定》指出，中国生育政策主要目标是到2025年，积极生育支持政策体系基本建立，服务管理制度基本完备，优生优育服务水平明显提高，普惠托育服务体系加快建设，生育、养育、教育成本显著降低，生育水平适当提高。2022年7月，国家卫生健康委、国家发展改革委等17个部门联合印发《关于进一步完善和落实积极生育支持措施的指导意见》，要求将婚嫁、生育、养育、教育一体考虑，推进婚俗改革和移风易俗，倡导积极婚育观念，从财政、税收、保险、教育、住房、就业等方面完善和落实积极生育支持措施。

从浙江省层面来看，2021年11月，浙江省民政厅出台《关于在婚姻登记事项中试行应用电子〈居民户口簿信息〉的通知》并开始执行，在办理婚姻登记事项时，婚姻登记机关能通过信息共享获取电子《居民户口簿信息》的，经当事人本人申请并确认无误后，当事人就可以办理婚姻登记手续。2021年11月新修改的《浙江省人口与计划生育条例》延长了产假，增设了育儿假和独生子女陪护父母假，并进一步完善了普惠性托育服务。条例还规定，县（市、区）人民政府可以根据当地实际，对3岁以下的婴幼儿家庭给予育儿津贴、托育费用补助。

从杭州层面来看，为增强青年在杭州的获得感、幸福感、安全感，2020年1月，杭州出台《杭州市中长期青年发展规划（2020—2025年）》，在市县两级全覆盖建立青年工作联席会议机制，加快破解青年急难愁盼问题，持续优化青年发展环境，广大青年获得感、幸福感、安全感明显增强，为建设青年发展型城市奠定了坚实基础。2020年8月6日，杭州市民政局发布《杭州市民政局关于本市内地居民婚姻登记试行全市通办的通知》，进一步方便群众就近办理婚姻登记，加强和创新婚姻服务，推动异地办理婚姻登记改革，杭州市民可打破户籍限制，在市内任一县（市、区）婚姻登记处办理内地居民婚姻登记。为满足市民享受便利婚姻服务的需求，提升全市婚姻服务质量和水平，增进市民的幸福感和获得感，2021年12月30日，杭州市民政局印发《关于推进民政事业高质量发展打造共同富裕示范区城市范例民政样板行动方案（2021—2025年）》，指出：为推进和谐婚姻家庭建设，大力推进婚姻登记机关规范化和标准化建设，打造群众满意"最美"婚姻登记机关；在全市范围内全面推广"互联网+婚姻服务"，持续加强婚姻登记数字化、智能化建设，优化婚姻电子证照共享应用，实现婚姻登记精细化、智慧化；深化和推进跨省婚姻登记工作，推进结婚生育户口"一件事"联办；扎实推进婚俗改革，加强婚姻文化建设；深入开展婚姻家庭辅导教育，探索离婚冷静期内对当事人开展婚姻危机干预的有效方法，引导群众营造幸福婚姻、建设美满家庭。在高水平打造移风易俗示范区建设中，提出以下目标：2021年孤儿和困境儿童基本生活补贴标准全市域统一，儿童之家服务全覆盖，未成年人救助保护机构全部实体化运行，未成年人保护工作站全覆盖；到2025年，县级婚姻登记机关场所建设达国家4A级以上标准比例达100%。2022年，杭州市对现行生育保险政策进行了全面优化调整，进一步增加了生育保险政策的普惠性供给，扩大生育保险覆盖面。2023年8月7日，杭州市卫生健康委正式发布了《杭州市育儿补助实施办法（试行）》，从2023年9月10日起正式施行。根据政策，生育二孩的给予一次性补助5000元，生育三孩的给予一次性补助20000元。值得一提的是，杭州鼓励生育的政策不只是发放育儿补助，还将结合本地实际，在生育补助减轻负担、发展普惠托育服务、优化生育休假制度、实施住房购车支持政策、减轻家庭教育压力、构建新时代新型婚育文化等方面加大努力。

（二）婚育支持措施

为规范婚姻登记，方便群众婚姻登记，浙江省民政厅2012年6月在网上开通了结婚登记网络预约系统，2013年11月在全国各省份中率先实现了全省各级民政与法院婚姻信息网络共享，同时实现了婚姻登记信息全国联网查询比对。2015年5月，浙江省婚姻家庭协会正式成立，协会专家团由一批具有丰富的心理或法律专业知识，并持有心理咨询师、婚姻家庭咨询师、律师等国家级的执业资质以及具备纠纷协调、处理经验的人员组成，在推动婚姻文化建设、推进海峡两岸婚姻家庭服务、促进和谐婚姻家庭建设等方面发挥了积极的作用。浙江省婚姻家庭协会联合19楼打造"本地通"服务，专门为网友提供专家或达人一对一的在线问答，服务领域涵盖了心理咨询、法律服务、婚姻辅导、育儿等。2016年协会着力组建专家志愿团，开展线上线下心理和法律咨询辅导服务，实施省级福彩公益金资助项目"幸福家庭关爱计划"；利用协会网站、微信、App、《浙江婚姻家庭》杂志等多媒体平台，推进"互联网＋"和婚姻家庭服务的深度融合。2017年6月，全省各婚姻登记机关按照民政部统一部署，切实加强规范化、标准化建设，积极开展等级争创工作。全省共有28家婚姻登记机关被民政部评定为"全国3A级婚姻登记机关"。率先全面推行婚姻家庭辅导和结婚登记颁证工作，县级婚姻登记机关开展比例达100％。2022年，浙江省将健全婴幼儿照护服务政策制度列入"十四五"相关规划，将发展普惠托育服务写入新修改的《浙江省人口与计划生育条例》，为构建婴幼儿照护服务体系提供了政策法律支持，并通过发展家庭照护、社区统筹、社会兴办、单位自建和幼儿园办托班等多种服务模式，支持社会力量举办托育机构，重点发展普惠服务。截至2022年3月底，全省建有婴幼儿照护服务机构4290家，托位数累计17.9万个，每千人托位数2.74个，较好地满足了群众对托育服务的需求。

2022年8月，杭州市婚姻家庭协会成立，通过婚姻登记、婚俗文化、婚姻辅导、家庭服务等婚姻家庭服务载体打造，有效优化婚俗文化、提升婚姻质量、助推生育友好、促进家庭发展，助力基层治理体系现代化。协会同步启动"共富共福家先行"婚恋家庭服务项目，通过与各县（市、区）的婚姻登记处和相关社区联动，建立社区婚恋家庭指导站，配备共享心理咨询室、婚姻家庭直播间，通过婚俗改革宣传、家庭关系辅导、离婚调解、法律援助、交友服务进社区、美好家杭州婚恋家庭文化市集、"未来社区＆未来婚恋"社区婚姻家庭直播间等形式，从婚前阶段树立正确婚恋观，婚内阶段维护婚姻幸福感，到离婚冷静期重拾家庭归属感等全周期为市民提供婚姻家庭服务。杭州自2018年就开始开展全国3岁以下婴幼儿照护服务工作试点，并入选首批33个全国婴幼儿照护服务示范城市。2018年以来，杭州相继出台了20余个相关文件并落地实施，一方面，将婴幼儿照护服务设施纳入城市规划基本配套，通过算力算法精准匹配需求；另一方面，建立符合杭州实际的适用不同办托主体的普惠认定机制和精细化的财政补偿机制，保障婴幼儿照护服务机构可健康运营。截至2023年2月底，杭州市提供婴幼儿照护服务各类机构1046家（含幼儿园办托），托育服务设施街道（乡镇）覆盖率97.41%；可提供托位45991个，每千人托位数3.72个，建成投用婴幼儿成长驿站431家，全市已有73家由社区举办的公建民营普惠性托育园。与此同时，政府也鼓励企事业单位、产业园区利用现有存量建筑，在达到标准和符合消防技术规范的前提下举办托育机构；支持幼儿园延伸办托、引导社会办托，打造主体多元、形式多样、就近可及的15分钟便捷照护服务圈。

四、对策建议

青年婚育问题是社会和谐稳定、持续健康发展的重要基石，是在生育率持续下滑的国情下亟须解决的问题，需要全社会共同重视并给予支持和帮助，共同建构婚育友好型社会。在研究全国、省、市政策的同时，结合本次调查，笔者认为，应该在青年成长的重要时期引导青年树立正确的婚育观，为青年做好相亲交友等服务工作，帮助青年缓解或解决结婚生育相关问题。

（一）倡导新型婚育文化，引导青年树立正确的婚育观

婚育观是人生观的重要组成部分，直接影响恋爱、婚姻、生育行为的价值取向，对青年的择偶行为、家庭生活起着决定性的导向作用，影响其一生的发展与幸福。积极向上的婚育观是家庭幸福的前提，幸福的家庭是社会和谐的基础。政府、社会、家庭、学校等多方主体应当正视青年的情感、家庭教育需求，给予更多的支持指导，更好缓解他们的恋爱、家庭、生育焦虑。

1.缓解青年婚恋压力，做好婚恋辅导

针对青年恋爱中遇到的困惑，共青团要发挥"引导员"作用，结合青年生理、心理特点对恋爱交友过程、婚姻家庭生活的心理和行为进行服务、指导，加强青年价值引导，鲜明抵制"将恋爱婚姻等同于物质交换""以貌取人"等负面的婚恋观。在服务青年方面，共青团可以发挥自身优势，着力打造线上线下阵地，搭建线上婚姻家庭辅导服务平台，组织心理咨询师、律师、社工师等专业人士入驻辅导平台，在线为青年提供一对一心理和法律咨询服务，帮助青年提升婚姻家庭经营技巧、化解婚姻家庭矛盾，为幸福婚姻保驾护航。

值得注意的是，育龄青年在人生不同阶段的婚育意愿不是一成不变的，在某个阶段不想结婚生育，并不代表以后都没有结婚生育的愿望，随着政策、环境、经济条件、认知、个人事业和生活诸多方面的变化，他们的婚育意愿很有可能被激发、释放出来。青年通常愿意接纳年龄相仿，知识背景、兴趣爱好相近的朋辈的意见和建议，尤其是在一些敏感问题上，可以利用朋辈的力量帮助青年提高自己的能力，充实自己，增强自信心。团的基层组织以形式多样的"团体心理游

戏"为载体，让青年分享切身的感受与体验，然后教育者再进行适度的知识讲授，开展心理疏导活动，引导青年学会两性相处技巧、应对恋爱挫折、处理恋爱焦虑，深入了解爱情的真谛与婚姻的内涵，创造幸福、美满、长久的婚姻。

2.设立或完善学校婚育课程，进行积极正面引导

在校学习期间是学生正确三观形成的黄金时间段，从生命历程全周期的角度看，在学校特别是高校教育中增加婚恋观、生育观、家庭观的引导，有助于加深青年对于生命历程各个阶段婚育知识的了解。应在青年中普及相关法律知识，倡导两性交友过程中互相尊重的观念，塑造新型婚育文化，强化青年对情感生活、家庭生活的尊重意识、诚信意识和责任意识，传递积极、健康、美好的婚恋观、家庭观和生育观。

婚恋婚育知识体系包括婚育法规、国家计生管理规定、婚姻道德观教育、婚育生理安全知识等方面。目前我国高校普遍缺少专门的婚育观教育相关课程，虽然在大一新生思政课程中讲授了关于大学生婚恋婚育的内容，但是以恋爱、婚姻等为主要内容的情感教育选修课、专题讲座，侧重引导学生树立正确的恋爱婚姻观，并非是对婚育相关科学知识的介绍；授课教师绝大部分都没有专业背景知识，往往是学院辅导员和团干部兼任的，他们在心理咨询方面的经验还不够丰富，不能很好地为学生提供婚恋方面的心理咨询和辅导。共青团应联合民政、妇联、计生、司法等部门，推动建立家庭、学校、社会三位一体的婚育教育系统，有目的、有计划地走进大学校园，采用情景演示、案例分享、观看视频、论坛讨论等形式多样的展示方式进行婚育知识的开放式讨论和交流，对大学生进行正面的引导；学校团组织要继续

发挥组织优势，利用同辈群体的力量，组织校团委、学生会围绕婚育教育开展系统而多样化的学生活动，如知识竞赛、情景话剧表演、影片观赏评论等，促使学生在参与的过程中思考。对于学生在校期间所接受的婚育教育，辅导员应规划好推进的阶段性目标，可采用必修课和选修课结合的方式，将婚恋观、生育观融入高校思政课堂，包括大学恋爱优缺点分析、择偶标准、性心理、婚前性行为教育、生殖健康、遗传与优生、国家人口政策解读等内容，帮助大学生形成积极健康的婚育观，宣传符合社会价值取向的择偶观。

3.加强社会舆论正面宣传，打造婚育友好型环境

当代青年作为伴随着互联网发展成长起来的一代，手机、网络、微信、微博等已经成为与他们的日常生活不可分割的一部分，交友、娱乐、获取信息、查阅知识有相当大一部分都在互联网中进行，大众媒体对他们的影响不言而喻。大众媒体承担着传承社会文化的责任与使命，应该自觉传播积极、健康、有益的信息和价值观，传递正确的婚育观，更好地发挥自身的传播力与影响力，积极引导青年正确认识爱情、婚姻、家庭中权利和义务的关系。相关部门要加强对互联网信息的合理监管，包括降低网络上充斥的生育焦虑言论对个人生育意愿的影响，多提供科学、权威的生育知识和相关信息，引导公民树立积极正确的婚育观念；要大力弘扬中华民族传统美德，构建新型婚育文化，尊重生育的社会价值，完善和落实各项生育支持政策，营造生育友好的社会环境，从根本上提高人们的生育意愿。媒体应创作一批形式多样、积极向上的影视文化精品，大力开展群众喜闻乐见的婚俗文艺作品展演展播，讲好新时代美好爱情、幸福婚姻、和谐家庭故事。共青团要发挥引领青年的作用，在青年中倡导文明新风、新事新

办，营造节俭文明的婚嫁新风，抵制高价彩礼、低俗婚闹、大操大办等陈规陋习。如2023年江西团省委用一个月的时间，在全省组织86场以"抵制高价彩礼 幸福从零开始"为主题的移风易俗系列活动走进县（市、区），通过集体婚礼、青年婚恋交友、主题宣讲、零彩礼故事会等活动，引导青年树立科学、健康的婚姻观、价值观，为构建新型婚育文化提供保障，产生了较好的社会效应。

民政、宣传、妇联、共青团可以联合力量，通过试点营造、宣传、倡导等方式，充分发挥街道社区、驻区单位、社区企业商家的作用，开展进社区巡讲、系列评选活动，以基层新风的塑造带动整个社会婚俗新风的形成。积极打造区、乡镇（街道）两级婚俗示范街区和婚俗文化展示厅，展示近代以来中国婚姻关系的发展、社会的开放进步，通过墙体彩绘、诗歌、谚语等形式，精心打造图文并茂、群众喜闻乐见的"文化墙"，让民众在感受婚俗改革魅力的同时，品味文化之美。作为浙江省唯一一个全国婚俗改革实验区，三门县在2018年建成浙江省首个婚姻文化示范基地，并进行了一系列积极有效的探索，三门县婚姻登记处以典雅、温馨的中式古典韵味为主调，布置了红色布幔、喜字点缀窗户，墙壁上装饰着传统窗棂木雕，除了办事窗口外，还设有婚姻服务教育厅、婚姻礼仪厅、婚俗文化厅，将传统婚礼元素，如花轿、婚房、婚嫁习俗等融入其中。杭州可以优先选择1～3个试验区（街道或社区），积累了试点经验后，再扩大覆盖面，实现婚姻家庭辅导服务基层全覆盖。作为浙江省23家5A级婚姻登记机关之一，西湖区婚育服务中心是集"婚前检查、婚姻登记、优生咨询、优生检测"四位一体的综合性服务单位，为增加群众体验感，设置了纪念打卡点等，加强传统婚姻文化宣传，提供婚姻家庭关系、离婚调解等咨询、辅导服务。上城区婚姻登记服务中心以成立上城区婚姻家庭协会为契机，发挥协会链接社会资源的平台枢纽功能，有效拓展社会组织、爱心企业和其他公益人士参与婚姻家庭公益服务渠道，同时深入街道社区，开设婚俗文化社区教育课程，将婚俗文化和婚姻家庭教育融入社区，扩大婚俗文化和婚姻家庭教育的受众载体，实现婚俗文化与家庭教育长效化机制。

（二）持续做好青年相亲交友活动

1.深化青年婚恋需求调研，提供更有针对性的相亲交友服务项目

调查发现，共青团组织举办的婚恋活动受青年认可，在杭州青年群体中有较高的口碑。此外，青年对团组织开展线下交友的活动形式提出了更深层次的需求，青年认为组织相亲交友活动要提前做足功课，了解不同行业、不同领域青年的需要，开展符合不同行业、不同领域年轻人需求的活动，根据单身青年的性格、爱好、具体要求等进行更精细化的匹配，提供更有针对性的服务。

共青团中央"青春有约"联谊交友平台坚持以青年为本，努力适应青年多样化的需求和差异化特点，为青年拓宽交友渠道，通过"中青网青春有约"服务号和"青春有约"App，依托共青团组织体系，关注并服务于2亿单身青年婚恋交友等的"刚需"，帮助广大青年收获幸福。河北唐山"青春·你好！"青年婚恋交友公益平台针对单身青年交友活动，将相亲交友活动按参与人数进行分类，即大型相亲联谊活动（规模为500～3000人）、中型"幸福手牵手"活动（规模为60～150人）、小型联谊派对（规模为20～30人），这对于杭州团市委在未来如何打造更为精细的相亲交友服务项目具有一定的借鉴意义。杭州团市委可结合地区实际，丰富交友联谊活动内容形式，以趣

味性更强、吸引力更大的活动为主，大胆尝试新环境、新方式、新方法，以行业相似、地域相同、爱好相同为目标，将活动精细化、小型化，加强活动的针对性，精心策划设计，提供精准服务，提升活动品质，同时可以将拓展培训、岗位体验、时尚文化、志愿服务、公益项目等共青团特色项目加入活动中，开展互动性强、体验感好、氛围温馨的特色主题活动，打破传统相亲活动呆板、尴尬的局面，使更多的单身青年参与到活动中，消除彼此隔阂，避免婚恋目的过于明显带来的尴尬，提高牵手成功率，迎合青年人寻找志同道合交友对象的需求。

2.发挥共青团桥梁作用，搭建综合服务平台

共青团可与当地工会、妇联等建立工作联系，实现资源互补，进一步强化团组织的资源整合，从合作、联谊、活动、人才培育等方面与地方企事业单位加强交流，扩大青年交友联谊朋友圈，进一步丰富同地方政府、国有大型企事业单位等青年意向交友对象的单位联系，增加联创联建机会，积极鼓励青年参与其中，与青年交友工作深度融合，让更多青年社会组织成为共青团事业上的可靠伙伴，让更多青年体会到共青团的温度。

近年来，杭州团市委、妇联、工会、市直机关工委等单位开展了大量服务青年婚育的工作，从基层团组织和青年的反应可以看出，仍存在活动多、阵地少等问题，青年交流缺乏标志性的固定阵地。为进一步扩大阵地，团市委需要进一步整合利用青年之家、青少年宫等团属组织资源，借助党政机关、博物馆、爱国主义教育基地等行政资源，整合新华书店、商圈、剧本杀馆、咖啡馆等社会资源，搭建青年婚恋服务项目线下平台，组织开展富有特色的青年婚恋交友系列活动。深圳共青团突破了常规的阵地建设思路，将"青年之家"的牌匾挂到了一些咖啡店、奶

茶店里，牌匾上面有"龙华青年"公众号的二维码，扫码即可关注。基层团委也可以把相亲交友阵地放到一些年轻人经常聚会交流的地方，让他们在轻松、熟悉的环境中，克服心理紧张与不适，更加愉快放松地与异性交流，增进彼此情感。

3.创新线上线下联谊交友形式，建立跟踪回访机制

公信力是共青团婚恋交友服务的最大特点，经过团组织登记审核的青年信息真实可靠也是共青团开展婚恋服务的优势之一。近年来，杭州团市委依托数字之城的优势，启动青年婚恋监测指标体系建设，发挥共青团资源整合优势，强化信用认证，涵盖多重功能，通过线上"+"实现青年婚恋咨询、婚恋调查、活动发布、活动报名等功能，通过线下"+"把经过团组织推荐审核认证的单身青年最大限度地覆盖，通过技术解决单身青年联谊活动青年报名及身份信息认证的问题，由专门工作人员审核资料，确保信息的真实性，实现青年线上个人主页展示、定期推荐、恋爱讲堂、活动发布、团组织认证等功能一体化，成为青年信任、靠谱、方便使用的交友网络阵地。基层团组织要广泛动员青年在互联网平台展示风采、展现特长，在征得本人同意的情况下，将交友信息在微信公众号中推送，帮助青年拓展朋友圈，克服部分优秀青年性格腼腆导致现场交友困难的问题；将牵手成功的青年男女逐一登记造册、建立电子档案、动态更新，跟踪了解恋爱情况，提供恋爱指导，形成相识、恋爱、结婚一条龙的闭环服务体系。

郑州团市委在全国团组织中首创相亲交友小程序，打造了一个专属本地单身青年、诚信可靠的纯公益性质的交友互动平台。平台采取严格的实名认证制度，安排专人负责注册用户的身份审查，确保注册

用户信息的真实有效。平台还专设完善的举报机制，一旦出现虚假信息、广告、婚托、婚骗等不良行为，将视情节做一定时间或永久性封号处理。小程序的使用十分简单，关注郑州共青团微信公众号即可免费使用，单身青年填写基本资料并上传身份证等信息进行实名认证，审核通过后即可进入"广场页"寻找有缘人，还可通过"条件筛选"有针对性地觅得良缘，进行在线互动交流。

（三）完善和落实生育保障政策，提高生育水平

近年来，杭州市为推进生育友好型城市建设，围绕"婚、生、养、教"各环节出台了一揽子配套措施，民众多元化的生育和家庭发展需求得到了有效满足，生育支持政策体系架构初步建立并开始产生良好政策效应，为全国提供了很好的借鉴和参考，起到了示范引领作用。我们也要看到，出生人口"失速下滑"的态势虽然得到一定程度缓解，但人口发展形势依然不容乐观，生育支持政策供需存在不平衡等问题，需要从根本上解决育龄人群结婚前"想不想结婚"、结婚后"想不想生"和"敢不敢生"的矛盾，构建全生命周期的生育友好环境。通过问卷调查发现，相关部门对现有政策的宣传和落实不到位，青年群体对相关政策并不了解，希望政府加强政策宣传和落实。一方面，政府层面不断释放利好政策，期望能够减轻育儿负担，鼓励生育，另一方面，政府的政策措施与青年的需求还存在较大的落差。打通最后一个环节，将党和政府的利好政策传递到每个青年身上，这也是共青团在服务青年方面需要长期坚持的工作。

1.细化落实婚育相关法规，保证婚育假期特别是男性婚育假期

现阶段生育支持政策落实还处于起步阶段，需强化部门联动，细化现有政策措施，完善配套政策衔接，推动相关决策部署落地见效，

加快构建生育友好环境。一是尽快组织开展对全市各地各相关部门建立生育支持政策体系工作进展情况的调研评估，加大细化政策出台和落实力度，并探索开展对各县（市、区）人口均衡发展状况的评价工作，督促指导各县（市、区）在年内因地制宜出台支持生育的干货实货类政策措施，协调相关部门继续出台深化细化配套支持政策，切实优化条抓块统、协同发力的生育友好的政策体系。二是加大力度持续协调推动出台各类配套支持政策，包括生育保险、医保报销、长幼随学、住房保障、税收补贴等专项性政策，以及托幼一体化管理、生育假期成本分担、妇女就业保障等综合性政策，加快完善生育支持措施并推进落实。三是在保障基本、量力而行的前提下，推进普惠托育和学前教育、义务教育基本公共服务体系建设，加快研究建立生育支持社会共担机制进度。

《浙江省人口与计划生育条例》规定，2016年1月1日以后符合法律、法规规定生育子女的夫妻，男方享受十五天护理假，工资、奖金和其他福利待遇照发。但是，出于文化、环境和竞争压力等因素，多数男性选择尽快回到工作岗位，造成陪产假的实际落实情况并不如预期，女性照料与陪护儿童的责任负担依然得不到有效缓解。我国《劳动保障监察条例》仅对企业未落实女职工产假权利规定了罚则，而对陪产假并未在国家法律层面予以明确，关于落实陪产假的法律责任就没有在这一条例中予以规定。要使陪产假落到实处，必须有惩罚性条款予以配套保障，将职工休陪产假期间的工资待遇"由用人单位支付"改为"由生育保险基金支付"，减少用人单位经济负担。工会可通过集体协商的形式，将陪产假记入与企业签订的集体合同中，监督企业落实陪产假，也可通过工会劳动法律监督意见书和建议书制度，使工会与企业就陪产假协商形成书面的正式函件，既为企业落实陪产假制度提供书面建议，也为企业拒绝落实陪产假制度留下证据，便于劳动行政部门予以纠正和处罚。

2.加强街道社区托育服务，完善生育保险制度

托育服务、生育保险涉及《中华人民共和国未成年人保护法》《中华人民共和国消费者权益保护法》《中华人民共和国义务教育法》《中华人民共和国教师法》《中华人民共和国保险法》《中华人民共和国合同法》等。杭州可以考虑由政府托底保障普惠性的托育服务点，以满足低收入家庭的幼儿托管需求，同时鼓励更多社会组织和民营机构参与到幼儿托育服务事业中来，支持企业或个人开办社会性托育机构，对符合国家和省、市婴幼儿照护服务发展实施方案规范建设的且在卫健行政部门登记备案的社会性托育机构，政府一次性补助。支持有条件的用人单位为职工提供托育服务，将3岁以下婴幼儿照护服务产生的费用纳入个人所得税专项附加，按照每名婴幼儿每月一定标准定额扣除。与此同时，政府要加强对整个托育行业的监管力度，给予合理的行业指导价格，以避免出现行业乱象，使杭州市幼儿家庭的托育服务需求能够真正得到满足。下一步须着力推动婴幼儿照护服务深度发展，精准匹配供需，深化"数智托育"，整合托育服务全流程数据，推动市民就近托、便捷托、放心托，同时要加大宣传，进一步扩大婴幼儿照护服务社会支持和群众知晓，擦亮"善育在杭"金名片。

相关部门要不断完善目前的儿童医疗保险制度，提高总体报销水平，整合杭州市少儿住院基金和城镇居民医疗保险的报销比例，在对儿童普通疾病医疗费进行报销的同时，完善儿童重大疾病的医疗费用报销制度。同时，可以由政府牵头，引入商业儿童医疗保险，有针对性地设

立儿童重大疾病补充医疗保险项目，以弥补少儿住院基金和城镇居民医疗保险存在的缺陷，争取做到儿童医疗费用报销全覆盖，使重大疾病儿童患者家属不再为巨额医疗费用发愁，让他们能够真正看得起病。

3.适当放宽多孩家庭保障性住房的申请条件及购房政策

大多数刚参加工作不久的新婚夫妻并没有多少积蓄，他们的首套婚房基本由双方父母赞助购买，并且首套房选择两房户型的家庭居多，面对居高不下的房价，再生育一个孩子确实会给大多数家庭带来不小的住房压力。对多孩家庭适当放宽保障性住房申请条件的同时又不失这类住房供给的公平性，在具体操作时，要保持信息公开，接受市民监督，确保信息准确。

参考文献

[1] 都市快报.浙江总和生育率衢州最高，杭州最低.[EB/OL].（2022-09-06）[2024-02-01].https://www.hangzhou.gov.cn/art/2022/9/6/art_812270_59064815.html.

[2] 国家统计局，国务院第七次全国人口普查领导小组办公室.第七次全国人口普查公报（第五号）[R/OL].（2021-05-11）[2024-02-01]. https://www.stats.gov.cn/sj/tjgb/rkpcgb/qgrkpcgb/202302/t20230206_1902005.html.

[3] 国家统计局.中华人民共和国2022年国民经济和社会发展统计公报[R/OL].（2023-02-28）[2024-02-01]. https://www.stats.gov.cn/xxgk/sjfb/zxfb2020/202302/t20230228_1919001.html.

[4] 杭州日报.2022年杭州市婚姻登记数据出炉[EB/OL].（2023-

02-08）[2024-02-01]. https://www.hangzhou.gov.cn/art/2023/2/8/art_812270_59073317.html.

[5] 杭州市统计局，杭州市人民政府第七次人口普查领导小组办公室. 杭州市2020年第七次人口普查主要数据公报[R/OL].（2021-05-17）[2024-02-01]. https://tjj.hangzhou.gov.cn/art/2021/5/17/art_1229279682_3872469.html.

[6] 健康杭州. 全国首批！杭州上榜婴幼儿照护服务示范城市[EB/OL].（2023-04-03）[2024-02-01]. https://www.hangzhou.gov.cn/art/2023/4/3/ art_1228974663_59077576.html.

[7] 李金磊. 平均初婚年龄28.67岁，中国人为啥结婚越来越晚？[EB/OL].（2022-06-24）[2024-02-01].https:// baijiahao.baidu.com/s?id=1736507024066653399&wfr=spider&for=pc.

杭州青年就业创业研究报告

杭州市团校　周振东

摘　要： 高质量发展是全面建设社会主义现代化国家的首要任务。实现青年个体高质量发展和满足青年美好生活需要的城市高质量发展，关键在于青年的高质量充分就业。本报告基于2023年开展的"青年发展型城市建设中的杭州青年"调查相关数据进行分析，发现杭州青年在就业选择、工作收入、工作时间、就业观念等方面存在的典型特征，提出当前青年在面临的就业市场环境、就业创业实践过程、就业创业能力方面存在的问题。在此基础上，报告结合杭州促就业政策和实践创新探索，围绕市场环境、就业服务、创业指导、就业创业保障等方面提出相关建议。

关键词： 杭州青年；高质量充分就业；青年发展型城市；就业创业政策

高质量发展是全面建设社会主义现代化国家的首要任务。实现青年个体高质量发展和满足青年美好生活需要的城市高质量发展，关键在于青年的高质量充分就业。正如习近平总书记所指出的："青年人朝气蓬勃，是全社会最富有活力、最具有创造性的群体。"①青年是推动创科发展的生力军。要为青年铺路搭桥，提供更大发展空间，支持青年在创新创业的奋斗人生中出彩圆梦。

一、杭州青年就业创业宏观背景

（一）擘画新征程上青年高质量发展之路

2022年10月，习近平总书记在党的二十大报告中指出："强化就业优先政策，健全就业促进机制，促进高质量充分就业"②，既为新征程上进一步做好就业工作指明了方向，也为青年发展型城市建设、实现高质量发展提供了"可视化"操作思路。聚焦青年高质量充分就业，既是实现青年发展型城市建设目标的重要举措，也是高质量建设青年发展型城市的应有之义。

（二）建设青年发展型城市的关键之要

为深入贯彻落实《中长期青年发展规划（2016—2025年）》，2022年4月，中共中央宣传部、国家发展改革委、共青团中央等17个部门联合印发的《关于开展青年发展型城市建设试点的意见》（以下简称《意见》）指出："青年发展型城市是指扎实推进以人为核心的新型城镇化战略，积极践行青年优先发展理念，更好满足青年多样化、多层次发展需求的政策环境和社会环境不断优化，青年创新创造活力与城市创新创造活力相互激荡、青年高质量发展和城市高质量发展相互促进的城市发展方式。"研究当代青年就业创业问题，必须要结合青年发展

---

① 习近平.论党的青年工作[M].北京：中央文献出版社，2022：122.

② 习近平.高举中国特色社会主义伟大旗帜　为全面建设社会主义现代化国家而团结奋斗——在中国共产党第二十次全国代表大会上的报告[M].北京：人民出版社，2022：47.

型城市建设的命题背景，正如《意见》中态度鲜明地提出要着力优化激励青年施展才华的就业环境，要围绕促进青年高质量发展，让城市对青年更友好。

（三）保障"最基本的民生"的现实之需

就业是最大的民生工程、民心工程、根基工程，是社会稳定的重要保障，必须抓紧抓实抓好。青年失业问题是大多数国家面临的共性问题，这主要与青年缺乏职业技能、工作经验和社会人脉资源等有关。围绕就业，政府开展积极的行动部署，2022年5月，国务院办公厅印发《关于进一步做好高校毕业生等青年就业创业工作的通知》（以下简称《通知》），该《通知》成为指导青年就业创业工作重要文件。《通知》全文主要分为17个部分，细化分工到各中央部委，由各部门按职责完成。值得一提的是，共青团中央主要涉及拓宽基层就业空间、精准开展困难帮扶、优化招聘服务、加强就业指导、健全青年就业服务机制、扩大就业见习规模等六个专题。同年6月，中共浙江省委组织部、浙江省人力资源和社会保障厅等17个部门联合印发了《关于进一步做好高校毕业生等青年就业创业工作的通知》，结合本省特点和工作实际，对中央部署文件内容做了进一步的细化。

2022年12月，中央经济工作会议在北京举行，习近平出席会议并作重要讲话。在部署2023年经济工作时，会议指出，要突出做好稳增长、稳就业、稳物价工作，首次指出要把促进青年特别是高校毕业生就业工作摆在更加突出的位置。

2023年3月，政府工作报告系统总结了过去五年的成果，把稳就业作为经济运行在合理区间的关键指标。同时也客观分析了国内经济增长企稳向上基础尚需巩固，需求不足仍是突出矛盾，民间投资和民营企业预期不稳，不少中小微企业和个体工商户困难较大，稳就业任务艰巨，一些基层财政收支矛盾较大等问题。结合上年年底中央经济工作会议对国民经济的判断，再次提出社会政策要兜牢民生底线。落实落细就业优先政策，把促进青年特别是高校毕业生就业工作摆在更加突出的位置。

2023年5月，为贯彻落实党中央、国务院关于高校毕业生就业创业工作的决策部署，教育部高校学生司会同相关部门编印了《高校毕业生等青年就业创业政策汇编》（以下简称《汇编》），系统梳理了国家有关部门出台的促进高校毕业生就业创业现行政策，聚焦高校毕业生求职就业需求，分为企业就业、基层就业、自主创业、能力提升、应征入伍、就业见习、就业服务、就业手续、权益维护等九方面内容。为便于高校毕业生和企业快速查阅相关政策，《汇编》还归纳整理了就业有关政策清单，包括6项面向企业（单位）吸纳高校毕业生就业的补贴、税收优惠等政策，以及9项面向高校毕业生的补贴、资助等政策。

二、青年就业创业文献回顾

（一）对青年就业者群体特点的研究

近年来，随着我国经济社会发展，青年就业问题日益突显，许多专家学者基于不同的学科背景开展青年就业的研究。孙妍从青年就业者群体的特点出发，指出青年群体择业更注重追求自我价值实现，也更看重经济回报。廉思则认为对存在"尼特族"现象（不升学未就业）的青年应从摸清底数、引领发展、环境帮扶三个方面入手，纠正青年思想走偏的问题。陈蓓丽、曹锐从失业青年的特点出发，结合延迟满足理论，分析失业青年和已就业青年的延迟满足能力差异，在一定程度上解释了城市青年失业的个体因素。杨光秀剖析青年的身心特征，明确新时代对人才培养的各项标准，提出在心理健康教育与思想政治教育的两个点上结合发力，解决青年面临的身心发展问题。柏龙彪、张端、龚旖凌指出青年群体的就业价值取向在不断演变，个性发展与从众性并存。李晓庆、刘威则强调要精准把握青年的思想特点与行为模式，建议从主体利益关切、回归高等教育初心和回溯价值塑造本源三方面建立引导青年就业的底层逻辑。

（二）对青年就业现状的研究

在青年就业创业的特点方面，国内研究者从青年的年龄、性别和不同阶层等出发点进行了探索。洪亮站在"90后"青年的角度，把当下创业意识的不断增强、就业流动性高和行业比较集中等阐述为当代青年就业创业的特点。张良驯、付成梅以"孔乙己文学"青年现象剖析当前青年遇到的就业困难，指出需要政府、用人单位、媒体和青年共同发力。侯艺从近年来的中美贸易摩擦和新冠疫情两个视角分析我国在当下错综复杂的环境下影响青年就业的额外要素，针对农民工、个体户待业青年、应届生等重点青年群体提出了就业保障对策建议。王龙从西方石油危机的视角探讨社会保障制度的变革，认为社会保障制度的变革影响了青年就业的取向和意愿，由此产生了灵活就业的方式和社会保障等问题。

在青年就业创业政策方面，研究者多将政府的有关促进就业创业的策略作为切入点。宋金阳认为青年存在择业时期待值较高、对就业政策不熟悉等共性问题，分析解决这类问题有利于促进青年就业创业工作政策的制定。桂桢指出社会上就业结构性矛盾日渐突出，一是因为当前高校的学科设置滞后于社会发展需求，供需关系不平衡；二是因为多数毕业生的专业技能和就业观念与招聘单位的需求不符合，因此必须进一步做好应届生就业工作。许骊指出在全球经济下行的环境下，就业压力增大，基于对当前青年就业境况的分析，对我国青年就业创业的相关政策提出调整建议。方木欢分析指出青年就业创业的政策应重视政府导向与市场的基础设施相结合，并建立协同措施，加强青年就业创业政策宣讲，解决待业青年和应届毕业生所享有的就业创业待遇问题。

（三）对共青团服务青年就业的研究

在共青团服务青年就业措施方面，国内学者进行了一些探讨和摸索。胡丹、蔡续指出高校团组织具有覆盖率高、集聚性强的特点，能帮助大学生融合就业和创业精神发展。陈天赋指出共青团组织应从为青年就业创业活动提供保障措施、加快信息化平台搭建、加强资源共享、建立学习型组织四个方面加强自身建设。周巍、林晶晶等学者通过深入研究青年参与共青团活动的情况，分析活动成效，提出共青团应围绕品牌项目与政府、企业建立更好的对接项目。崔伟、鲁波则从发挥高校共青团作用的角度切入，提出利用所在高校共青团独特的组织管理优势、专业师资队伍优势和广泛的活动阵地资源优势，推动青年就业创业发展。

在共青团服务青年就业在社会治理中的角色方面，李月荣认为共青团要利用其职能优势、组织优势、平台优势等，通过团课模式对大学生进行就业创业观的培养，顺应就业形势的变化；此外，共青团组织的服务思路和方法也要进行变革。李建一认为共青团要强化系统领导，提高基层一线青年的比例，特别是围绕就业创业青年策划活动，走青年群众路线。董旭冉指出要丰富拓展共青团组织参与社会治理的有效途径，就要聚焦青年的思想引领、扩大培育青年骨干、加强共青团组织阵地建设、完善工作体系。

在共青团服务青年就业所存在的问题方面，朱妍妍从新媒体的视角剖析青年学生就业难的问题，分析如何在就业创业上提高共青团的工作效率和影响力。陈天赋指出共青团组织需要针对当前青年就业创业的状况提供重要的引导，并且充分发挥共青团的优势，同时也要提高服务青年就业的专业度、优化工作手段，为广大青年就业提供更优质的服务环境。刘莹从国有企业共青团组织的视角出发，认为当在职的青年意识到自身能力水平或发展瓶颈受限时，便希望通过提升自我来突破困境，并针对问题所在提出具体的策略，助力国有企业共青团组织发挥促进青年发展的作用。

本报告希望在学界前期对青年就业创业相关问题的研究基础上，继续深入对青年就业创业主体、就业创业现状、共青团工作等相关问题的研究，立足于实证调查和杭州服务青年就业创业的特色实践，提出促进青年就业创业的对策。

三、杭州青年就业创业的基本状况

（一）研究方法

在研究青年发展型城市建设与促进青年就业创业的过程中，课题组通过以下几种方式进行。

第一，文献分析法。通过中国知网、超星期刊、文献鸟等网站查找出该领域期刊论文，优先选择核心期刊或知名院校的学术成果。通过整理查找到的文献关键词、研究方法、研究手段、创新点、结论等，为本报告的撰写打下理论基础，同时从中寻找出本报告的创新之处。

第二，问卷调查法。依托共青团组织的力量，分区、分点设置问卷填写指导人员，为参与调研的人员提供细致的填写指导，最终完成整个问卷调查的制作—发放—收集—分析工作。

第三，访谈法。选取城市、农村的就业创业青年，企业、人力资源机构的相关从业者，政府单位相关工作人员进行一对一的访谈，针对访谈对象的不同，提前设计好访谈大纲。

（二）研究对象

本专题研究以14～35岁在杭青年为研究对象。研究数据来自2023年杭州市团校开展的"青年发展型城市建设中的杭州青年"调查以及搜集的相关职能部门统计数据。调查主要针对广大在杭青年群体进行了关于"就业选择""就业能力"等青年就业创业相关内容的调查。同时，课题组选择了21位青年开展就业创业方面的访谈，其中包含应届毕业生3名，城市创业青年5名，农村创业青年5名，政府单位相关工作人员5名，企业、人力资源机构相关从业者3名。

（三）杭州青年就业创业基本情况

1.择业时对工作稳定性的诉求显著上升

基于当前的就业环境，青年在择业时对工作稳定性的诉求显著上升，公务员、事业单位等"铁饭碗"岗位成为大量青年的首选。会计专业的应届毕业生陈某在访谈中提到："本来我是想去企业里工作的，但是目前就业形势这么困难，也有听到很多负面消息，我觉得还是应该听从父母的建议选择一个稳定的体制内工作吧。"刚进入某社区工作的曹某也表示："新冠疫情导致原来公司裁员，失业在家待了小半年，不想再去企业上班了，这次索性选了一个之前比较抵触的、觉得钱少事多的社区岗位，发现真香！"总体来看，编制类等传统意义上较为稳定的岗位对青年的吸引力较高，越来越多青年就业时流向原本被调侃为"大爷大妈工作的地方"的社区岗位。

杭州市政府公布的公务员招录计划也在一定程度上反映了这样的求职情况。近三年来公务员的招聘数量呈递增趋势，并大幅度向应届生倾斜。据统计，杭州市政府2020年计划考试录用公务员人数（2019年招考）仅为520名，2021—2023年计划考试录用公务员人数（2020—2022年招考）分别为758名、824名、859名（见图1）。可以发现，2020年颁布的次年公务员计划招录人数开始出现明显增长，并逐年递增。公务员招录是需要满足35岁以下的年龄限制的，可以说与青年就业需求直接匹配，结合当时的新冠疫情背景，企业岗位持续减少，党政机关岗位成为解决青年就业问题的重要选择，起到一个保障青年就业的兜底作用。

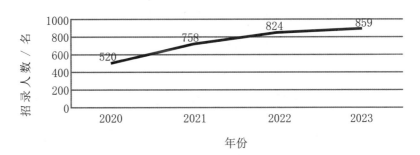

图1 杭州市计划考试录用公务员人数

此外，公务员招考岗位中仅对应届生开放的岗位数量在日益增长，对照公布的2020年杭州市公务员招录计划表可以发现，当时未有招聘岗位对考生作应届生身份的要求，但从2021年开始，对考生有了应届生身份的要求，且人数从2021年开始至2023年分别是315名、354名、397名，几乎占到了招录岗位的半壁江山（见图2）。进一步研究发现，绝大多数应届生岗位分布在淳安、建德、桐庐等地，表明公务员招考安排呈现一定的政策导向，引导青年前往基层就业，为乡村振兴贡献力量。

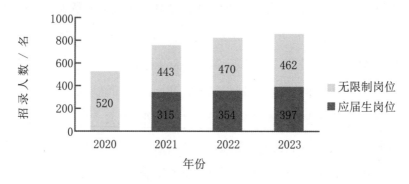

图2　杭州市历年公务员招录情况

2.收入不平衡，预期收入与实际收入存在较大差距

研究发现，杭州青年收入不平衡，多数青年收入偏低。受调研的杭州青年年收入在5万元及以下的占24.09％，在5万～10万元的占36.52％，在10万～20万元的占33.06％，在20万元以上的占6.33％（见图3）。整体上看，绝大多数青年的年收入在20万元以下，其中收入在5万～10万元之间的最多。值得一提的是，年收入在5万元以下的青年占到了受调研青年的五分之一，整体上看青年收入偏低，高收入群体是少数。

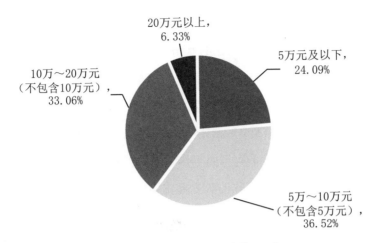

20万元以上，6.33%

5万元及以下，24.09%

10万～20万元（不包含10万元），33.06%

5万～10万元（不包含5万元），36.52%

图3　杭州青年的工作收入区间

　　青年的预期收入和实际收入存在较大的差异。电商从业者李某提到："杭州是全国电商之城，淘宝就在这，来杭州做电商之前我觉得月收入破万肯定没问题，但来了才发现远不是我想的。实际上刚入行也就五六千元的样子，多数人工作几年都在一万元以内挣扎，至于那些真正月收入破万元的，他们的收入可不仅是一万元，而是远超你想象。"很多被互联网、电商吸引来到杭州的青年在相关行业从业，实际收入并不高，但是他们往往都是带着很高的预期来到这座城市的。当预期收入与实际收入悬殊时，青年产生了巨大的心理落差，部分青年甚至会产生"躺平""佛系"等消极就业心理。直播行业从业者朱某提到："现在短视频平台上人均别墅、法拉利，月入百万元、年入千万元比比皆是，展示这些的都是青年，你叫其他年轻人怎么不眼红？"他的话从另一角度解释了青年高收入预期，也证实了一些网上炫富内容泛滥加剧了青年高收入预期的浮躁心态的现象，不利于个人当前从业和职业生涯的长期健康发展。

3.日均工作时间较长，加班成为工作"新常态"

调查结果显示，在参加工作的受访青年中，每天工作时间在8小时及以内的青年占到了39%，这就代表着有61%的青年每天工作时间超过8小时，其中每天工作8～10个小时的占到了42%，每天工作在10个小时以上的占到了13%（见图4）。我国劳动法规定劳动者每日工作时间不得超过8小时，平均每周工作时间不得超过44小时，调查数据显示，显然多数青年的工作时长是超出限制的。互联网企业从业者张某在访谈中提到："加班一两个小时都不叫加班了，是工作常态，哪天不是八九点了办公室里乌泱泱地坐满了人？"另一名企业从业者李某也表示："企业从不要求你加班，但是工作做不完你怎么走，与其回家做还不如在单位加班，现在单位和同事都太卷了，让人窒息！"不知道从什么时候开始，在多数青年眼中，能够正常上下班是较为罕见的事情，加班已经渐渐成为一种约定俗成的"新常态"。

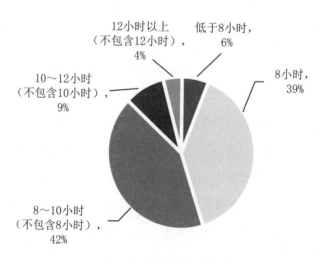

图4 杭州青年平均每天的工作时长

4.就业态度总体乐观，即时性因素影响择业

在受访的杭州青年中，无论是否已经就业，近八成的青年对找工作还是持有总体乐观的态度，认为无论如何能够实现就业。其中49.37％的青年认为个人自主性较强，能找到满意的岗位，37.56％的青年认为个体层面较为被动，只能跟随企业需求来找工作，仅7.11％的青年对就业持有消极态度，不认为能找到工作。虽然对找工作态度分为主动和被动，但是整体来看就业形势是向好发展的，青年总体持有乐观的态度，觉得能够实现就业。

在研究青年择业时考虑的主要因素时发现，薪酬福利成为选择频率最高的因素，有82.05％的青年选择了这个因素（见图5）。仅次于薪酬福利的两个选项分别是工作地点和发展前景，分别为62.22％和53.25％。相较于职业生涯长期发展，薪酬福利及工作地点这两个更为直观的因素被排在前列，可见青年在当前择业时会更加注重短期的、现实的、具体的条件因素，在即时性条件因素满足后才会考虑更长远的。求职者杜某表示："我现在找工作就关注两个，收入怎么样、在哪里上班，一个保障我的温饱，一个代表额外的工作成本，什么未来发展、职业晋升通通要排到后面。"在进一步的访谈中，笔者了解到，青年关心工作地点主要是出于通勤距离的考虑，在大城市中就业，通勤距离和通勤时间成为一个无法回避的话题，访谈发现一个小时以上的通勤时间会较大地削弱青年的求职意向。职业发展前景当然也是青年比较看重的因素，对该选项进一步分析可以发现，男性比女性更看重职业发展前景，而且学历越高的对职业发展前景看得越重。

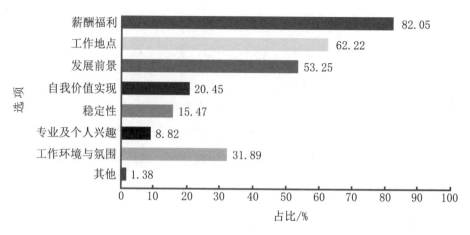

图 5　杭州青年择业考虑因素（选三项）

5.理性研判就业问题，期待政府等相关主体积极作为

青年能够理性分析当前的就业问题并采取措施。在探究青年对就业难的看法的时候发现，"经济形势不好，劳动力市场供大于求"成为青年选择的最主要看法，占到了57%。其次是"教育与市场脱节，供给与需求错位"，占到了21%，很多青年在访谈中提到学校教育与市场需求存在一定程度脱节，学校学的知识在工作中基本用不上等（见图6）。

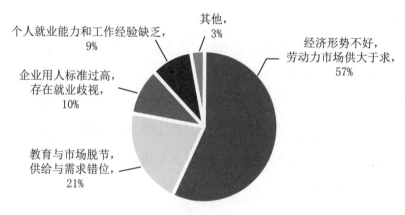

图 6　杭州青年对就业难的看法

基于上述情况，一些社会青年会选择参加交流培训等提高个人能力、提升自身劳动力价值，以期在劳动力市场竞争中脱颖而出。一些在校学生也开始做积极准备，主动报名寒暑假期间的社会实践、前往企业实习等。正如大一学生金某提到："学校教的到社会上不一定直接有用，不如多出去参加实习和社会实践，早点为以后就业做准备。"为了解决自身就业，还有部分青年选择回乡工作，在乡村振兴的大背景下，鼓励青年到基层就业同样成为一个好的办法。但研究发现，影响青年前往基层就业最主要的因素是个人发展受到限制，占34%。其次，有31%的青年认为待遇较差。有20%的青年对相关计划和配套政策措施的落实缺乏信心，还有11%的青年认为地方偏远，生活条件艰苦（见图7）。除了少部分青年害怕吃苦，影响多数青年前往基层就业的因素主要还是与长期职业发展相关，基层条件距离青年的需求还有一定差距。

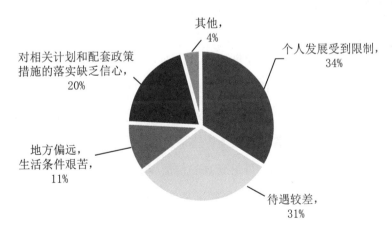

图7 影响青年前往基层就业的因素

　　青年普遍认为政府应该在就业方面积极作为，有79.69％的青年认为政府最应做的是完善青年就业创业政策体系，当前他们对相关政策的体系化、全面化感受不足。其次，青年对加强青年就业服务有较高需求，占65.31％。紧随其后的是加强青年就业权益保障，占47.44％；推动青年投身就业创业实践，占45.15％（见图8）。

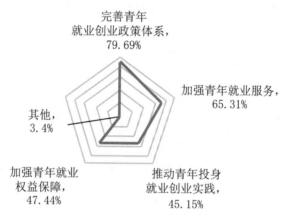

图8　青年希望在就业创业方面获得的政府扶持（选三项）

　　针对青年关注的就业创业政策，进一步调研发现，青年获取政策的渠道呈现集中性的特点，主要的渠道集中在微信、微博、抖音等平台，占到了39％。仅仅20％的青年会通过政府网站查询获取政策信息。通过报纸、广播、电视等传统平台获取政策的青年比例仅占全部青年的12％（见图9）。可见新兴的传播媒介成为就业创业政策宣传的主阵地，为政府进一步地开展精准高效的政策宣传提供了指引。

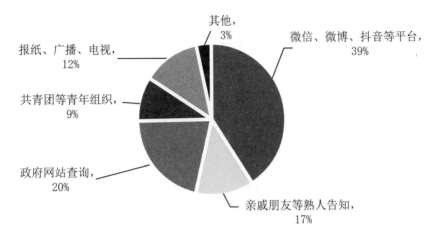

图9　杭州青年获取就业创业政策的渠道

四、杭州青年就业创业存在的问题及原因

（一）就业市场的供需矛盾日渐突显

1.应届毕业生数量逐年上升

据教育部公布的信息，2021年高校毕业生人数为909万人，2022年首次突破1000万人，为1076万人，2023年达到1158万人。与此同时，杭州作为人才净流入地，对高校毕业生的吸引力不断加大，未来将有大规模高校毕业生选择来杭留杭就业。通过对青年的调研发现，65.04％的受访者将造成现在就业形势的原因归结于"毕业人数过多，竞争过大"，远高于其他选项，也说明了市场上的就业供需矛盾由来已久，加快供给侧结构性改革迫在眉睫。

2.企业用人计划缩减

企业就业是大量高校毕业生的重要选择之一。中小微企业不仅是推动经济发展的重要力量，也是青年就业岗位的主要来源。在新冠疫情期间，中小微企业面临的生产经营压力更大，很多中小微企业无力转型调整公司业务，不得不采取更加保守的经营策略，缩小经营规模、减少招聘员工，通过裁员削减人力成本。新冠疫情虽然已经过去，但是疫情后复工复产的企业面临市场需求不足等问题，企业在一定时间内还将执行较为保守的招聘用人策略，即精简优化在职人员，减少需要长期培养的应届生的招聘数量，转而招聘急需的资深就业者。

（二）社会心理因素加剧了失业危机

1.社会面的青年失业趋势扩大

根据历年政府工作报告公开数据，2018—2022年全年全国城镇调查失业率平均值分别为4.9％、5.3％、5.2％、5.1％、5.5％。国家统计局官方网站公布的2018—2021年间城镇登记失业率为3.8％、3.6％、4.2％、4.0％。调查失业率和登记失业率计算口径略有差异，但两种失业率均处于较高的水平，趋势上有扩大的倾向。2023年一季度，全国城镇调查失业率平均值为5.5％，1—3月的每月数据的分别是5.5.％、5.6％、5.3％，其中16～24岁人口调查失业率分别是17.3％、18.1％、19.6％，而去年同期的数值为15.3％、15.3％、16.0％。可见青年人群失业率继续走高，这显示出青年群体的就业压力仍在加大。

2.青年求职就业的渠道不通畅

广受推崇的各类线上"云招聘"活动虽然在某种程度上突破了时空限制，但线上的招聘手段、平台机制仍不够成熟完善，存在岗位匹配度低、信息触达率低等诸多问题，实际的转化效果相对较差。通过调研发现，70.27％的受访者将政府或学校组织的各类线上线下招聘活动作为接受招聘信息的渠道来源，倾向于较为传统招聘渠道。新冠疫情后各类线下招聘会如同雨后春笋层出不穷地开展，有各级地方政府、机关单位组织的，有企业、社会团体组织的，也有高校或是学生社团自行组织的，种类虽多，却良莠不齐，整体来看多是各自为战、缺乏统一规划。宣传的有效性和精准性不足，难以真正覆盖需求群体。

3.心理问题导致青年主动"被"失业

面对就业压力，部分学生采取观望"慢就业"的形式，希望通过"慢就业"来做更多就业准备，但也容易受到"躺平""佛系"等思想影响，把"慢就业"拖延到"懒就业""不就业"，对就业产生消极态度。调查发现，基于当前的就业环境，68.68％的在校学生倾向于选择考研、出国留学、继续观望，仅10.28％的学生选择到企业就业，说明了较多的同学倾向于"慢就业"，而不是毕业即就业。此外，"学历是脱不下的长衫"等说法一度成为热门话题，"长衫困境"——因为高学历而不愿"自降身份就业"导致长期待业，成为这一时期困扰青年就业的难题。其实在高等教育大众化的今天，高等教育不再是精英教育，但长期以来受传统就业观念影响，部分大学生及其父母的就业期望仍侧重于传统意义上有地位、待遇好的工作。

（三）青年就业创业的能力不足

1.就业青年技能、观念与劳动力市场需求不匹配

许多青年在求职过程中匆忙就业，工作岗位难以与自身所学技能完全匹配，长期来看会影响其就业稳定性。一方面，许多学生在校期间未作出长远的职业规划，未树立正确的求职就业观念，对职位和薪酬的要求与市场需求脱节，增加了求职就业的难度。高校老师张某在访谈中提到，目前学校学生存在"结构性失衡"的现象，往往眼高手低，就业能力和就业观念不匹配市场需求，校方虽然积极采取职业生涯培训等方式引导学生正确就业，但是实际效果不佳。另一方面，高

等教育的培养内容、方式存在问题，院校培养的人才不能适应时代需要，知识水平和实践能力与岗位所需有较大差距，进一步促进学社连接，推进高校教育改革迫在眉睫。

2.青年应对创业风险挑战的能力不足

受互联网资讯的影响，越来越多高校毕业生将创业当成是解决就业的方式，选择当下火爆的行业进行创业，如奶茶店、猫咖、剧本杀店等，但缺乏市场调查和前期研判，只是盲目从众，面对大量同质化市场竞争鲜有走到最后的。青年创业企业基本为初创企业，体量规模相对较小，流动资金相对较少，对抗风险能力较弱，市场需求缩紧、客流减少、场地租金上涨等都很可能成为"压倒骆驼的最后一根稻草"，创业者短期内无法实现预期收益只能宣告破产。相关调研也证实了90.7%的受访者对当前的创业形势呈消极态度，认为当前创业的困难较多，其中更是有21.57%的受访者明确表示当前不适宜创业。

3.新业态就业青年抵御风险的能力不足，缺乏就业保障

平台经济灵活就业者与平台之间未签订正规的劳动合同，平台难以保证灵活就业者获得劳动任务和取得劳动收入的稳定性。尽管这种就业形态相对自由灵活，收入也更有吸引力，但我国目前的就业保护和社会保障体系主要针对的是有明确雇佣关系的就业群体，在数字经济领域灵活就业的人员某种程度上游离于体系之外，导致这些劳动者的抗冲击能力较弱，合法权益难以得到充分的保障。目前，平台经济灵活就业受到青年广泛青睐，以快递物流行业为例，杭州市快递行业及物流行业现有35岁（含）以下青年4万余人，其中签订劳动合同的仅有1.5万余人，有数量较为庞大的新业态就业青年缺乏就业失业相关的保障。

五、促进杭州青年就业创业的相关建议

（一）营造氛围宽松向好的就业创业环境

1. 加强顶层设计，发挥政策指导作用

加大政策支持广度，提升政策兑现效力，科学部署企业复产增能。加强政策逆向调节的针对性，通过财政政策、货币政策与就业政策协同发力，对前期受新冠疫情影响严重、当前复工复产不充分的行业、企业加大扶持力度，加强规划指导，促进企业良性发展及市场整体复苏。必须发挥好党在就业问题中总揽全局的作用，顶层设计、协调各方、调度推进促进高质量就业。围绕杭州市委、市政府决策部署，2023年由市人力社保局、市财政局联合发布的《杭州市人民政府关于推进高质量就业工作的意见》通过鼓励企业等用人单位发挥作用，激发高校毕业生等重点人群创新活力，提升人力资源服务机构等社会力量服务成效，支持企业开展技能培训，鼓励劳动者开展职业培训，完善职业培训激励机制等维度的具体政策举措，力图构建具有杭州特色的高质量就业创业体系，具有现实指导意义，极大增强企业经营、劳动者就业等市场主体的信心和动力。

2. 稳定企业就业，以企业为核心扩大就业

通过减税降费提供担保贷款，为企业"减负"，支持降低企业用工成本，如符合要求的企业，可以根据吸纳就业的重点人群及失业人员数量申请最高不超过300万元的担保贷款。持续对特殊行业、企业用人进行重点扶持，帮助企业减少裁员，精准帮扶中小微企业，继续落实吸纳就业补贴、以工代训补贴等其他吸纳就业的奖励补助，推动产业部门联动，开展企业需求调研，灵活调整帮扶措施，支持中小微

企业渡过难关，发挥其在增加青年就业岗位中的关键作用，如杭州市规定小微企业（社会组织）新招用毕业两年内的高校毕业生，按其实际缴纳社保三费之和给予社保补贴。大力支持企业调整产业结构、经营模式，促进转型升级。鼓励企业转产或增添生产线，建立平战灵活转换的生产机制，紧抓行业刚需，以大带小、以老带新，抱团度过"困境"。运用大数据、物联网、人工智能等技术，促进产业数字化转型升级，延伸出更多的新经济增长点，带动就业需求。

3.扩大就业宣传，营造良好就业氛围

一方面构建以主流媒体为主，青年关注的微博、微信、抖音、快手、小红书等为辅的立体化新媒体矩阵，发挥诸如"杭州人才市场HZRC""杭州就业"等公众号，"人才杭州"小程序的作用，宣传政府的扶持政策和企业岗位需求，引导全社会形成关心关爱青年就业的氛围，帮助青年树立就业、失业再就业的信心。另一方面要将人才来杭就业优惠政策落到实处，让真金白银的人才政策成为青年在杭高质量就业的坚实保障。许多青年千里迢迢来杭就业，正是因为在各种媒介渠道看到的优渥人才政策，如对来杭州就业创业的本科学历以上毕业生发放本科1万元、硕士3万元、博士10万元的生活补贴，对在杭州西部县（市、区）工作满3年的大学生再给予相同额度的一次性生活补贴，这些补助政策让外来青年有信心和底气在一个新城市扎根。同时，各县（市、区）在市一级人才政策的基础上制定符合地方区位特点的具体化、差异化的细化政策，如一些县（市、区）基于市级A至E类高层次人才引进奖励，形成了符合地区产业发展要求的"F类"人才引进的补充政策，在区位人才竞争中凸显地域优势，也能适应就业市场差异化的就业需求，间接提升了人才政策的覆盖面。

（二）优化服务就业创业的手段

1.创新人才服务，优化服务载体

杭州连续多年位居全国人才净流入首位，致力打造全球人才蓄水池，要统筹规划、逐步打造形成有影响力的品牌IP。杭州市委人才办、市人力社保局自2022年推出"青春潮创 杭向未来"的品牌IP以来，以品牌为核心整合全市服务人才的资源，更加体系化开展人才工作。2023年推出的"青春潮创季"青年人才创新创业系列活动，围绕"潮聚杭州""潮创杭州""潮趣杭州""潮鸣杭州"四大主题，开展吸引青年、集聚青年、助力青年创新创业的活动，让城市互动式宣传与创新人才服务相得益彰。各级政府部门围绕市委、市政府人才战略，积极提供创新载体和服务，聚焦青年"住"的问题。早在2015年，共青团杭州市委与市住保房管局就联合打造了全国首个依托公租房建设的"居住＋创业"新型示范区——"住创1215"，积极探索"楼上居住，楼下创业"的新型众创空间模式，成为外地青年来杭第一站。近年来，上城区、西湖区、钱塘区和临安区等地纷纷推出过渡期的青年人才驿站、七天免费酒店、精装人才公寓等保障服务，有效解决了初来杭州就业创业的青年过渡期住宿问题。2021年杭州出台的《关于将人才专项租赁住房项目纳入中央财政支持住房租赁市场发展试点专项资金支持范围的通知》，为各单位的"住"创新提供保障，使其能在此基础上围绕来杭青年"吃、行、职、创、学、情、评"做更多新文章。

2.发挥数字优势，实现数字驱动就业

杭州作为数字经济第一城，以数字经济创新提质"一号发展工程"为牵引，积极运用数字技术为就业服务提供便利。在各类的就业创业补贴申领方面，目前杭州均已实现"全网上、零现场"的办理，做到线上申领、自动审核、实时拨付的"智能秒办"。据统计，2022年共发放包含大学生房租补贴、创业项目资助等生活补贴6.9万人次，合计5.63亿元。精准服务青年群体，需要开发数字应用，探索"互联网+就业"平台等新举措。如共青团杭州市委开发的"You-In杭州"小程序，通过数字化工具重点满足海归留学生实习就业生活需求，累计上线杭州名企29家，招聘岗位9327个，2022年以来累计开展各类人才服务活动百余场，覆盖对口青年6000余人；拱墅区试点建设的"浙里猎头"应用，注重挖掘人力资源中介机构潜能，重点接入中国杭州人力资源服务产业园等相关数据信息，可向猎头机构精准派单，做到了政府有为与市场有效的有机结合，通过数字赋能提升人才配置"成功率"；还有针对灵活就业者和零工市场开发的小程序"星工驿站"，汇集了全市大量相关岗位，满足相关灵活用工需要。据统计，截至2023年3月，"星工驿站"小程序平台上已有企业发布岗位2597个，登记求职者24986人，累计实现就业10005人次，为灵活就业群体创造增收446万元。此外，还需加强就业资讯、就业App整合与管理，逐步打通"信息孤岛"，消除就业信息零散分布、就业App纷繁复杂的情况，并利用AI、大数据等技术实现信息整体统筹、分层分类和精准推送，以满足对口需求。

3.实施精准帮扶，提供必要劳动培训

加强全市就业资源整合力度，避免促就业行动陷入各自为战，稳步提升线下就业服务保障这一基本盘，引入更多市场主体参与到做大做强就业服务的过程中，同时鼓励各单位探索开发"互联网+就业"新模式新手段，打破常规思路，实现就业创业信息高效流转、资源高效调配的新图景。创新优化就业面试方法手段、平台机制，提升就业转化效率，如举办跨越时空局限的线上云聘会，开发应用"脉脉"等人脉关系转化的社交式招聘应用场景，为求职者提供真实工作场景的"模拟就业"机会，等等。加强职业教育、技能教育，为不同年龄层次、就业阶段的青年创造培训机会，满足青年群体自我提升的需求。结合新业态发展对劳动力能力的要求，整合社会资源，提供定制化的专业培训，开发青年群体的劳动技能，以新的就业增长点促进劳动力结构的转型升级，培养市场需要的专业性人才。杭州市2013年就出台了《关于推进杭州市高技能人才公共实训基地体系建设的通知》，为技能人才培养提供必要的场地支持、师资培训、业务指导。随着基础设施逐步完善，"振兴杯"全国青年职业技能大赛（学生组）等赛事纷纷落户杭州，吸引全国各地技能青年赴杭参赛，成为杭州又一金名片。此外，杭州市2022年出台了《关于印发杭州市职业技能竞赛管理办法（试行）的通知》，进一步明确技术能手认定、奖金等激励措施，科学规范职业技能竞赛活动，也为技能人才来杭留杭提供更多有利条件。

（三）形成就业创业全生命周期管理

1.强化源头治理，推动教育与就业深度融合

搭建高校与中小微企业的对话平台，加强校企合作，积极推动定向委培、企业提前实习等举措。通过校企联合培养，引导学生通过实习提前接触就业大环境，储备就业必要的工作技能，解决教育与就业脱节引发的问题。指导高校课程安排，推动高校提早设置职业规划类、社会实践类课程，定期开展就业模拟招聘会、面试模拟等活动，帮助学生提前熟悉求职情景，做好就业准备。发动学生参加"互联网+"、挑战杯大赛等创新创业大赛，通过赛事选拔形成优势项目，推动大学生创业就业。利用假期开展支农、支教、扶贫等社会实践活动，加深

学生对三支一扶、援疆、援藏等工作的理解，拓宽毕业后就业面。共青团杭州市委依托团组织力量，成立各级杭州学子工作站，挖掘在校学生骨干参与到人才举荐、实习就业宣讲、政策推广和招聘活动中，结合暑期全市"万朵浪花"实习计划，发动学子参与暑期社会实践活动。2022年来联动属地国企、青联委员企业、青企协会员企业提供3000余个实习见习岗位，并推动在杭知名企业建立实践基地，为在校学子提供就业实习补贴。

2.畅通就业渠道，提供兜底保障

拓展劳动力市场供求双方对接渠道、对接形式，将合理合规的用工需求及时传递给劳动者，尽可能消除信息差，促进促成双方无障碍沟通。全力开发和落实政策性就业岗位，以政策性岗位的吸纳作用来稳固高校毕业生的就业基本盘。注重发挥人力资源服务机构等社会力量的作用，给予政策支持这类机构开展人岗供需匹配服务，促进高校毕业生等各类青年群体就业。如杭州为登记注册的人力资源机构等市场主体提供余缺调剂就业创业服务补贴，机构参与政府组织的企业间、地区间劳动力余缺调剂，帮助失业职工再就业，可申请500元/人的一次性就业创业服务补贴。进一步加强就业市场法制化管理，完善制度法规，加强对就业平台、就业行为的合理约束，及时肃清不利于劳动力市场健康发展的消极现象。关心长期待业群体、失业群体等重点群体就业情况，如共青团杭州市委持续开展一般院校低收入家庭毕业生就业帮扶计划，2023年以来帮助80名往届毕业生顺利找到工作。此外，还应关心关怀青年就业心理，正视就业过程中滋生的心理问题，通过设置公益心理资讯站、开办心理讲座、提供一对一咨询等服务，为不同类型的青年提供心理健康评估、压力疏导、职业问诊等服务，加强青年的心理建设，帮助青年形成成熟的就业观念，克服焦虑情绪，提高职业抗逆力。

3.探索灵活就业，鼓励新业态就业、再就业、返乡创业

鼓励青年继续探索灵活就业的新举措新形式，通过即时配送、直播带货等新业态落实就业和再就业。要结合新业态发展需要完善相应政策法规，灵活调整政策方针，广为搭建服务平台，增强相关从业者抵御风险的能力，通过精准帮扶打造良性新就业形态生态环境，例如落实灵活就业人员补贴补助，健全完善失业保险保障范围，帮助重点行业及群体渡过难关。杭州市人力社保局、市发改委、市商务局等10个部门于2022年5月联合印发《杭州市维护新就业形态劳动者劳动保障权益实施办法（试行）》，进一步加强了相关行业从业管理，使新业态就业更科学、更有序，同时也进一步加强新就业形态劳动者劳动保障权益保护，更具体界定和保护从业者的劳动报酬、休息权、技能培训、社会保险、劳动仲裁机制等权益。此外，各类政策性岗位向基层倾斜的比例越来越高，支持青年走向基层，返乡就业创业，不失为解决就业的好办法。如共青团杭州市委积极为青年返乡创业提供支撑，打造径山书院等100多家示范性青创农场，通过专业化服务和社会化运作方式，为返乡创业青年提供就业创业平台基地；共建涉农创业园，集聚回乡创业的青年人和大学生创业团队，从基础设施、政策保障、服务平台等方面着手，给农创客提供全方位的孵化服务；开展"村村都有好青年"等返乡创业就业青年典型模范选拔活动，鼓励青年农创客用创业带动农村人员实现再就业，促进共同富裕。

（四）健全创业风险防控机制

1.启动创业评估，提供创业指导

以政府为主导建立创业市场的监管体系，成立公益性质的创业评估类社会组织，避免创业市场无序乱入，为创业者及创业项目保驾护航。成立政府背景的产业创投基金会，结合产业链转型方向和区位发展规划，定向扶持创业项目，为创业者提供方向指引。鼓励引导青年锚定后疫情时代崛起的新赛道，支持青年结合社会发展趋势，在大数据、人工智能、乡村振兴等方面进行创业。杭州市从2008年起就开始扶持大学生创业，目前已经形成自主、场地、融资、培育等一系列支持政策，其间先后制定实施5轮大学生创业三年行动计划，构建集大学生生活补贴、创业项目资助、场地补贴和创业担保贷款等的"一条龙"政策扶持体系，着力破解大学生初创企业"无资金、无场地、无经验、无人脉"的"四无"难题。此外，应重视为青年创业者提供相应的创业培训和咨询服务，鼓励有能力的高校、教育培训机构、行业协会等编制专项培训计划，开展创业培训项目，提升创业和应对创业风险的能力。2023年6月，杭州市人民政府办公厅印发《杭向未来·大学生创新创业三年行动计划（2023—2025年）》，除了细化生活补贴、租房补贴等七个板块的优惠政策，还为在杭高校大学生提供参加大学生创业"双营计划"（大学生创业训练营和杭州大学生创业实践营）的机会，有效帮助在校大学生丰富创业知识、提升创业技能、积累创业经验、提高实战能力。

2.整合创业资源，提升创业孵化能力

整合全市创业资源，为创业者提供人员、资金、场地等各类支持。如设立青年创业担保贷款、担保基金，建立青年创业担保贷款风险补偿机制和激励机制，帮助青年创业者解决资金困难，通过政府牵头，将空置写字楼低价租赁给初创型企业，解决场地问题。根据杭州政策，对来杭州租赁办公用房的创业大学生给予3年最高10万元经营场所房租补贴；毕业5年内或在杭高校大学生的创业项目，经评审可获得最高50万元的无偿资助。杭州还通过不断拓展、升级大学生创业园，以大学生创业园为重要载体，营造良好的创业环境，依托全市产业园区、科技园区、高校资源，采取"一区多园""一园多点"等方式，建立起覆盖全市、功能完善的大学生创业园，提供"一站式、全方位"创业孵化服务。据统计，截至2023年5月，杭州共建立市级大学生创业园24家，市级创业陪跑空间39家。其中，国家级创业孵化示范基地2家，省级创业孵化示范基地14家，入园企业1562家，累计孵化成功6963家，带动就业4万余人。同时，为电商、文创等特色创业方向提供定制化的培训孵化服务，如共青团杭州市委自2011年启动开展文创、跨境电商培训孵化工程，提供专业化创业培训辅导以来，先后举办44期文创培训班，5期跨境电商培训班，共培育文创和跨境电商大学生创业者2500余人。

3.推动创业反哺，鼓励创业带动就业

持续追踪创业成功的企业发展状况，促进企业强强联合，挖掘新的业务增长点，推动企业立足实际适时扩大规模，提供更多就业岗位，落实稳定就业的社会责任。适时成立各类创业者协会，建立"老带新"的创业合作机制，邀请创业成功人士进校园、进园区为初创者分享经验，实现创业反哺。如共青团杭州市委实施杭州大学生创业"未来之星"培养计划，每年优选大学生创业者，并从知名企业家、往期优秀培训学员中聘请创业导师，为创业新人提供讲座沙龙、一对一结对指导等服务。给予政策倾斜，发挥创业带动就业作用。如重点人群在杭州市创办企业，带动就业3人（不含补贴对象）以上，且为其依法连续缴纳社会保险费12个月以上的，可享受每年2000元的创业带动就业补贴，在带动3人就业的基础上，每多带动1人可再享受每人每年1000元补贴，每年补贴总额不超过2万元。此外，杭州还鼓励高校毕业生到养老、家政服务、现代农业领域创业，带动2人以上就业且符合要求的，三年分别给予5万元、3万元、2万元的创业补贴。

参考文献

[1] 柏龙彪，张端，龚旖凌.高校青年学生就业价值取向演绎特点与引导策略探析[J].内江科技，2017（4）：80–81，56.

[2] 陈蓓丽，曹锐.城市失业青年群体特征及失业影响因素分析——基于延迟满足理论的解释[J].华东理工大学学报（社会科学版），2021（4）：103–111.

[3] 陈天赋.共青团如何更好的服务于青年就业创业工作[J].赤子（中上旬），2017（6）：10.

[4] 崔伟，鲁波.发挥高校共青团优势促进青年学生就业创业[J].企业导报，2014（21）：105，107.

[5] 董旭冉.共青团组织在市域社会治理现代化进程中的定位和参与路径研究[J].广西青年干部学院学报，2021（4）：45–48.

[6] 方木欢.粤港澳大湾区港澳青年创业的政策机制与优化路径[J].青年探索，2019（5）：84–91.

[7] 桂桢.中国青年就业政策[J].中国就业，2012（12）：6–7.

[8] 洪亮.高等教育大众化背景下的大学生就业现状及对策[J].才智，2011（7）：245.

[9] 侯艺.保就业背景下青年就业现状研究[J].中国青年研究，2020（9）：107–112.

[10] 胡丹，蔡续.共青团服务于高校就业创业一体化教育新职能的探讨[J].教育与职业，2011（30）：30–31.

[11] 李建一.以自我革新的勇气推进共青团创新发展——学习习近平总书记在中央党的群团工作会议上的重要讲话[J].江西青年职业学院学报，2015（6）：5–8.

[12] 李晓庆，刘威.青年思想特点与行为模式的现实观照及反思[J].上海行政学院学报，2019（2）：99–105.

[13] 李月荣.新时期高校共青团协同做好大学生就业的途径探索[J].文化产业，2021（19）：82–84.

[14] 廉思."尼特族"的群体特征及行为动机研究[J].人民论坛，2021（1）：84–87.

[15] 刘莹.国有企业共青团组织促进青年发展中的问题及对策研究[J].现代经济信息，2019（13）：425.

[16] 宋金阳.在机遇与挑战中就业创业的广州青年[J].北京青年研究，2020（4）：61–68.

[17] 孙妍.青年就业特征及变动趋势研究[J].中国青年研究，2022（1）：5–10.

[18] 王龙.加强灵活就业青年社会保障的政策建议[J].传播力研究，2020（9）：138，140.

[19] 习近平.高举中国特色社会主义伟大旗帜　为全面建设社会主

义现代化国家而团结奋斗——在中国共产党第二十次全国代表大会上的报告[M].北京：人民出版社，2022.

[20] 习近平.论党的青年工作[M].北京：中央文献出版社，2022.

[21] 许骊.我国青年就业政策及其政策分析[J].劳动保障世界（理论版），2012（11）：58-61.

[22] 杨光秀.新时代青年面临的机遇，挑战及对策研究[J].和田师范专科学校学报，2019（6）：21-25.

[23] 张良驯，付成梅."孔乙己文学"背后的青年就业困境与疏解[J].中国青年社会科学，2023（4）：11-20.

[24] 周巍，林晶晶，何演，等.青年参与共青团活动的载体设计及路径创新——以共青团促进青年就业创业为例[C].新形势 新思路 新改革——全国学校共青团2017年学术年会优秀论文集.北京：共青团中共学校部，2017.

[25] 朱妍妍.新媒体背景下高校共青团工作发展路径探析[J].科技经济导刊，2017（15）：233-234.

杭州外来青年社会融入状况研究报告

杭州师范大学　万燕

摘　要： 流动人口社会融入的顺利与否，直接关系人口流动的健康性、新型城镇化建设的稳定性，已成为"以人为核心"的新型城镇化的核心要旨和重要检验标尺。报告基于获取的有效样本数据，借鉴城市适应理论和社会嵌入理论，着力探究杭州市外来青年的社会融入状况。结果显示：外来青年的结构性融入和文化性融入略高于平均值，且具有显著的维度差异性。社会融入过程中，城市偏爱度最高，习俗获得度次之，心理认同度最低。制度适应方面具有显著的程度差异，具体表现为就业政策＞户籍政策＞医保政策＞教育政策＞住房政策。其中，就业政策适应度最好，普遍认为杭州市就业政策、就业环境能支持个人的发展，但在当下最关心的问题中，个人收入和发展前景却位列前茅；住房政策适应度最低，不满意度最高，不清楚比例也最高。社会参与方面，外来青年在杭州有一定程度的参与，但参与意愿与实际参与情况不匹配，参与程度存在较显著的差异。

关键词： 社会融入；制度适应；社会参与；外来青年群体

　　《中华人民共和国国民经济和社会发展第十四个五年规划和2035年远景目标纲要》明确指出，健全市民化配套政策体系，加快推动农业转移人口全面融入城市。流动人口社会融入的顺利与否，直接关系人口流动的健康性、新型城镇化建设的稳定性，是影响一个地区经济社会稳定与发展的重要因素。因此，我国新型城镇化建设十分重视流动人口的社会融入问题，流动人口的社会融入业已成为"以人为核心"的新型城镇化的核心要旨和重要检验标尺、未来新型城镇化发展战略的核心内容。现实中，流动人口社会融入困难的问题仍然较为突出。他们在市民化过程中常处于弱势地位，仅是单向地适应城镇生活，制约着其市民化的实现和新型城镇化发展质量的提高。近年来，随着相关法律的完善以及配套政策的实施，流动人口社会融入的意愿和能力虽有所提高，但全面融入城市的困境在制度适应、社会参与方面表现得较为突出，大多数人并未完全接受城市文化，在行为方式上同城市居民也存在较大的差异，传统的思维方式、生活观念和行为习惯尚未被彻底放弃，这在一定程度上阻碍了其"继续社会化过程"。如果没有在日常行为方式、生活方式等社会层面融入城市，其经济融入也会受到影响，从而强化其在城市的边缘地位。因此，流动人口的社会融入问题不论是理论上还是实践中，都值得进一步讨论和关注。

一、研究背景

　　社会融入是一个不断累积的过程，需要逐步实现经济整合、文化接纳以及行为适应，最终达到身份认同。学界对社会融入的现状、困境、能力等展开了丰富研究并取得了一定研究成果。在研究对象上，新生代农民工、流动青年、新生代乡村教师、知识型新移民、外卖员、随迁老人、数字弱势群体、残疾人等群体的社会融入情况皆得到了一定关注；在影响因素上，研究表明户籍性质、数字技能、有无配偶、与子女沟通频率、居住地区异质性、人际幸福感、生活质量、受教育程度、居住意愿、就业身份、社会参与等都对社会融入有一定影响。社会融入是一个多维度的概念，从城市适应理论来看，外来青年流入城市后，在适应城市经济状况、文化习俗、社会氛围等方面面临诸多的困难和挑战。根据社会嵌入理论，经济行为是一种社会行为，个体的经济行为及后果均嵌入在特定的社会关系网络和社会情境之中，外来青年流入城市后，需要在新的社会情境中建立起新的社会关系网络，以此加速社会融入的进程。笔者梳理文献资料发现，以往的研究大多聚焦于流动人口整体或某个行业、职业人群。党的二十大报告提出："全党要把青年工作作为战略性工作来抓，用党的科学理论武装青年，用党的初心使命感召青年，做青年朋友的知心人、青年工作的热心人、青年群众的引路人。"①杭州市委、市政府历来高度重视青年工作，把青年发展纳入杭州市"十四五"规划纲要，率先出台《杭州市中长期青年发展规划（2020—2025年）》，在市县两级全覆盖建立青年工作联席会议机制，持续优化青年发展环境，广大青年获得感、幸福感、安全感明显增强，为广大杭州青年提供了干事成事、实现人生价值的广阔舞台。杭州陆续推出一系列暖心政策举措，努力为外来青年解决后顾之忧，让广大外来青年在杭州宜居宜业，融入杭州发展。2022年4月，中央宣传部等17个部门联合印发《关于开展青年发展型城市建设试点的意见》，并把杭州列为首批试点城市。因此，本报告聚焦杭州市

① 习近平.高举中国特色社会主义伟大旗帜　为全面建设社会主义现代化国家而团结奋斗——在中国共产党第二十次全国代表大会上的报告[M].北京：人民出版社，2022：71.

流动人口中的青年群体开展重点研究。青年是流动人口中的重要群体，青年流入城市后的社会融入状况如何，制度适应、社会参与对流动青年社会融入的影响机制等问题仍有待进一步讨论。

根据2022年中国统计年鉴数据，2021年浙江省人口总数6540万人，位列全国第八；住本乡、镇、街道，户口在外乡、镇、街道，离开户口登记地半年以上的28708人，位列全国第三（2021年全国人口变动情况抽样调查样本数据，抽样比为1.058‰）。杭州市2021年年底常住人口1220.4万人，占全省总人口数的18.66%。杭州历史文化悠久，自然环境宜人，城市建设发展迅速。近年来，杭州成为最吸引年轻人的城市，物质文明的丰厚积淀、精神文明的深厚底蕴、社会文明的优良风尚都对年轻人充满吸引力。在引才政策、营商环境、社会文明等各种因素的相互作用下，杭州对青年人才的吸引力不断增强。2022年，全市新引进35岁以下大学生34.7万人，留杭博士2100名，新增高技能人才5.02万人，连续12年入选外籍人才眼中最具吸引力的中国城市；2023年，杭州引进35岁以下大学生目标数量为35万人，主要从事数字经济领域。杭州作为一个人口大市，每年新增常住人口近百万人，其中流动人口是个庞大的社会群体。2022年浙江省统计年鉴数据显示，2021年杭州市住本乡、镇、街道，户口在外乡、镇、街道，离开户口登记地半年以上的622.1万人，占全市总人口的1/2。流动人口从一地流入另一地，面临着诸多的问题和困难，如陌生生活环境的适应、管理制度的熟悉、社会关系网络的建立和经营、社会氛围的融入与文化的交流等。归结起来，就是面临着社会融入的问题。社会融入是一个多维度的概念，也是一个不断累积的过程，主要表现为基本生存需求的"结构性融入"与高级发展需求的"文化性融入"两个维度。在"结构性融入"方面，普遍认为，户籍制度等因素是制约流动人口社会融入的本源性制度因素。尽管很多学者对社会融入的影响机制等内容进行了多元化的研究，但是，关于户籍制度等制度适应因素对流动青年社会融入的影响机制等问题有待进一步深入讨论。因此，在杭州市外来青年"结构性"社会融入方面，研究主要聚焦于外来青年的制度适应情况。此外，社会融入是个体决策的意志体现，不仅是制度约束或经济理性的结果，其决策过程往往还会受到其所在社会关系网络和社会结构的影响。因此，外来青年参与城市的各类社会活动或社会组织是其"文化性融入"的一个重要方式。只有在社会参与过程中，外来青年才能不断加深对城市文化的认识，增进对城市居民行为方式、生活方式的了解，从而推动其社会融入进程。同时，外来青年自身的行为也发生着转变，具体表现在与城市居民行为方式的相似程度逐渐提高，社会身份开始发生转变，自身文化、价值观得到重塑等多个方面，这一过程是外来青年归属感与认同感的"外化"。制度适应、社会参与等是社会融入的关键环节，也是其与城市建立联系的重要过程。一直以来，杭州市大力提升流动人口的社会融入度，但其社会融入程度如何？所采取的政策措施是否有效果？外来青年在杭的社会参与度如何？哪些因素对其产生了重要影响？这些都有待进一步探究。基于此，本报告借鉴城市适应理论和社会嵌入理论，一方面，探究杭州市外来青年对现有制度，包括户籍政策、就业政策、教育政策、医保政策、住房政策等的适应情况；另一方面，探究杭州市外来青年的社会参与水平，以期为促进外来青年社会融入、提高市民化水平，完善各类制度，提升新型城镇化发展质量等提供参考。

二、数据来源及样本概况

（一）数据来源

本报告的样本数据于2023年7—8月在浙江省杭州市调研获得。根据浙江省2022年统计年鉴数据，2021年杭州市常住人口数1220.4万人，其中青年人口占比约40%；住本乡、镇、街道，户口在外乡、镇、街道，离开户口登记地半年以上的622.1万人，占全市总人口的1/2。基于此，本报告聚焦于杭州市流动人口中的青年群体，主要以目前生活在杭州市的外来青年（指离开户籍所在地到杭州市学习生活的18～35岁的人群）为调查对象。为了提高参数置信度，同时考虑人力、物力、财力等约束条件，通过随机抽样选取样本开展调查研究。整个调查研究采用问卷调查加个案访谈的方式进行，在广泛进行问卷调查的基础上，选取部分外来青年作为个案案例进行深度访谈，访谈对象的政治面貌为团干部、团员、群众等，职业包含公务员、事业单位职工、企业职工等（见表1）。

表1　样本描述

变量		占比	变量		占比
性别	男	34.30%	婚姻状况	未婚无对象	64.60%
	女	65.70%		未婚有对象	16.40%
年龄	23 岁及以下	42.15%		已婚	19.00%
	24～27 岁	21.07%	来杭时间	不到 1 年	12.60%
	28～31 岁	19.22%		1～3 年（含 3 年）	46.90%
	32～35 岁	17.56%		3～5 年（含 5 年）	8.90%
文化程度	高中及以下	7.22%		5 年以上	31.60%
	大专或本科	70.18%			
	研究生及以上	22.60%			

（二）样本群体概况

性别和年龄构成：女性居多，以23岁及以下的青年为主。在此次参与调查的外来青年中，男青年占比34.30％；女青年占比65.70％。其中23岁及以下青年占比42.15％；24～27岁占比21.07％；28～31岁占比19.22％，32～35岁占比17.56％。由此可见，女性青年居多，且年龄以23岁及以下为主。这反映出外来青年的整体年龄偏低。

文化程度和婚姻状况：文化程度以大专或本科为主，相对而言整体文化程度较高。在调查样本中，7.22％的外来青年具备高中及以下文化程度，占比最少；大专或本科文化程度占比70.18％，占比最高；研究生及以上学历占比22.60％。和以往相比，杭州市外来青年文化程度有很大提升，这与我国整体学历水平提高有关，一定程度上也反映出杭州市对人才的吸引力及人才引进政策的实效性。近年来，杭州市大力推进人才引进计划，且主要集中在高学历水平青年的引进上。婚姻状况以未婚无对象为主，占比达64.60％，未婚有对象青年占比16.40％，已婚青年占比19.00％。整体婚姻水平较低，绝大多数外来青年达到婚配年龄但处于未婚无对象的状况。这一结论与当前我国婚育情况相适应，一定程度上投射出当前我国婚育率低的现实困境。

来杭时间和人员流出地方面：整体来杭居住时间较短，流入人群以浙江省内其他地方为主。调查结果显示，来杭州居住1～3年的青年最多，占比46.90％；其次是5年以上，占比31.60％；再次是居住不到1年的青年，占比12.60％；来杭居住3～5年的最少，占比8.90％。来杭时间不同，社会融入阶段不同，制度适应度和社会参与度也不同。调研发现，来杭5年以上的人群制度适应度和社会参与度均显著高于来杭时间不到1年的青年。来杭人员流出地方面，从浙江省内其他地级市流入杭州的青年最多，占比达51.90％，超过半数；外省次之，占比48.10％。这与我国的"人情社会"有一定关系，较多外来青年在选择流入地时一般优先考虑距离较近、已有人际关系网的地方，这样有利于自身对新环境的融入。

三、杭州市外来青年社会融入概况

（一）社会融入：外来青年整体概况

结合数据可及性，采取问卷中的三个题目来测量、命名与赋值。综合现有学者研究成果，借鉴城市适应理论，主要选取城市偏爱度、习俗获得度、心理认同度作为社会融入的代理变量。本报告中，用"我喜欢我现在居住的地方"来测量"城市偏爱度"，用"我已经习惯按照本地习俗办事"来测量"习俗获得度"，用"我觉得我已经是本地人了"来测量"心理认同度"，其赋值分别为非常低=1、比较低=2、一般=3、比较高=4、非常高=5。从均值来看，城市偏爱度均值为3.41，习俗获得度均值为3.15，心理认同度均值为2.72，由此可见，当前外来青年的社会融入处于一般或略高于平均水平的程度。从选项比例来看，"三个度"中选择"一般"的群体比例最高，分别占比46.25％、48.75％、50.00％；其次是"比较高"和"非常高"的比例，外来青年城市偏爱度选择"比较高"和"非常高"的比例分别是38.75％和6.25％，共计45.00％；习俗获得度选择"比较高"的占比33.75％，选择"非常高"的占比2.50％，共计36.25％；心理认同度选择"比较高"和"非常高"的比例分别为12.50％、3.75％，共计16.25％。可见，在维度上，城市偏爱度＞习俗获得度＞心理认同度。此外，问卷通过"您目前最关心的问题是什么"进一步探明外来青年在社会融入过程中面临的困境，结果显示目前最关心的前三个问题依次是个人收入、发展前景、住房问题，分别占比83.54％、77.33％、63.29％，这三个问题也是影响外来青年社会融入的重要因素。由此可见，要进一步解决外来青年社会融入难的问题，急需聚焦外来青年面临的痛点和难点，着力解决好收入、个人发展、住房等问题。

（二）结构性融入：外来青年制度适应情况分析

社会融入主要表现为基本生存需求的"结构性融入"与高级发展需求的"文化性融入"两个维度，其中，"结构性融入"即影响社会融入的本源性制度因素。制度是什么？当前学者对此的定义各有差异，未形成定论。本报告对制度的定义借鉴社会科学角度下的制度概念，一般指的是规则或操作模式，调节个人行为的社会结构。制度适应是影响社会融入的重要因素，也是测度社会融入水平的重要指标。为进一步探究杭州市外来青年的制度适应情况，并在此基础上测度社会融入情况，本报告重点选取与外来青年息息相关的户籍政策、就业政策、教育政策、医保政策、住房政策作为制度适应的代理变量。研究数据表明，外来青年对杭州市目前的制度适应处于一般或略高于平均值的程度，且存在显著的维度差异性，在维度上具体表现为就业政策＞户籍政策＞医保政策＞教育政策＞住房政策。

1.对户籍政策的适应

整体感觉一般，了解度较低，对个人的生活和工作有一定帮助。在与外来青年谈及"对杭州市的落户政策了解程度如何"时，非常了解的仅占比6.33％，了解一些的占比40.51％，不太了解的占比44.30％，完全不了解的占比8.86％，不了解的总和占比53.16％，超过半数，可见对落户政策的了解程度很低。对外来青年是否有居住证进行调查时，67.09％的表示没有居住证，仅32.91％办理了居住证。2012年发布的《杭州市流动人口服务管理条例》规定，流动人口按照该条例规定，实行居住登记和居住证制度。距离条例发布已11年之久的2023年，调研后发现近七成的流动人口都未办理居住证，深入了解发现这一结果可能与调查样本有关。本次调查中有部分外来青年是大学生，在读期间不需要办理居住证，还有一部分外来青年刚到杭州不久，不知道要办理或还没有去办理。在谈及"杭州市的落户政策对您的生活和工作有帮助吗？"时，11.39％的外来青年认为非常有帮助，56.96％的外来青年认为有一定帮助，10.13％的外来青年认为没有帮助，21.52％的外来青年认为自身对落户政策不了解，因此不清楚是否有帮助（见图1）。从上述数据分析得出，外来青年对户籍政策的适应度一般，且半数以上的外来青年对落户政策都不太了解，如何补齐政策宣传短板是需要进一步思考的问题。

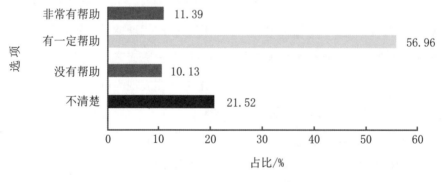

图1 对户籍政策适应情况

2. 对就业政策的适应

外来青年对就业环境感知友好，认为就业政策能支持自身的学习和发展。首先在就业环境感知方面，认为杭州的就业环境对外来青年友好的占比56.96％，认为非常友好的占比8.86％，二者之和为65.82％；认为不友好的占比15.19％，不清楚的占比18.99％。可见，外来青年对就业环境的感知友好。其次在对就业政策的认可和政策支持度方面，11.39％的外来青年认为足够支持自身的学习和发展，65.82％的外来青年认为有一定支持，10.13％的外来青年认为不够支持，12.66％的外来青年则选择"不清楚"，整体认可度和支持度近80％（见图2）。分析可知，外来青年对杭州市的就业环境、就业政策整体适应度良好，不少外来青年表示这也是选择来杭州的一个重要原因。近年来，杭州市出台了《关于进一步做好稳就业保就业工作的通知》《杭州市促进就业创业补贴实施办法》《杭州市灵活就业社保补贴实施办法》《杭州市公益性岗位开发管理实施细则》《杭州市就业见习管理实施细则》等系列政策措施，营造良好的就业创业氛围，助力青年就业创业。以上调研结果是外来青年对就业政策的适应情况，也是对政策执行实效性的检验。

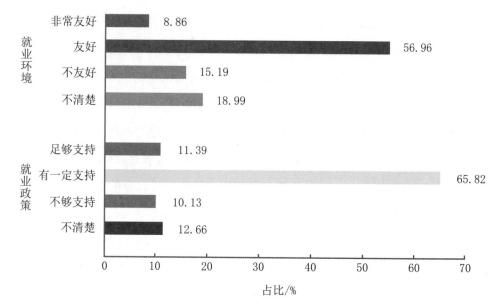

图 2　对就业政策的适应情况

3.对教育政策的适应

不论是初次教育或是职业培训的再教育，都能有一定的机会。对外来青年教育政策适应度的测度重点放在教育机会上，在谈及"你对杭州的青年教育机会是否满意"时，选择非常满意的占比20.25%，选择满意的占比51.91%，选择不满意的占比7.59%，选择不清楚的占比20.25%（见图3）。选择满意选项的共占72.16%，意味着70%左右的外来青年对杭州教育政策表示满意，认为在杭州能有较多的教育机会。对于来杭求学的学生而言，杭州市学校较多，具有较大选择性，其中也有不少人表示，来杭求学有一定难度，但是对于教育机会来说是相对公平的；对于在杭就业或创业的外来青年来说，工作后能有较多机会和途径接受再教育，如参加职业培训、考取资格证书、参加学术论坛等，这些都能使自身得到进一步提升和发展。因此，部分外来青年表示自身乐意选择来杭求学或在工作中主动参与职业培训。不容忽视的是，调研发现20.25％的外来青年对教育政策不清楚。一方面是因为他们未在杭州求学，且工作中缺少职业培训，因此对就业政策无太大感知；另一方面是其中部分人群的文化程度在高中及以下水平，来杭适应度相对较低，认为和自己没有太大关系，因此平时不知道也没有主动关注过教育相关政策。

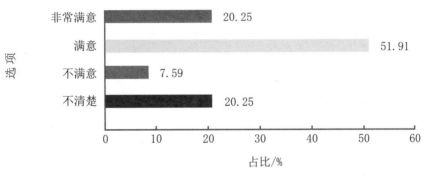

图3　对教育政策的适应情况

4.对医保政策的适应

满意度较高，对医保待遇、医疗条件、就医与结算管理等都较为满意。在"对杭州市医保政策是否满意"的调研中，17.72％的外来青年表示非常满意，55.70％的外来青年表示满意，5.06％的外来青年表示不满意，21.52％的外来青年表示不清楚（见图4）。从数据可以看出，表示满意的青年共占73.42％，意味着近七成的外来青年流入杭州后，能明显感知到医保政策给生活带来的便利。其中部分得益于杭州良好的就业环境和政策，不少外来青年表示单位都给予缴纳了"五险"，虽然比例可能不高，但是对个人和家庭而言也是一份保障；还有部分得益于杭州"最多跑一次"政策的实施和经济水平的发展，整体医疗条件较好，很多服务和事务办理也得到了大幅度优化，如就医与结算等都变得十分便利。值得一提的是，其中21.52%对医保政策不清楚的外来青年群体值得关注。这部分群体一方面购买的是新型农村合作医疗，对杭州市医保政策不关注也不了解；另一方面来杭时间较短，身体素质良好，未在杭州就医过或未办理过医保相关事宜。

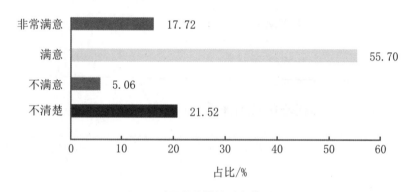

图4　对医保政策的适应情况

5.对住房政策的适应

适应较差，很大一部分人群没有住房公积金或住房公积金低，现住房产非自有住房，认为购房困难，对当前的住房政策满意度差。一方面是住房公积金，62.03%的外来青年没有住房公积金，37.97%的外来青年有住房公积金；另一方面是现住房屋产权，74.68%的外来青年现住房产非自有住房，25.32%的外来青年现住房产为自有住房。购房政策满意度数据显示，选择非常满意的占比7.59%，选择满意的占比27.85%，选择不满意的占比26.58%，选择不清楚的占比37.98%，比例最高（见图5）。选择满意的青年仅占35%左右，可见外来青年对住房政策的适应度较差。对比发现，这一政策的适应度水平较低，且和其他政策对比有较大反差，具体表现为以下几点：一是在多项政策中适应度最低，仅其他政策的二分之一左右；二是不满意度最高；三是不清楚比例最高，且明显高于其他政策。针对上述情况，笔者进行深入了解发现，有以下原因：一是杭州房价较高，远高于其他差不多层次的城市；二是购房政策门槛较高，比如较多购房政策都要求较大数额冻资。不少外来青年感觉自己可能工作一辈子都买不上房，缺乏购房信心，也正因为如此没有正式去了解过购房政策，最多只是听别人提及，自己对购房的资格和具体要求并不清楚。

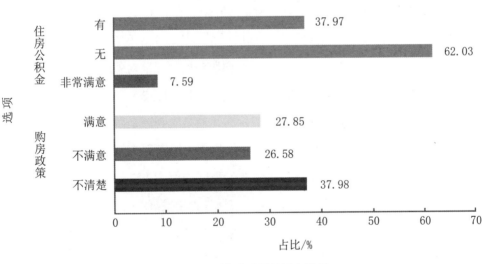

图5 对住房政策的适应情况

（三）文化性融入：外来青年社会参与情况分析

"文化性融入"是满足流动人口高级发展需求的融入，参与城市的各类社会活动或社会组织是"文化性融入"的重要体现。外来青年的社会参与是其融入城市社会的一个重要方式，社会参与水平也是衡量其是否全面融入城市的重要标准。社会参与是指社会成员对社会生活的某种愿望与需要，并以某种方式参与国家政治、经济、社会、文化生活以及社区公共事务的社会发展过程，具体表现为对社会生活各个方面现状与活动的关心、了解与行为投入。青年社会参与是社会不断更新迭代的重要组成部分，也体现出青年群体在社会经济发展过程中的重要作用。青年群体不论是生理性还是社会性角色，都处于迅速成长阶段，对群体身份与社会认同有着迫切的需求和融入动机。为进一步了解杭州市外来青年的社会参与情况，本报告分别从宏观与微观两个层面进行测度。宏观层面，选取"社会参与意愿"和"社会参与程度"作为代理变量，赋值分别为非常低=1、比较低=2、一般=3、比较高=4、非常高=5；微观层面，选取"平时比较关注的信息""参与社会事务、社会活动的机会""参加志愿服务的情况"对外来青年社会参与情况进行度量，赋值分别为非常低=1、比较低=2、一般=3、比较高=4、非常高=5。数据分析结果显示，无论是宏观还是微观，外来青年在杭州市的社会参与水平均略高于平均值。以宏观为例，外来青年的社会参与意愿均值为2.85，社会参与程度均值为2.57，社会参与意愿大于实际社会参与程度。这一结论与浙江青年发展综合指数（2022）的数据一致。从浙江青年发展综合指数（2022）的数据来看，杭州市"青年社会参与"指标在全省排名第6，在几个主要指标中排名比较靠后，说明杭州外来青年社会参与情况还有较大提升空间。

1. 宏观层面

（1）社会参与意愿方面：外来青年有一定的社会参与意愿，高于平均值，但参与意愿一般的占比最高。在谈及"社会参与意愿"时，超过半数的外来青年认为自身社会参与意愿一般，占比达59.50%；社会参与意愿比较低和比较高的外来青年比例相当，分别占比15.20%、15.10%；社会参与意愿非常低的外来青年占比8.90%；社会参与意愿非常高的外来青年占比最少，仅1.30%（见图6）。综合来看，社会参与意愿较高的外来青年占比最少，二者之和为16.40%，绝大部分外来青年社会参与意愿处在一般水平。外来青年社会融入过程中存在两种不同的社会网络，一是以血缘、亲缘和地缘关系为核心的同质性社会网络，二是根据业缘和趣缘建立起来的异质性社会网络。正常而言，随着流动时间的增加，外来青年在城市的社会关系网络也会随之变动。同时，在这一社会网络的塑造和强化过程中，外来青年与城市居民的交往也得到了强化，社会交往程度随之加深。当前外来青年的社会参与意愿处在一般水平，没有特别高的参与意愿主要是因为大多数外来青年来杭时间较短，基本是1～3年，异质性社会网络还未建立或是还未被新的社会网络塑造和强化。同时也没有特别低的参与意愿，主要是因为杭州市的城市发展建设和社会氛围对青年的吸引。不少外来青年表示，杭州市良好的职场环境、包容开放的社会氛围、完善的基础设施等，让自己适应和融入较快，社会参与的渠道和平台很多，因而吸引自身有一定的参与意愿。

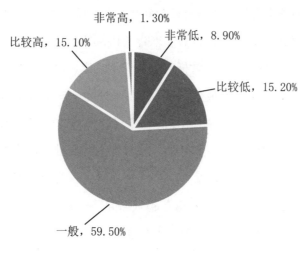

非常高，1.30%

比较高，15.10%

非常低，8.90%

比较低，15.20%

一般，59.50%

图 6 外来青年的社会参与意愿

（2）社会参与程度方面：外来青年的社会参与程度与社会参与意愿均处于一般水平，总体均值略低于社会参与意愿，但其他比例却存在显著差异。对社会参与程度的调研结果显示（见图 7），外来青年社会参与程度非常高的占比为零，即没有外来青年的社会参与程度非常高或是百分百参与；社会参与程度比较高的外来青年占比仅 7.60%。社会参与程度一般的外来青年比例最高，占 57.00%，超过半数的外来青年社会参与程度较为一般。此外，社会参与程度比较低的外来青年占比 20.20%，非常低的外来青年占比 15.20%，二者之和为 35.40%，即超过三分之一的外来青年社会参与程度偏低。对比发现，外来青年的社会参与意愿和社会参与程度虽在均值上相差无几，社会参与意愿略高于社会参与程度；社会参与意愿和社会参与程度一般的外来青年比例也相当，但是在较高和较低程度上却大相径庭。社会参与意愿较高的比例为 16.40%，而社会参与程度较高的仅为 7.60%，相差两倍有余；社会参与意愿较低的比例为24.10％，社会参与程度较低的比例为35.40％，显著高于社会参与意愿。由此可见，社会参与意愿与社会参与程度之间有较大差距，外来青年有一定的社会参与意愿并不意味着有同等比例的社会参与程度。一方面，社会参与意愿是主观方面的，而实际参与情况受主客观因素共同影响；另一方面，参与意愿到参与行动之间，还有参与能力的影响，比如达不到参与的要求、个人社会网络建设不足等。

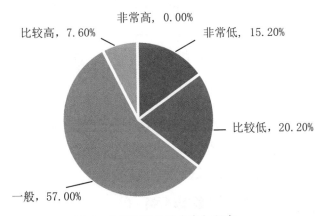

非常高，0.00%
比较高，7.60%
非常低，15.20%
比较低，20.20%
一般，57.00%

图 7　外来青年的社会参与程度

2.微观层面

（1）平时比较关注的信息方面：外来青年的关注点较为集中，主要集中于社会热点、时事政治、民生问题三大类（见图8）。首先是对社会热点的关注度最高，占比达76.35％；其次是对民生问题的关注，占比46.71％；最后是对时事政治的关注，占比45.33％。可见，近半数的外来青年对以上三大类信息都给予了较高的关注度。也有一定比例的外来青年对休闲娱乐、美食旅行给予了一定的关注，二者分别占比34.51％、25.50％。此外，外来青年对体育赛事、书籍电影、行业形势、政策福利等也有关注，但是关注度较低，分别占比8.39％、12.28％、7.81％、8.86％。由此可见，外来青年平时关注的信息较为广泛，在相当集中的大趋势下具有一定的差异性，而这种差异性主要体现在个人生活方式和兴趣爱好上。社会参与具体表现为对社会生活各个方面现状与活动的关心、了解与行为投入，关心是了解和行为投入的基础。从一定程度上说，外来青年平日里给予了一定的关心，而后了解和行为投入的可能性就得到了提升。因此，外来青年对社会热点、时事政治、民生问题、休闲娱乐、美食旅行等的关心，可以作为外来青年今后是否会进一步了解和行为投入，进而加强社会参与的判断依据之一。

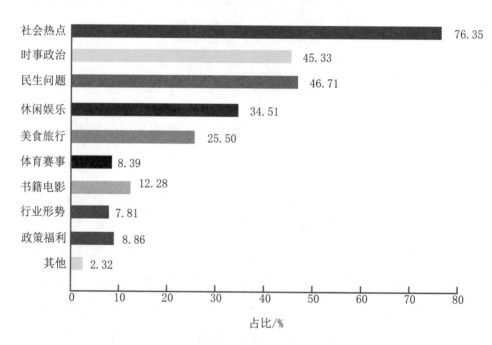

图8　外来青年平时比较关注的信息

（2）参与社会事务、社会活动的机会方面：绝大多数外来青年都认为有参与的机会，只是参与的频次有差异。在与外来青年谈及"你认为在杭州参与社会事务、社会活动的机会如何"时，表示经常有机会和偶尔有机会的外来青年最多，均占比34%，认为机会非常多的占比16%，三者之和为84%；认为机会很少或是没有的分别占比12%、4%（见图9）。可见绝大多数外来青年都表示有参与社会事务和社会活动的机会，认为机会很少或是没有机会参与的仅是少部分群体，这在一定程度上也反映出外来青年对参与社会事务和社会活动有一定的关注和了解。为何绝大多数外来青年认为参与的机会多，但是参与程度上却有这么大的差异呢？为何绝大多数外来青年都表示有机会参与，但仍存在部分外来青年表示机会很少或没有呢？笔者深入探究后发现：参与机会较多一是得益于杭州市城市的发展和社会氛围的营造，让外来青年有了更多的参与机会和更大的平台，杭州市已连续15年蝉联"中国最具幸福感城市"桂冠，成为全国唯一的"幸福示范标杆城市"；二是现在青年群体个体意识和公共精神不断提升，社会参与意愿和行为也表现得更加强烈，关注和了解的主动性较强。频次上的差异与所处地区和个人社会网络有关，一方面各地区社会事务和社会活动的管理有所差异；另一方面事关个人社会网络，社会网络较广的外来青年普遍认为参与的机会较多，而社会网络相对较窄的外来青年认为参与的机会相对较少，甚至有外来青年表示几乎很少或是没有。这一结论也印证了外来青年社会融入过程中存在两种不同的社会网络，社会网络不同，社会融入度也各异。

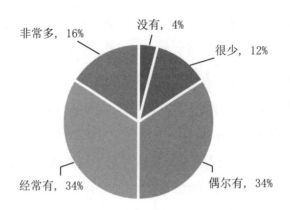

图9　外来青年参与社会事务、社会活动的机会

（3）参加志愿服务的情况：参与度较高，表明外来青年在社会融入过程中有了行为投入。数据分析结果显示，30％的外来青年积极参加（每年6次以上）志愿服务，27％的外来青年经常参加（每年1～6次）志愿服务，26％的外来青年偶尔参加（1～3年内参加过）志愿服务。三者之和为83％，意味着超过八成的外来青年在杭州都有一定程度地参加志愿服务，即有一定程度地参与社会事务或社会活动。除此之外，有占比11％的外来青年表示自己不太参加（3年以上参加过）志愿服务，参加频率较低；也有6％的外来青年表示从未参加过志愿服务（见图10）。外来青年参加志愿服务活动意味着在社会参与过程中有了行为投入，而这种行为投入是外来青年对城市了解、认可与接纳的重要体现，是其建立和维护社会网络的方式，更是其社会融入度的信号灯，因此对外来青年的行为投入情况要给予特别关注。由上述数据分析可见，外来青年在杭州参加志愿服务情况较为可观，这在一定程度上反映了外来青年在积极主动地根据业缘和趣缘建立异质性社会网络，个体意识和公共精神不断提升。社会网络异质性程度越高，越有助于增

加外来青年对其他人和组织的信任，从而增加其参与社会组织和社会活动的可能性。同时，异质性社会网络还会促进外来青年对城市社会的信任，从而更好地了解城市社会的文化和规则。另外，除了提高普遍信任的间接影响外，社会网络还可能增强外来青年的城市身份认同，从而提高其社会参与水平。

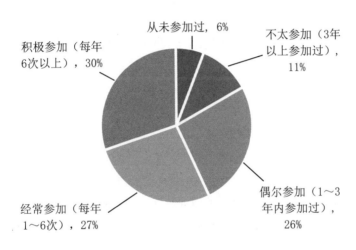

图 10　外来青年参加志愿服务的情况

四、研究结论与思考

报告基于获取的有效样本数据，借鉴城市适应理论和社会嵌入理论，进一步探究外来青年对杭州市现有制度的适应度和在杭州的社会参与度，在此基础上探索外来青年的社会融入情况。研究结果表明：在社会融入度上，外来青年在杭州的社会融入度均值为3.09，处于一般或略高于平均的水平。具体表现在城市偏爱度均值3.41，习俗获得度均值3.15，心理认同度均值2.72。在制度适应上，外来青年对杭州市制度适应度均值为2.238，同处于中等水平，且存在显著的维度差异性。具体表现为户籍政策的适应度均值为2.42，就业政策的适应度均值为2.44，教育政策的适应度均值为2.28，医保政策的适应度均值为2.30，住房政策的适应度均值为1.75。在适应程度差异上，依次为就业政策＞户籍政策＞医保政策＞教育政策＞住房政策。在社会参与的宏观层面上，外来青年的社会参与意愿均值为2.85，社会参与程度均值为2.57，社会参与意愿大于实际社会参与程度。微观层面上，参与社会事务、社会活动的机会均值为4.06，参加志愿服务的均值为3.97。由此可见，不论是"结构性社会融入"还是"文化性社会融入"，都还有很长的路要走。"结构性社会融入"现状投射出政策文本与执行实效存在较大差异，制度在具体的政策执行领域会产生多维不适应。一般而言，外来青年从一地流动到另一地，面对新的生活情境，基本遵循"试探性接触—过程性适应—重构性认同—主动性融入"的过程。在此过程中，政策制度就由文本迁移至具体执行场域中，这既是检验青年制度适应的过程，更是检验政策在不同场域中执行实效的过程。"文化性社会融入"现状表明，外来青年的社会参与意愿与实际社会参与情况有较大差距。这一方面受客观外部环境影响，导致没有顺利将意愿转化为行动；另一方面要将意愿转化为行动还需要一定的能力，而参与能力不足会直接导致没有行动或行动失败。从外来青年调查报告所反映的情况和业已推进的工作措施和实践来看，政策文本与政策执行实效存在较大差异、外来青年存在多维不适应、社会参与意愿与实际参与情况有较大差距，进一步推进外来青年的社会融入需要我们进行更多思考和努力。

（一）制度优化：提高政策实效性

制度适应是影响社会融入的重要因素，未来的外来青年工作要注重制度优化，进一步制定和完善与外来青年密切相关的劳动、教育和住房等方面的规章制度，形成政策合力的同时重视情境性与动态性，灵活实施具体策略。外来青年在制度适应上表现出了明显的维度差异性，如对当前住房政策适应度最差，住房问题也已成为外来青年当前最担心和最关切的问题之一；再如适应度较低的教育政策，外来青年虽对教育机会公平性有一定认可，但是仍存在职业再教育机会少等问题。因此，一方面要注意制度的优化，根据政策执行情况及时作出评估和改善，让制度赋能外来青年制度适应和社会参与；另一方面要注意政策执行的情境性和动态性，差异化实施具体策略，提高政策执行效度。如可通过优化住房市场、降低外来人群住房门槛、增加租购房补贴等举措提高政策适应度和住房政策的执行效度；以社区、单位、学校等为单元，加强流动人口社会参与制度建设，帮助外来人群建立根据业缘和趣缘建立起来的异质性社会网络，并通过这一社会网络的塑造和强化过程，提高其社会参与意愿和社会参与程度。

（二）群体聚焦：提高工作的针对性

推进流动人口社会融入工作要注重群体聚焦，经常性深入外来青年中，立足青年特征，聚焦青年需求，因地制宜地为他们创造有利于自身健康成长、提高自身综合素质的氛围以及社会参与的机会和平台。青年是国家的前途、民族的希望，在推动社会变革和时代进步中具有重要作用。在关于流动人口的理论研究和实践工作中，青年是不容忽视的群体，往往具有代表性和典型性。因此要经常性深入青年，立足外来青年群体特征，聚焦外来青年的差异化需求，提供精准供给。调研显示，外来青年对就业政策适应度最好，对就业环境和就业政策支持度都较为满意，但是在外来青年当下最关心的问题中，个人收入和发展前景却位列前茅，这种反差引人深思。调研中也针对这种反差进行过初步了解，不少外来青年表示，杭州整个就业环境很不错，收入和其他城市相比也较为可观，这也是当初吸引自己离乡来杭的重要原因。但是就业市场"内卷"、消费水平高、生活节奏快也相伴而生，如住房、教育、饮食等方面的较高消费迫使个人高度关注收入问题。再者，外来青年置身于新的社会环境中，有一定的社会参与意愿，但因工作压力大、消费水平高等导致没有时间和精力去建立和经营新的社会网络。因此未来的工作中仍需换位思考，客观追踪和分析外来青年的关切需求，针对性解决收入、个人发展、住房等突出问题。

（三）意识培养：加强教育的普适性

外来青年制度适应度、社会参与度一般，存在不少不清楚、不了解政策的外来青年。要注重政策普适性教育，广泛深入开展各类宣传教育活动，注重实效，助推政策适应"最后一公里"，培养外来青年的"参与者""融合者""贡献者"意识。研究结果显示，近20％的外来青年对住房、教育、医保等各类政策不了解，社会参与意愿和参与行动都很低，还处于完全未融入的状态。归根结底，一是政策普适性教育不够，导致部分外来青年不能有效获得相关政策信息；二是外来青年自身主动性差，社会参与能力较弱，缺乏城市建设的"参与者""融合者""贡献者"意识。外来青年在哪，工作阵地就在哪。如今的青年基本都是网络原住民，不论是学习、工作、生活，都广泛活跃于网络中，这也导致"线下"的异质性社会网络建立较少，社会参与缺乏。因此，在今后的工作中，既要大力加强宣教工作，提升政策覆盖面，又要找准外来青年的载体喜好，提升宣传教育的针对性和有效性；既要主动将政策制度送进网络、外来青年亚文化中，也要送进企业、社区、家庭，形成"线上＋线下"合力；既要告知外来青年有什么，更要引导外来青年知晓该怎么做、为什么这么做，着力培养外来青年的"参与者""融合者""贡献者"意识，从而促进意愿到行动的顺利转化。

（四）多措并举：提高社会融入程度

多措并举，全面提高外来青年的制度适应度、社会参与度，进而有效提高外来青年的社会融入程度。要注重把握"宜疏不宜堵"的原则，充分发挥各级群团组织作用，引导各级团干部乐于同外来青年交朋友，主动融入，精准掌握这一群体的新思想、新动态。当前整体制度适应度和社会参与度都处于中等水平，其中不少外来青年对政策还有一定程度的不了解、不满意，需要客观看待。很多流动人口都面临既不能在大中城市"落地生根"，也不能回归家乡"生儿育女"的双重困境。外来青年作为流动人口中的重要群体，是否面临同样的困境？如何帮助解决这样的困境值得我们关切。从一定程度上说，外来青年如果不能化解或缓解这种双重困境，就会导致较多的心理失落和行为偏差问题，进而影响其社会融入进程。共青团组织作为青年的先进组织，又是青年工作的主体，既要努力探寻外来青年工作的新思路、新举措，耐心、有策略地引导外来青年，及时传递党团组织的温暖，更要主动关切外来青年的痛点和难点，帮助其实实在在地解决问题，进而提高其对城市的心理认同度，加快社会融入进程。

尽管研究得出了一定结论，但仍有不足之处。外来青年社会融入的影响因素是较为多元的，本研究仅考察了外来青年制度适应和社会参与情况，重点选取与外来青年息息相关的户籍政策、就业政策、教育政策、医保政策、住房政策等作为制度适应的代理变量，再从宏观与微观方面测度了外来青年的社会参与度。受数据可及性因素制约，难免存在制度适应和社会参与的测量维度有待完善等问题，期待未来能够进一步拓展相关研究。

项目来源： 2023年度杭州市哲学社会科学规划常规性课题"接受理论视域下网络思政教育传播影响力的提升路径研究"（项目号：Z23JC068）。

参考文献

[1] 崔岩.流动人口心理层面的社会融入和身份认同问题研究[J].社会学研究，2012（5）：141-160，244.

[2] 梁土坤.制度适应对进城务工青年社会融入的影响机制[J].北京社会科学，2022（9）：92-105.

[3] 林显东，周月亭.新媒体视域下青年社会参与研究[J].中国青年社会科学，2021（4）：99-104.

[4] 刘超，刘永久，何源.城市包容度对农业转移人口社会融入的影响及其机制分析—来自中国重点城市的证据[J].劳动经济评论，2023（1）：161-188.

[5] 刘传江，程建林.双重"户籍墙"对农民工市民化的影响[J].经济学家，2009（10）：66-72.

[6] 潘泽泉，谢琰.社会组织参与的影响机制研究—基于社会关系网络、信任结构与参与类型的实证分析[J].中南大学学报（社会科学

版），2019（6）：128–135.

[7] 任远，乔楠.城市流动人口社会融合的过程、测量及影响因素[J].人口研究，2010（2）：11–20.

[8] 任远，陶力.本地化的社会资本与促进流动人口的社会融合[J].人口研究，2012（5）：47–57.

[9] 时昱，沈德赛.当代中国青年社会参与现状、问题与路径分析[J].中国青年研究，2018（5）：38–44.

[10] 史毅.户籍制度与家庭团聚—流动人口流入地的身份认同[J].青年研究，2016（6）：11–20，91.

[11] 谭旭运，豆雪姣，董洪杰，等.主观阶层、流动感知与社会参与意愿—基于网络调查的实证研究[J].社会发展研究，2019（1）：204–224，246.

[12] 习近平.高举中国特色社会主义伟大旗帜　为全面建设社会主义现代化国家而团结奋斗——在中国共产党第二十次全国代表大会上的报告[M].北京：人民出版社，2022.

[13] 杨菊华.浅议《居住证暂行条例》与户籍制度改革—兼论居住证与新型城镇化[J].东岳论丛，2017（3）：58–66.

[14] 虞晨.场域与惯习：城市随迁老人社会融入研究[D].长沙：中南大学，2022.

[15] 赵清军，何军.从谋生到融入：社会网络何以提升农民工社会参与？[J].现代经济探讨，2023（9）：98–108，118.

[16] 中共中央.中华人民共和国国民经济和社会发展第十四个五年规划和2035年远景目标纲要[N].人民日报，2021-03-13（3）.

第三篇

专题报告

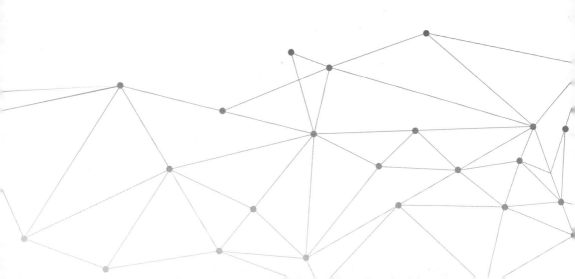

杭州直播经济从业青年研究报告

杭州市团校　钱晓烨

摘　要：近年来，随着互联网技术和移动传播技术的迅猛发展，直播经济在全国范围内得到了迅速普及与发展。作为"直播电商第一城"，越来越多的年轻人因看好杭州直播行业浓厚的氛围和丰富的赛道，扎堆杭州追寻直播梦。本报告通过问卷调查和深度访谈等研究方法，深入了解直播经济从业青年的群体特征、工作环境和职业发展等方面情况。研究发现，杭州直播经济从业青年规模庞大，以主播为代表的直播经济从业青年呈现年轻化、学历趋高化、专业化等特征，存在工作稳定性较弱、职业压力较大、收入不均衡等方面的问题。针对现状和问题，本报告提出出台行业规范标准、建立完善监管机制、优化产业发展环境、完善劳动权益保障、提供群体精准服务等对策建议。

关键词：直播经济；从业青年；主播

"直播经济"是在直播与互联网技术结合下产生的一种新经济业态。它作为"互联网+"的一种发展方式，基于各类平台，以移动端为主，其内容包括电商、体育、财经、教育、社交、音乐等各个能够产生经济效益的领域，具有互动性强、平台广泛、时空限制小等特点。随着互联网技术和移动传播技术的迅猛发展，直播经济在全国范围内得到了迅速普及与发展。我国"十四五"规划和2035年远景目标纲要将"打造数字经济新优势"列为"十四五"时期的重点任务。直播经济作为数字经济发展版图的重要板块，将在数字经济建设中释放巨大潜能，逐渐成为国民经济的重要组成部分。2023年3月2日，《第51次中国互联网发展状况统计报告》指出，截至2022年12月，我国网络直播用户规模达7.51亿，较2021年12月增长4728万，占网民整体的70.3％。iMedia Research（艾媒咨询）发布的数据显示，在线直播用户以青年为主，27岁至39岁用户占比超过60％，26岁以下用户占比12.5％。可见，直播已逐渐渗入当代青年的日常生活，成为青年人的生活场域，同时也深刻改变着青年生活和生存方式。

一、研究背景

直播经济的发展为社会创造了大量的就业机会，同时也促进了新的职业形态的出现，推动了就业市场的多元化发展。《中国网络表演（直播与短视频）行业发展报告（2022—2023）》显示，截至2022年，中国网络表演（直播与短视频）行业整体市场营收达1992.34亿元（不含线上营销广告业务），较2021年增长8％。上市主体11家，中、头部直播平台约20家，中、头部短视频平台约15家。在市场主体方面，截至2022年年底，具有网络表演（直播与短视频）经营资质的经营性互联网文化单位有6263家，其中2022年新增企业1959家。主播账号累计开通超1.5亿个，同比增长7.1％；直播、短视频行业直接或间接带动就业机会超1亿个，为就业市场带来了一系列新职业、新工种和新岗位。例如，众多短视频直播平台依托丰富的内容、立足技术发展和产业延伸，创造出了更多的新型岗位，吸纳更多人才成功就业。其中，既有"短视频特效师"等传统职业的再创新，也有"电商操盘手"等数字经济催生的全新岗位。截至2022年年底，仅快手平台就带动了3621万个就业岗位，其中内容生态带动2215万个就业岗位，商业生态体系带动1406万个就业岗位。此外，在内容和电商生态繁荣发展的基础上，MCN机构、直播公会、服务号运营、广告代理商等专业服务机构得以兴起，进而提供了更多的就业岗位，让青年人才与新兴岗位成功匹配。直播主播、直播策划师、直播技术员、直播运营人员、直播平台工作人员等岗位成为青年群体的择业新选择。同时，直播经济行业的包容性成功打破时空壁垒，颠覆了传统地理聚集和市场邻近的重要性，在与各行各业进行交融的态势中提供了更多就业机会，促使越来越多有家乡情怀、有互联网意识与技术能力的青年返乡就业。数据显示，截至2022年12月，全国返乡入乡创业人员数量累计达1220万人。

杭州是中国电商产业的重要发源地，20世纪90年代以来，杭州的电商产业发展就一直走在前列。近十年来，杭州的网络零售额逐年增长，并在2022年首次突破万亿大关，达10496.3亿元。如今，杭州又再一次走在了直播电商的发展前列，在推动直播经济发展方面具有明显的优势和潜力。"双循环"格局下，杭州依托"互联网+"、人工智能、大数据、云计算等基础产业优势，积极拥抱数字化，出台了一系列行之有效的政策措施，如杭州市政府2019年印发了《关于加快推进跨境电子商务发展的实施意见》；2020年印发了《关于加快杭州市直播电商经济发展的若干意见》；2022年印发了《关于促进杭州市新电商高质量发展的若干意见》，其中包含了不少补贴和扶植的相关政策，比如"对本地年实际交易额在100亿元以上的电商平台，给予不超过100万元的一次性奖励""对符合发展规划、产业定位明晰、公共服务等配套功能齐全的新电商园区（基地），按其实际投资额的20%给予园区不超过500万元的一次性资助"等，推动杭州电商产业发展。杭州的直播电商企业主要分布在滨江、上城、余杭、拱墅、临平、钱塘、萧山等城区。各城区结合自身产业优势和不同的发展方向，在电商产业布局中有不同定位。上城区打造"数智时尚消费第一区"，拱墅区力争成为"时尚电商发展高地"，滨江区跻身"直播电商第一区"等。2020年，中国TOP直播电商产业园在萧山科技城开园，目标是打造"省内一流、全国领先"的TOP电商直播产业基地；中国（杭州）直播电商产业基地落地杭州未来科技城，打造"全国著名的直播电商示范基地"。2021年，杭州抖音电商直播基地落户钱塘智慧城，打造"具有全国影响力的基地IP"。

杭州直播经济市场形态的多元化是其发展的一个显著特点。首先，直播行业的参与者种类繁多，包括个人主播、专业机构、大型企业等。个人主播通常通过自己的社交媒体平台或直播平台开展直播，他们依靠个人魅力和内容创作能力吸引粉丝和观众。专业机构和大型企业则常常采用资本运作、资源整合等方式来进行直播，借助其背后的机构和企业优势实现规模化发展。其次，直播行业的内容形式丰富多样。直播内容涵盖了各个领域，如娱乐、游戏、体育、教育、购物等。比如，在杭州的互联网直播平台上，可以看到美妆、娱乐、服装、音乐、美食、旅游等不同类型的直播节目。同时，一些知名的主播也会与粉丝进行互动直播，增加了直播的趣味性和参与性。再次，直播行业的盈利模式多样化。个人主播可以通过广告植入、虚拟礼物打赏等方式获得收入。直播平台则通过分成模式、广告投放等方式获取利润。此外，一些大型企业还通过直播销售产品，实现直接的商业价值。最后，直播行业的技术支持与创新迅速发展。随着网络技术的不断进步，直播行业的技术支持越来越强大。高清视频、流畅的推流、智能化的互动等技术手段不断出现，为直播行业的发展提供了有力保障。同时，一些创新的直播形式和技术也不断涌现，如 VR 直播、AR 直播等，进一步拓展了直播行业的发展空间。因此，杭州直播经济的市场形态呈现出多元化、内容丰富、盈利模式多样化以及技术支持与创新的特点。这些特点不仅推动了杭州直播行业的快速发展，也为从业青年提供了更多的发展机遇和选择空间。作为"直播电商第一城"，越来越多的年轻人因为看好杭州直播行业浓厚的氛围和丰富的赛道，扎堆杭州追寻直播梦。

二、杭州直播经济从业青年状况分析

浙江省商务厅监测数据显示，截至 2023 年 8 月，杭州有综合类和垂直类头部直播平台 32 家，近 5 万主播，直播相关企业注册量超 5000 家，数量位列全国第一，带动相关就业超 100 万人。为了更好地了解杭州直播经济从业青年的群体特征、工作环境和职业发展等方面的情况，本报告基于杭州市团校开展的"青年发展型城市建设中的杭州青年"问卷调查，对杭州直播经济从业青年进行了群体调查，搜集有效问卷 884 份，同时对杭州的直播青年从业者和相关部门负责人进行了深度访谈。结合问卷调查结果和访谈资料，直播经济从业青年状况总体分析如下。

（一）杭州直播经济从业青年群体特征

1. 从业青年以"90后"为主，性别均衡，未婚青年多

从调查数据来看，在年龄结构方面，直播经济从业人员中，31～35岁的从业者占28.05％，26～30岁的从业者占32.92％，22～25岁的从业者占19.80％，22岁以下的从业者占19.23％，"00后"逐步登上直播经济行业平台。这主要是由于互联网直播行业的特点，年轻人更容易接受新事物和新技术，他们更具有探索精神，对直播平台表现出浓厚的兴趣。在性别结构方面，直播经济从业青年呈现出较为均衡的男女比例，男性为48.76％，女性为51.24％。在户籍构成方面，杭州本地户籍的从业青年占比为63.24％，省内市外的从业青年占比为16.18％，省外的从业青年占比为20.58％。在婚姻状况方面，从业青年单身比例超四成，未婚无对象的从业青年占42.53％，未婚有对象的从业青年占17.19％，初婚有配偶的从业青年占38.24％（见表1）。

表1　杭州直播经济从业青年人口特征

年龄构成	22岁以下	19.23%
	22～25岁	19.80%
	26～30岁	32.92%
	31～35岁	28.05%
性别构成	男	48.76%
	女	51.24%
户籍构成	杭州本地	63.24%
	省内市外	16.18%
	省外	20.58%

续表

婚姻状况	未婚无对象	42.53%
	未婚有对象	17.19%
	初婚有配偶	38.24%
	再婚有配偶	0.90%
	离婚	0.81%
	丧偶	0.33%
样本总数 / 份		884

2.七成以上从业青年拥有大专及以上学历

从学历分布来看，杭州直播经济从业青年中，高中及以下学历的仅占15.05％，专科占25.79％，本科占52.49％，研究生占6.67％（见图1）。大部分从业青年具备大学本科及以上学历，这意味着他们具备较丰富的专业知识和较高的学术能力，更加容易适应互联网直播行业的快速发展和变化。同时，不少直播企业表示，年轻人"有着更快的学习和接受能力"，基于他们良好的教育背景，企业也表示有"加强公司人才储备和管理""提升公司整体员工素养"等用工期待。

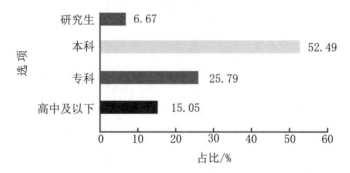

图 1 杭州直播经济从业青年学历分布

3.从业青年对直播行业的态度普遍积极

九成以上受访者认为互联网直播行业充满了机遇，是一个自由创业的好机会。同时，他们也看到了其中的风险和竞争。因此，他们普遍持有积极的心态和努力奋斗的精神，希望通过努力，实现个人梦想和事业成功。有受访者认为，选择了直播行业就是选择了梦想，"直播锻炼人""直播间需要汗水、需要激情、需要状态、需要灵魂"，从事直播工作可以培养市场研究能力、行业洞察力、人际关系管理能力等可迁移的自身能力，这些能力将对青年的未来发展产生积极的影响。

（二）杭州直播经济从业青年的就业特征

1.工作流动性较大，从业时间普遍较短

从调查数据来看，工作5年及以上的从业者仅占1.92％，工作2～5年（不包含5年）的从业者占4.52％，工作1～2年（不包含2年）的从业者占7.13％，工作6个月至1年（不包含1年）的从业者占7.13％，工作6个月以内（不包含6个月）的从业者占79.30％（见图2）。可见，直播行业的流动性相对较大，从业者普遍从业时间较短。有部分受访者表示自己还年轻，在工作机会上期望有更多的尝试，身边的同事在短时间内跳槽和转行也很正常。

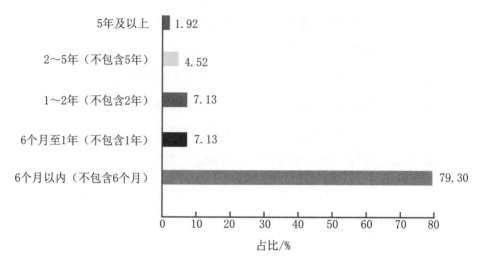

图2　杭州直播经济从业青年从业时间

2.工作时长较长，收入有所下降

调查数据显示，杭州直播经济从业者工作时间较长，每月休息7～9天的占15.72%，每月休息4～6天的占37.11%，每月休息2～3天的占22.62%，而每月只能休息1天及以下的占19.34%（见图3）。在收入方面，从业者年收入在5万元及以下的占26.80%，5万～10万元（不包含5万元）的占37.66%，10万～20万元（不包含10万元）的占28.39%，20万元以上的占7.15%（见图4）。不少受访者表示，2023年以来，由于业务不稳定等因素，主播收入有所下降，降幅在10%左右。

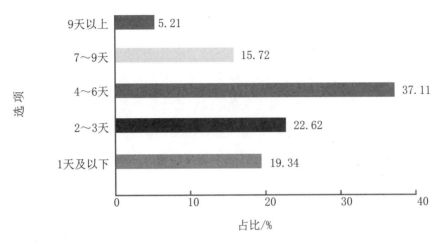

图 3 杭州直播经济从业青年每月休息天数

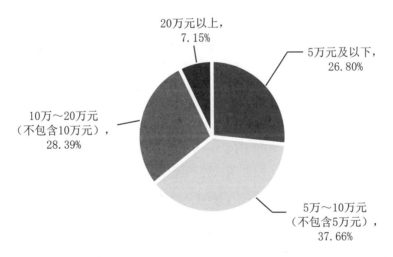

图 4 杭州直播经济从业青年年收入

3.存在一定工作压力，但大部分能自我调节

调查研究发现，杭州直播经济从业青年中有20.93％的从业青年感觉工作压力非常大，心情很糟糕；61.43％的从业青年感觉有一定的压力，但能自我调节；14.59％的从业青年偶尔感受到压力；3.05％的从业青年感觉没有压力（见图5）。部分主播在接受访谈时坦言主播并不是一份轻松的工作，在光鲜的镜头之下，想要播得好、卖得多，往往需要承受心理和身体的双重压力。

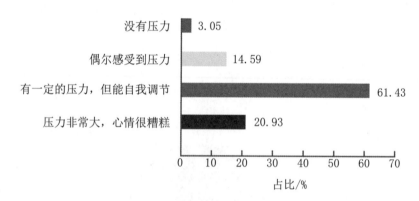

图5　杭州直播经济从业青年压力程度

4.培训覆盖面小，职业成长性不强

杭州直播经济从业青年在被问及"接受过哪类上岗培训"时，其中11.65％选择了直播话术，12.11％选择了平台规则，26.24％选择了职业规划，接受的培训覆盖面相对较小。我们注意到，还有31.45％的从业青年未接受过培训（见图6）。有受访者谈到，公司对其培训主要局限于话术、产品学习等，对行业发展、个人成长方面的培训较少，自己对未来发展表示迷茫，毕竟能够成为头部主播的人风毛麟角。

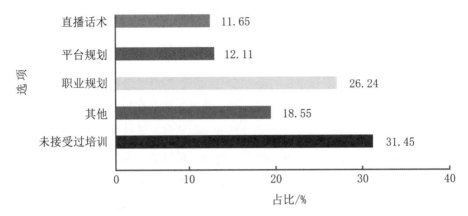

图6　杭州直播经济从业青年接受培训情况

（三）杭州直播经济从业青年工作满意度

直播经济从业青年工作满意度是研究杭州直播经济从业青年状况的一个重要方面。通过调查和分析，可以了解从业青年对于自身工作的满意程度，从而更好地了解他们的职业发展状况。调查结果显示，从业青年工作满意度受到多种因素的影响。

1.薪资福利是影响从业青年满意度的一大因素

由于行业竞争激烈，从业者普遍存在收入不稳定的情况，这导致了一部分从业青年对自身工作的满意度较低。此外，工作环境、职业发展空间以及工作内容等因素也对满意度产生重要影响。从访谈情况来看，部分从业青年对于工作环境不满意，认为工作压力较大、工作氛围不够好，这对他们的满意度产生了一定的负面影响。

2.从业青年对于职业发展的期待也会影响他们的工作满意度

从业青年对于职业发展空间普遍持有较高期望，希望能够获得更多的成长机会和提升空间。然而，由于行业竞争激烈，这些机会往往是有限的，这对于从业青年的满意度造成较大的影响。

3.自我价值的实现也是影响从业青年工作满意度的重要因素

无论是主播、运营人员，还是内容创作者等，从业青年都对自身能够实现自我价值充满热情。相对于工资待遇和职业发展空间，自我价值的实现是职业幸福的源泉和动力，因此其对于从业青年的满意度具有一定的影响（见图7）。对于杭州直播经济，我们需要重视并关注从业青年的满意度情况，通过提供更多的发展机会、更好的工作环境等，来提高从业青年的工作满意度，从而更好地推动行业的发展。

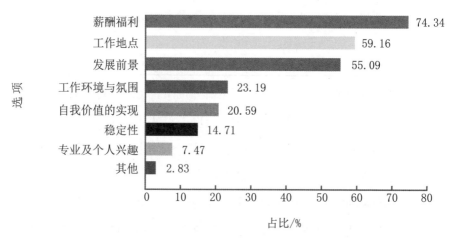

图7　杭州直播经济从业青年职业满意度影响因素（限选三项）

三、杭州直播经济从业青年发展的主要问题

直播经济的快速发展带来了一系列新的挑战，尤其是对于青年从业者而言。杭州直播经济从业青年规模庞大，以主播为代表的直播经济从业青年呈现年轻化、学历趋高化、专业化等特征，存在职业生涯发展困难、收入与生活不稳定、工作压力较大等问题。

（一）职业生涯发展困难

在这个新兴行业中，年轻人要想在激烈的竞争环境中找到适合自己的职业发展路径并不容易。

首先，当前直播行业人才过剩的状况导致了职业生涯发展困难。随着直播行业热度的持续攀升，大量的年轻人涌入这一领域。竞争日益激烈，很多从业者难以在职业生涯的早期阶段找到合适的机会。除了平台方面的压力，主播们还要面对竞争对手的挑战。随着短视频、社交电商等新兴形式的崛起，直播行业出现了多元化和分化的趋势，一些有特色、有内容、有粉丝的主播转向了其他平台或渠道，寻求更多的机会和收入，而大部分跟不上变化的主播则逐渐被淘汰或边缘化，难以维持生计。在这样的环境下，从业者需要不断提升自己的实力和特色，才能在激烈的竞争中脱颖而出。

其次，直播行业的职业发展路径模糊不清也加剧了青年从业者的迷茫感。提到直播，我们总会想到直播带货界的几位头部大V。但是除了屈指可数的头部大V之外，还有多少人能够走入社会大众的视野呢？没有突出的个人优势，没有外部资源的支持，没有坚韧不拔的毅力，又失去了先发优势，从业人员获得成功的概率相对较低。由于直播行业相对年轻，行业标准和规范尚未完善，很多从业者在职业生涯规划上面临困惑，不知道应该如何提升自己的能力和技术，缺乏明确的职业发展方向。

最后，直播行业还存在着技术更新换代速度快的特点，这也给青年从业者带来了巨大的挑战。随着技术的不断进步，直播技术、平台和软件都在不断升级和演进。青年从业者需要不断学习和适应新技术，才能不被淘汰。另外，数字人直播的出现对主播发展也有所影响。数字人直播主播是一种利用人工智能技术创建的虚拟主播形象，可以实现24小时不间断直播，打破了传统主播的时间和精力限制。数字人直播主播不受时间和空间的限制，可以随时随地进行直播，为观众提供更加便捷和多样化的娱乐体验。与传统主播相比，数字人直播主播具有许多优势。例如，数字人直播主播不会感到疲惫或生病，可以保持高质量的直播状态，不会因为个人原因而中断直播；数字人直播主播可以通过人工智能技术进行实时互动，可以根据观众的需求和反馈进行个性化的互动，提供更加精准和个性化的服务；数字人直播主播还可以通过深度学习技术不断提升自己的表演能力和娱乐水平，为观众带来更加精彩和创新的直播内容。数字人直播的出现，不仅为观众提供了更加便捷和多样化的娱乐选择，也为直播行业带来了新的发展机遇，帮助直播平台降低了运营成本，提高了直播效率。数字人直播还可以通过与其他娱乐形式的结合，创造出更加丰富多样的娱乐体验，为观众带来更多的乐趣和惊喜。因此，数字人直播的出现对主播的发展，特别是主播小白的发展产生了一定的影响。

（二）收入与生活不稳定

杭州直播经济从业青年在发展过程中面临着收入与生活稳定性问题。随着直播行业的不断兴起，越来越多的年轻人选择从事这一行业。然而，他们发现在直播行业中获取稳定的收入并不容易。随着主播人数不断增加，市场需求并未扩充，行业内的竞争愈发激烈。

首先，直播行业的竞争日益激烈，从业者数量不断增加，使得市场供给过剩。每个从业者都希望通过直播获得经济收益，但市场的竞争激烈导致了直播经济从业者很难从中获得稳定的收入。即使他们在一段时间内获得了一定的人气和关注度，但是如何保持吸引力和市场地位也成了一个巨大的挑战。

其次，直播行业的收入主要依赖于广告植入和礼物打赏等方式。然而，这些收入来源并不可靠。广告植入的数量和分配往往受到行业内外多种因素的影响，从而使得直播经济从业者的收入普遍不稳定。此外，礼物打赏的数量和金额也无法保证，导致直播经济从业者的收入存在一定的不确定性。同时，电商主播行业存在"马太效应"，底部主播流量少。电商主播纵向划分为头部主播、腰部主播和底部主播，目前电商直播行业的流量主要集中于头部主播，各大平台也会根据带货能力将流量向头腰部主播倾斜，加之付费流量权重加持，导致刚入行不久的底部主播及以自播为主的中小商家获取流量更加困难。从分成的性质来看，失去了直播平台，主播自身的独立价值很难体现。在电商直播行业，主播收入分化严重，中小主播特别是刚入行的主播收入偏低，缺乏稳定的社会保障。被访谈的主播当中存在无正式劳动合同、没有缴纳社会保险的情况。

最后，直播经济从业者还面临着生活稳定性问题。行业发展的不确定性带来了不稳定因素，供需关系的逆转使得直播行业发生了很大变化。过去主播是稀缺资源，平台不惜高价签约、提供福利来争夺主播，而现在主播成了过剩资源，平台为了降低成本，不断裁员、压缩预算。据受访者透露，2023年以来他所在的公司已经裁掉了一半以上的主播和运营人员，而剩下的人员也面临着工资水平下降的风险。直播行业是一个高速变化的行业，技术和应用的更新换代速度很快。从业者需要不断学习和适应新的技术和观众需求，否则他们的市场地位可能会迅速下滑。这种行业不稳定性使得从业者很难确保自己的工作与生活的长期稳定性。例如直播行业从业青年的就业时间往往与常规工作不一样，别人休息的时候通常正是他们的工作时间，再加之多重不稳定的因素，多位受访者，特别是女性受访者表示，无心谈恋爱，从事直播行业就没有打算走入稳定的生活。

（三）工作压力较大

随着直播行业的快速发展，杭州直播经济从业青年在发展过程中面临着工作时间不规律、高强度的工作状态，需要时刻保持状态和一定的兴奋度，同时还要应对来自观众和平台的各种需求等问题，这些压力使一些直播经济从业青年感到疲惫，产生心理压力。

首先，从业青年常常需要在紧张的工作节奏下连续直播数小时，这不仅对他们的身体健康构成了挑战，还可能导致心理疲劳和抑郁等问题。有受访者表示，自己从事服装销售，工作内容包括拍视频、选品、上播、复盘等，熬夜加班是常态。"比较赚钱，养活自己没问题，但公司根据直播时间计算薪酬，不干就没有收入。每天的直播时间，少则4小时，多则10小时。直播之前需要拍摄相关商品的短视频，每次拍摄需要3～4个小时，直播时播放短视频以吸引流量。有时候可能还会因为主播流动，轮不过来，出现加播，就得轮流转。"而数位直播经济从业者表示每天工作超过10小时，连续加班熬夜比较普遍，在大型购物节期间（如"6·18""双十一""双十二"等）会进行"日不落"直播，即24小时不间断直播。这样的强度长期下来，是吃不消的。也有受访者表示，由于不同行业直播的时间点不同，早起成为自己的心理压力来源。由于直播间产品调整，该受访者从年初转做母婴产品。母婴产品一般会在上午6～9点进行直播，因此需要凌晨4点多起床做准备，"一想到要这么早起来，心理压力就很大，常年来习惯做夜猫子的我，有时候晚上很困，但就是难以入睡，非常崩溃"。

其次，在追求高收入的同时，他们也面临着职业不稳定的问题，这种不稳定也会造成心理压力。直播领域竞争激烈，一旦平台收入下滑或遇到其他困境，从业者的职业前景就会受到严重威胁，这种不确定性加剧了他们的焦虑和压力。有受访者坦言，自己原来从事服装直播，这个赛道竞争过于激烈，而且现在的消费者对于产品的要求越来越高，在行业默认的七天无理由退款承诺下，退单率越来越高，像某年"双十一"爆单的情况下，本来以为可以大赚一笔，但没想到退单率竟高达80%，最后不仅没有赚到钱，反而还倒贴了不少钱。这个结果对于直播经济从业者来说是一个不小的打击，受访者表示不得不重新考虑选择赛道。

最后，主播还需不断提升自身的专业性和品牌性，这种能力提升的压力也会产生焦虑。随着消费者的审美和需求升级，单纯靠颜值或噱头已经不能满足他们，消费者更看重主播的专业知识、产品推荐、服务质量等方面，主播需要不断学习，提高自己在某个领域或细分市场的专业度和影响力，才能有自己的品牌优势和忠实粉丝，这对主播来说也是不可避免的压力。有受访者表示，主播一定要对商品有深刻的理解，清楚商品的核心卖点，并要熟悉同行产品，了解产品的卖点和定价差异。在开播之前，主播也需要准备充分，提前熟悉产品功效、人群适用性、性能测评等，强化商品核心卖点。此外，主播的口才非常重要，需要流畅的语言表达，能清晰介绍商品核心卖点，能积极调动用户情绪，善于和用户互动，营造良好的直播间互动和抢购氛围，提高用户停留时间和销售转化。还要善于调动直播间的营销节奏，根据直播间在线人数灵活调整商品介绍话术，把控商品销售节奏。在讲解商品的时候，要讲解有度，用词严谨准确，不过度营销包装和虚假承诺，避免用户理解歧义。有受访者坦言："直播行业的变化是非常快的，如果你今天不学习，明天就可能会有新的主播超过你。主播一定要保持学习的良好习惯，不断提升自身专业能力；每日总结直播间的经验得失，通过实践不断优化、自我迭代；学习其他优秀主播的话术技巧和成功玩法，并通过反复测试、实践转化为个人能力。"这些其实对主播的要求是非常高的，其中的压力显而易见。

（四）行业规范性有待加强

当前，还没有明确的、具体的法律法规来规范直播行业的运营和管理，这导致了许多问题的出现。

首先，部分直播平台与主播的权利义务未明晰，尤其是在合同约定、利益分配机制、违约责任等问题上，尚无有效的规制与保障手段。同时，也给某些犯罪活动机会，造成机会主义行为的产生，出现偷税漏税、欺诈、侵权等现象。由于进入的门槛较低，来自各个行业的人才大量涌入，网络主播的质量有高有低，直播主体存在草根化和大众化现象，他们的媒体素养和整体素质参差不齐，直播的内容五花八门，存在着"失真""失范""失德"等乱象。管理上的滞后或者机制不完善引发了各类问题，有些主播在直播中使用了一些低俗的语言，误导了消费者的价值观和消费观；有些主播为了达到销售额，做了不实的宣传，用劣质产品来欺骗消费者；也有一些主播会以更低的价格和更多的商品来吸引顾客。这对电商直播产业的可持续健康发展和网络文明的建设造成了一定的消极影响。大多数直播企业缺乏对法律法规的培训，网络主播缺乏对相关法律和政策的理解，例如在带货的过程中，什么是不能说的、什么是不能做的，以及主播需要承担的法律责任等。

其次，由于法律法规缺位，直播平台的用户个人信息得不到足够的关注和保护。在直播过程中，用户个人信息的泄露和滥用问题时有发生，导致用户的个人隐私受到侵犯。缺乏规范的法律法规，使得直播平台在个人信息保护方面缺乏约束，对于个人信息的收集和使用缺乏明确的规定和界定。

最后，法律法规缺位也使得维权渠道不畅。在直播经济中，一些主播和平台之间的纠纷及用户维权问题时有发生。然而，由于没有明确的法律程序和途径，很多受害者往往无法及时有效地维权。法律法规缺位还妨碍了相关利益方通过法律手段来解决纠纷，给直播行业带来了一定的不确定性和不稳定性，从而给从业者的工作平台带来不稳定因素。

四、对策建议

作为数字经济典型代表的直播电商，正在以蓬勃的姿态迅速改变着人们的购物形态和消费习惯。如今，我们正处在"万物皆可直播"的时代，在直播行业不断发展的背景下，杭州发力电商新赛道，成为吸引电商直播人才、机构源源不断来杭的重要因素。在这个行业中，从业青年们既面临巨大的机遇，也遭遇一系列的发展困境。本报告针对杭州直播经济从业青年面临的机遇和发展困境，提出对策建议。

（一）出台行业规范标准

1.细化人才认定

在直播人才认定方面，杭州人才认定相关政策跟进较快，2020年杭州市商务局发布的《关于加快杭州市直播电商经济发展的若干意见》提出，经认定的直播电商高层次人才在落户、优先购房、购（租）房补贴、子女入学、车牌竞价补贴、医疗等方面享受相应待遇。2023

年，余杭区出台"直播电商"12条扶持政策，明确有行业引领力、影响力的直播电商人才可通过联席认定，最高按B类人才（国家级领军人才）标准享受相关政策，但连续性不够。要建立健全高素质直播电商人才培养与激励机制，合理制定人才培养指标和直播专业人士职称评定标准。探索将直播电商相关的专业人才纳入杭州重点产业紧缺人才计划，对符合条件的人才在引进落户、购（租）房补贴、子女教育、证照办理等方面提供相应待遇保障。

2.强化人才引育

杭州尚未建立直播电商人才评价机制和具体人才分类认定的细则，建议借鉴北京、上海、深圳等城市推进人才评价机制改革的做法，继续深耕电商领域人才引入和培育，研究电商高层次人才认定机制，为杭州引育更多高层次专业化主播。

3.优化管理细则

对于新型用工主体的灵活性、碎片化，工作时间的独立性以及提供劳务的自主性，目前平台企业和从业者之间的法律关系还没有一套完整的法律法规进行规范，理论界对此类新型劳动法律关系也各抒己见。相关认定标准存在差异，不免影响司法的公正性、权威性。认清青年发展与经济社会发展的重要关系，优化管理、完善司法成为当务之急。

（二）建立完善监管机制

1.加强对直播行业的法律法规建设

电商直播虽然发展势头迅猛，但同时出现了直播营销人员言行失范、数据造假、售卖假冒伪劣商品等问题。在这种情况下，《网络交易监督管理办法》《网络直播营销管理办法（试行）》自2021年5月1日起陆续施行，将电商直播明确纳入网络交易监管范围，明确了规范交易行为、压实平台主体责任、保障消费者权益的具体制度规则。《网络交易监督管理办法》提出推动完善多元参与、有效协同、规范有序的网络交易市场治理体系，对网络经营主体登记、新业态监管、平台经营者主体责任、消费者权益保护、个人信息保护等重点问题作出了明确规定，对完善网络交易监管制度体系、持续净化网络交易空间、规范平台的自律、规范电商的经营活动、维护公平竞争的网络交易秩序、营造安全放心的网络消费环境具有重要现实意义。为推动电商直播行业市场秩序进一步规范，应及时出台明确而具体的法律法规来监管直播行业的运营和管理，保护用户和主播的合法权益。

2.建立常态化的监管机制

加强对直播平台的日常监管和审查，确保平台的规范运营和合法经营。同时，加强"直播类"网络文化产品的主动供给，加强"网络直播类"平台管理规范的制度供给，加强面向青年的"大网络"社交圈的构建与供给，规范"内容供给"，充分挖掘网络的育人功能。

3.积极研发技术监管手段

通过视频、语音、图片自动识别技术，及时、主动发现直播带货中的违法、违规言行。规范直播新业态发展，在保障新经济健康发展、经营者营业自由的同时，加大对违法乱象的监管惩戒，形成网信、市场监管、广电、公安等部门之间的信息共享、协同联动，合力让直播行业真正行稳致远。

（三）优化产业发展环境

1.培育打造杭州新电商品牌

从"杭州制造""杭州消费""杭州文旅"三个维度深入挖掘塑造新电商品牌。同时，借鉴广州持续打造"广货带天下，广带天下货"

品牌的做法，提炼独具杭州韵味的品牌口号，打造杭州标志性的直播电商产业"新名片"。推动杭州大型系列商贸活动开展"线下展销、线上开播"运营模式。杭州拥有39家"中华老字号"、170家"浙江老字号"、156家"杭州老字号"，借助MCN机构，通过"直播+"激发杭州老字号品牌活力。"数字经济+实体经济"深度融合，通过直播助"农"推动乡村振兴，助"工"赋能智慧医疗。只有整个产业可持续蓬勃发展，才能为人才的成长提供良好的平台。

2.鼓励开展电商直播培训

一是鼓励高等院校、职业院校（含技工学校）开设直播电商相关课程或设置直播电商相关专业。通过在杭高校、电商平台和MCN机构协作，开设专业课程，形成一批专业培训机构，为青年从业者提供针对性的培训课程，帮助他们了解行业的最新趋势和技术，提升自己的技能水平。二是打造"培训+培育""直播+培播""新乡贤+群众"的网红直播团队培训，建立健全"乡村直播平台"，引导农民走进直播间，通过直播带货，吸引人才返乡创业，全面推动乡村振兴。三是加强对主播行为的语言和规范性引导，进一步明确主播法律边界及责任，总结推广上城区20家试点"绿色直播间"的经验做法，以标准促发展，进一步规范主播的语言和行为。

3.加强对直播经济从业青年的价值引领

每年积极选树一批在直播电商方面发展绩效突出、示范效应明显的企业或个人，大力宣传本地优质直播电商企业、品牌，推广标杆案例、模式和服务创新，积极营造直播电商经济发展的良好氛围。

（四）完善劳动权益保障机制

1.建立分类保障制度

新形势下，要确保青年就业权利保障更加完善，青年的薪资待遇、劳动保护、社会保险等合法权益得到充分保护。针对直播经济从业者劳动权益无法得到有效保障的情况，建议建立劳动者分类保障制度，增加劳动法的保护范围。比如，将劳务提供者分为雇佣者、自雇者和中间类别劳动者，既保护传统劳动者和新型劳动者的合法权益，将处于自雇者和雇佣者之间的灰色地带"显性化"，也可以让企业不会承担过多的用人成本，减轻对未来发展的影响。维护直播行业青年群体的劳动权益，完善其社会保障。联合直播平台、经纪公司以及工会、人社部门等，规范电商直播行业的薪酬体系，完善社会保障制度，保护主播合法劳动权益。

2.建立符合数字时代的工时制度

2021年7月，人社部等8个部门共同印发《关于维护新就业形态劳动者劳动保障权益的指导意见》，将具有劳动关系和不完全劳动关系的新业态劳动者纳入法律保护范畴。2021年11月浙江省发布的《浙江高质量发展建设共同富裕示范区实施方案（2021—2025年）》中也提到，将探索完善网络主播等新业态从业人员劳动权益保障机制。重点在于建立针对不完全劳动关系的新业态劳动者的工时制度。

3.扩大社保覆盖范围

随着产业结构调整，灵活就业群体不断壮大，直播经济青年就业群体中有相当部分就属于灵活就业群体。由于灵活就业青年就业波动大，职业伤害风险相应也比较大。然而，很多灵活就业青年难以参加失业保险、工伤保险、生育保险。目前，也没有契合灵活就业人员特点的社保制度。一些灵活就业青年反映，他们参加的社会保障项目，必须自己承担本应由单位、公司承担的那部分费用，社会保险利益和其他福利也没有得到切实保障。仅仅按照城乡居民保险制度进行参保，难以满足灵活从业者日益迫切的劳动保护需求。新形势下，社会保障的覆盖范围需要考虑进一步加大，保障的实际力度也需要进一步加强。

（五）提供群体精准服务

1.加强对直播经济青年就业群体的有效组织联系

进一步对直播经济从业青年的年龄、数量和政治面貌等情况进行摸底调研，深入直播经济从业青年，倾听青年需求，了解他们在思想、工作、生活中的困惑和实际困难。在鼓励创新的同时，有必要探索更灵活的扶持政策，出台更多的支持、鼓励、保障措施，赋予灵活就业青年以机遇和保障。比如创建行业工会，在平台企业相对强势的背景下，为了更好地维护相关从业者的合法权益，可倡导成立共享经济下新业态从业者的行业工会，创新工会服务模式，充分利用互联网技术扩大工作服务范围，积极维护劳动者的合法权益。

2.设立集交流活动、学习培训、联系服务等功能于一体的杭州主播行业服务中心

创新1+N模式，不断加强直播电商平台和MCN机构、专业学院、培训机构、技术研发机构的合作，持续为相关产业链和专业链"破墙"，丰富就业形态。打造"服务行业发展、服务人才培养"模式，通过专业化引导与培训，培养专业电商直播团队，形成文案、策划、摄制、主播、运营等专业化分工，培养能说会道、懂网络、会直播、擅销售的专业数字化人才。

3.提供心理健康支持和咨询服务

培训可以包括提高自我认知、情绪管理、压力释放等方面的内容，帮助从业青年更好地应对困境。同时，可以建立心理辅导机构，提供心理咨询服务，帮助从业青年排解压力和解决心理问题，如放松练习、时间管理、积极思考等，以帮助他们更好地应对挑战，有效地解决问题。同时，心理咨询也可以帮助从业青年更好地与家人和同伴相处，建立良好的人际关系，增强社交能力和情感管理能力，并建立完善的健康保障机制，确保他们的身心健康。

综上所述，通过本研究，我们对杭州直播经济从业青年发展困境与对策进行了深入剖析，并提出了相应的对策与建议。从业青年职业发展趋势预示着杭州直播行业的未来发展方向。首先，众多年轻人加入了这个行业，他们大多具备较高的学历和专业技能，特别是在互联网技术方面有一定的优势。这使得从业青年能够更好地适应技术创新和变革。其次，随着直播行业的不断壮大，从业青年在职业发展上也逐渐展现出了多样性和个体化。一些从业青年经过不断学习和实践，逐渐从直播平台主播转变为内容制作人，通过深度挖掘和优化内容实现自身创作价值的最大化。而另一些从业青年则更注重直播推广和运营能力的提升，通过打造并维护个人品牌，实现商业合作和变现。另外，一部分年轻人在直播行业发展的同时，也保持了其他领域的兼并，将自身的特长和兴趣与直播行业结合，打造出了更多元化和具有个性魅力的直播内容。最后，从业青年在职业发展上瞄准了更广阔的市场。随着杭州直播经济规模的扩大和行业竞争的加剧，从业青年不仅仅满足于本地市场，还积极拓展了全国乃至全球市场。通过跨区域合作和资源整合，他们在直播行业中寻求更大的发展空间和机遇。总之，从业青年职业发展趋势注定了杭州直播经济的繁荣和发展，未来将会持续涌现出更多具有创新精神和实践能力的优秀从业者。鉴于该行业的特殊性和日益重要性，我们希望相关学者和从业者能够重视该问题，从不同的角度和维度进行深入研究，为杭州全力深化创新驱动，推动电子商务产业模式业态创新、协同融合创新、技术应用创新、生态环境创新，着力打造产业引领、合作开放、绿色发展、共同富裕的"新电商之都"和促进杭州直播经济的健康发展并为行业的可持续发展作出贡献。

参考文献

[1] JIN S V. "Celebrity 2.0 and beyond!" Effects of Facebook profile sources on social networking advertising.[J].Computers in human behavior，2018（79）：154–168.

[2] 艾媒咨询 .2021年度中国在线直播行业发展研究报告[EB/OL].（2022–03–03）[2024–02–01]. https://baijiahao.baidu.com/s?id=1726247636282654267&wfr=spider&for=pc.

[3] 樊天星.网络电商直播：商品信息传播新时代[J].新闻研究导刊，2019（9）：62，64.

[4] 杭城起"播"澜 新消费浪潮加速而来[EB/OL].（2023–08–17）[2024–02–01]. https://baijiahao.baidu.com/s?id=1774481186787934782&wfr=spider&for=pc.

[5] 杭州市商务局.浙江省 2022年1—12月网络零售统计数据[EB/OL].（2023–02–27）[2024–02–01]. sww.hangzhou.gov.cn/art/2023/2/27/art_1551502_58899070.html.

[6] 截至 2022 年年底，全国返乡入乡创业人员数量累计达 1220 万　人[EB/OL].（2023-02-17）[2024-02-01]. https://m. gmw.cn/baijia/2023-02/17/36372410.html.

[7] 李向荣，朱少英. 网络直播乱象原因分析与对策研究[J]. 人民论坛，2020（19）：64-65.

[8] 刘雨轩. 互联网直播法律规制问题研究[D]. 长春：吉林财经大学，2019.

[9] 沈瑞宵. 网络直播中的著作权保护与规制研究[D]. 成都：西南财经大学，2020.

[10] 王利伟. 电商直播行业发展研究浅析[J]. 中国市场，2021（25）：184-186.

[11] 臧程程，赵婷婷. 我国电商直播的发展现状、问题与规制路径[J]. 新媒体研究，2021（10）：49-53.

[12] 赵冰莹，布仁门德. 网络直播的发展现状及监管对策研究[J]. 视听，2018（6）：141-142.

[13] 中国互联网络信息中心. 第51次中国互联网络发展状况统计报告[R/OL].（2023-03-25）[2024-02-01]. https://baijiahao.baidu.com/s?id=1761312742418509029&wfr=spider&for=pc.

[14] 中国演出行业协会. 中国网络表演（直播与短视频）行业发展报告（2022—2023）[R/OL].（2023-04-20）[2024-02-01]. https://www.xdyanbao.com/doc/34fjibz6e3?bd_vid=12146569935872274560.

志愿服务助力杭州世界名城建设研究报告

杭州市团校　黄官飞

摘　要：杭州亚运会、亚残运会成功举办，世界的目光再次聚焦杭州。杭州世界名城建设发展取得了重要成果，城市国际化影响力不断提升，城市国际化发展品牌逐渐形成，国际化人才吸引力不断增强。本报告探讨了志愿服务与世界名城建设的关系，提出以大型国际赛会志愿服务为切口，国际化传播杭州城市文化，统筹协调全社会力量促进杭州志愿服务体系化可持续发展，加大青年群体投身志愿服务的支持力度，壮大杭州国际化人才基础等对策建议，探索杭州志愿服务助力世界名城建设的有效路径。

关键词：杭州；志愿服务；志愿者；大型赛会；世界名城

"东南形胜，三吴都会，钱塘自古繁华。"自古以来，杭州就是一座环境优美、人文荟萃的繁华都市，素有"人间天堂"之美誉。无数文人墨客为之倾倒，从唐代著名诗人白居易的"江南忆，最忆是杭州"，到宋代大文豪苏轼的"欲把西湖比西子，淡妆浓抹总相宜"，再到被意大利旅行家马可·波罗誉为"世界上最美丽华贵之天城"，都表明古代杭州城市的影响力和国际化水平。随着改革开放的不断推进，杭州的城市发展日新月异，国际化水平不断提升。近年来，杭州以"奋力打造世界一流的社会主义现代化国际大都市"为目标，围绕习近平总书记赋予杭州的"历史文化名城、创新活力之城、生态文明之都"①城市定位，紧紧抓住2016年二十国集团领导人杭州峰会（以下简称"G20杭州峰会"）、杭州第十九届亚洲运动会（以下简称"杭州亚运会"）等发展机遇，达到"办好一个会，提升一座城"的发展目标，实现杭州世界名城建设的突飞猛进。与此同时，杭州也是一座温暖的志愿之城。随着杭州打造国际"赛会之城"步伐不断加速，杭州的志愿服务也不断发展，在G20杭州峰会、FINA世界游泳锦标赛、杭州亚运会的举办过程中，被誉为"最美风景线"的杭州"小青荷"志愿者品牌逐渐推向国际。

一、杭州世界名城建设成果

（一）城市综合实力不断发展

杭州社会经济稳步发展，城市综合实力持续快速发展。G20杭州峰会和杭州亚运会等大型赛会的成功举办，极大地促进了杭州的城市公共基础设施建设发展。《杭州日报》曾对杭州借助亚运会举办契机大力推进公共基础设施建设进行报道，从G20杭州峰会到杭州亚运会，杭州实现了城乡基础设施建设迈向纵深，城市基础保障能力和城市能级实现不断跃升。"办好一个会，提升一座城"的理念通过基础设施建设和生活品质提升的细节传递给全体市民，实现城市发展和人民生活水平提升的良性互动，"办赛"与"兴城"相结合，杭州打造独具韵

---

① 郑庆东.习近平经济思想研究文集（2022）[M].北京：人民出版社，2023：272.

味、别样精彩的国际化大都市的蓝图一步步走向现实。

经济实力上，杭州位居全国前列，经济水平保持较快发展速度。公开资料显示，杭州全市生产总值由2012年的7969亿元增至2021年的18109亿元，年均增长7.9%，从全国城市第10位跃居第8位；常住人口人均地区生产总值2.3万美元。一般公共预算收入从860亿元增至2387亿元，增长1.77倍，从全国城市第8位跃居第5位。杭州市人民政府官网2023年10月24日发布信息，根据地区生产总值统一核算结果，前三季度全市生产总值14438亿元，按可比价格计算，同比增长5.8%，高于全国0.6个百分点。从生产总值数据中可以看出，强大的经济实力是杭州城市发展的重要体现。杭州主动响应"一带一路"倡议，建立全国首个跨境电商综试区并复制推广至全国131个城市，浙江自贸区杭州片区获批成立，出口总额全国占比突破2%，累计实际利用外资658亿美元，杭州正在成为国内大循环的强劲动力源和国内国际双循环的强大链接点。杭州成为6个全国营商环境创新试点城市之一，新设市场主体近100万户，国家高新技术企业总数突破1万家，民营企业500强数量连续20年蝉联全国首位，上市企业数量和市值均居全国第4位。企业运行质效显著改善，全员劳动生产率从13.28万元/人提升至24.02万元/人，规模以上工业企业利润总额提升至1428亿元。整体反映出杭州经济和市场主体蓬勃发展。

科技创新上，杭州不断提升平台建设和深化科技创新软实力，成功跻身全球科技创新城市的第一方阵。在杭州亚（残）运会上，各领域的"黑科技"应用让人目不暇接，地铁车厢内的智慧车窗、公园内可无线充电的座椅、涵盖食住行游购娱等多方面服务的"智能亚运一站通"平台、数字火炬人"弄潮儿"、户外裸眼3D、运送铁饼的机器狗、智能导盲犬机器人……让世界为杭州"智能亚运"点赞，而这些"黑科技"彰显出杭州跃升全球创新城市第一阵营的精彩与活力。杭州市第十三次党代会报告提出，要把建设"创新活力之城"作为赢得现在、制胜未来的重要法宝，争取进入国家战略科技力量第一方阵。杭州在高校、科研机构数量上与不少城市相比均存在弱势，但杭州通过积极布局极弱磁场、超重力等大科学装置与国家实验室，引育国科大杭州高等研究院、北航杭州创新研究院、西安电子科技大学杭州研究院、西湖大学等，打造全国重点实验室、交叉研究平台、产业转化平台等高能级创新平台矩阵，争创综合性国家科学中心，建设全球创新高地，并且成效显著。2023年11月10日，浙江省召开全省创新深化大会，杭州再次获得代表全省科技工作的最高荣誉的"科技创新鼎"，成为浙江省首个连续三年蝉联这一荣誉的城市。浙江省统计局、浙江省科技厅发布的《2022年度浙江省及设区市科技进步统计监测报告》数据显示，2022年杭州市创新指数达到了300.0，居全省第一；国家高新技术企业达到1.27万家，居全国省会城市第1位；世界500强企业排行榜入选数量排名全国第4位、全球第10位。2023年9月，世界知识产权组织（WIPO）发布了《2023年全球创新指数》。报告显示，杭州在全球科技集群中保持第14位排名，连续两年进入世界前15行列。

文化实力上，杭州是中国著名的历史文化名城，拥有西湖、大运河（杭州段）、良渚古城遗址三大世界遗产，宋韵文化深度融入城市发展。2023年11月，主题为"深入探究西湖历史文化，为杭州打造世界文化名城助力"的第15届西湖文化研讨会在杭州博物馆举行，近百位来自园林、城建、文博、文史界的领导和专家学者齐聚一堂，围绕主题深入展开学术交流和研讨。杭州历史人文遗迹厚重，西湖边的岳飞庙、于谦祠、秋瑾墓、苏堤、白堤等历史遗迹不胜枚举；杭州红色历史文化浓厚，是新中国首部宪法"五四宪法"诞生地、爱国卫生运动纪念地、中国空军抗战首捷地；杭州还陆续打造了南宋德寿宫遗址博物馆、国家版本馆杭州分馆"文润阁"、西溪湿地宋韵花朝节等IP，尽显杭州宋韵文化之美。从文化产业来看，杭州的数字内容、影视生产、动漫游戏、创意设计、现代演艺等优势文化产业实现集聚发展，2022年文化产业增加值为2420亿元，占生产总值比重达12.9%，文化产业发展基础好，文化和旅游贸易水平较高。2013年11月，以杭州市人民政府为建设主体、以杭州良渚文化城集团有限公司为运营主体、以良渚数字文化社区为服务载体的国家对外文化贸易基地（杭州）获得授牌，为浙江唯一的国家对外文化贸易基地。2023年11月，第十七届杭州文博会圆满闭幕，精彩时尚的文化产品，活跃热烈的活动氛围彰显出杭州韵味的别样精彩，展现出杭州文化产业发展的蓬勃活力。根据清科研究中心发布的研究成果《2022—2023杭州文化创意产业投资发展报告》，杭州文化及相关产业增加值占生产总值的比重居全国首位。据《杭州日报》报道，多年来杭州文化产业综合实力持续位居全国前列、全省第一。2023年前三季度，全市文化产业增加值为2395亿元，同比增长11.5%，占全市生产总值比重达16.6%，成为杭州推动现代服务业高质量发展、奋力打赢"经济翻身仗"的重要力量之一。杭州文博会连续十七年举办的过程，正是杭州文化产业从弱到强、从强到优发展蝶变的过程，是从全国文化创意中心到国际文化创意中心发展定位升级跨越的过程。

政府服务能力上，杭州的公共服务供给能力位于全国前列。从数字治城到数字惠民、智能惠企，杭州政府服务能力的能量级不断提升。2016年杭州"城市大脑"正式上线，打造交通、医疗、旅游等不同领域的最佳运管服模式，交通治堵、"智慧停车"，桥隧、河道、城市管道等场景在线监测和预警应用。利用"亲清在线"平台，从企业提出需求到项目审批，可以按"小时制"计算。杭州作为国内数字化建设的领先城市，长期以来积累了丰富的数字化城市管治服务经验。21世纪初，杭州已将"数字化"确立为城市发展的重要路径，至2020年，在《中国城市数字治理报告（2020）》中杭州的数字治理指数已位居全国第一。2021年，杭州出台《城市运行管理服务平台建设工作方案》，全面落实平台建设试点工作，并于当年年底完成试点任务，在城市运管服务方面，为全国树立了参考样本。借助"数字第一城"的优势，杭州通过开发杭州市政务服务管理监测系统，以通办、智办、快办、好办、易办、智治6个维度，对全市各级政务服务中心进行标准化、规范化、数字化管理监测，推动全市政务服务和招标投标统筹决策、一体部署、全周期管理，全面提升增值式政务服务绩效水平。通过集成服务、一网通办，如今政务服务网办掌办更加便捷。截至2023年10月，杭州全市政务服务事项平均"跑一次办结率"为94.97％，政务服务"一网通办率"保持在99％以上。杭州市连续两年获评全国一体化政务服务能力调查评估重点城市第一。2023年9月21日，杭州市人民政府还专门出台杭政函〔2023〕88号文件《关于全力打造营商环境最优市赋能经济高质量发展的实施意见》，要求"对标国际国内先进标准和最佳实践，推进营商环境重点领域改革攻坚，优化创新制度供给和服务模式，将杭州打造成为办事效率最高、服务水平最优、要素保障最强、法治氛围最浓、社会满意度最好的全国营商环境最优城市"，通过强化数字赋能，推进政务服务"一网通办"。

实际利用外资上，2023年前三季度杭州实际利用外资跃居全国前三。城市国际化发展带来的外商投资是城市吸引力的体现。根据潮新闻客户端等消息，商务部公布数据，2023年前三季度，杭州实际利用外资82.72亿美元，同比增长31.64％，增速在全国GDP十强城市中居首位，且总量首次超越广州、深圳，仅次于上海、北京，占全国比重达6.21％。在近几年新冠疫情肆虐、国际局势复杂、美元持续加息等一系列不利因素影响下，全球跨国投资十分低迷，经济合作与发展组织报告显示，2023年一季度全球外商投资同比下降25％。杭州的外资利用依旧保持了高速增长，显示出杭州城市能级与国际化程度的不断跃升，国际营商环境在进一步优化，对外资的吸引力不断加强。

（二）城市国际化影响力不断提升

G20杭州峰会的举办提升了杭州的国际影响力和全球知名度。随着社会经济发展和软实力的提升，杭州的城市国际化影响力不断提升。杭州亚运会的成功举办证明了杭州有一流的城市基础、一流的场馆设施、一流的赛事组织、一流的人文环境以及与其运行相配套的一系列公共基础设施。

杭州的城市国际影响力日渐提升，海外媒体的关注度也不断提高。据杭州市人民政府新闻办公室官微"杭州发布"报道，参考消息报社与新华社新闻信息中心共同发布的《中国城市海外影响力分析报告（2022）》分析结果显示，根据报告数据维度，杭州入选"2022中国国际传播综合影响力先锋城市"。报告认为，杭州在海外智库对中国城市的研究中表现突出。2021年，杭州在中国40个大城市海外智库热评度中位居前列，成功入选7个海外智库排行榜，并在多个榜单中进入全球前100强、境内前5强：在"中国新兴城市"排行榜中，杭州排名榜首，展现出了令人瞩目的发展速度；在中国"机遇之城"排行榜中，杭州在"文化与生活""可持续发展""经济影响力"等维度评分靠前。在入选"中国城市国际名录"的城市中，杭州单项指标仅次于北京。报告还显示，杭州在新闻网站、社交媒体两大平台的运营取得优异成绩，创新活力之城、历史文化名城、生态文明之都成为其海外标签。在海外传播新闻网站平台方面，杭州的关注总量、地区分布、触达效果和内容倾向4项指标十分均衡，无明显短板。多数对杭州城市的报道倾向都是偏中性或正面的。海外网络社会对杭州全年都维持相对稳定的关注度。社交媒体平台方面，杭州在关注总量、关键节点、触达效果、商企营销、海媒运营单项指标中综合排序靠前。

杭州还紧紧抓住亚运会带来的难得机遇，在赛会之城建设上趁热打铁。2023年10月4日，杭州亚运会如火如荼地进行，在杭州亚运会主媒体中心新闻发布厅举行了杭州市人民政府与国际体育组织集中签约新闻通气会，杭州市人民政府与世界羽毛球联合会、国际皮划艇联合会、国际曲棍球联合会签署合作备忘录。杭州正持续放大亚运综合效应，加快打造国际"赛""会"之城。未来几年，杭州将积极引进和承办高水平顶级赛事，大力培育自主品牌赛事，以国际"赛""会"之城建设推动世界一流的社会主义现代化国际大都市打造。

（三）城市国际化发展目标逐渐明确

有专家在研究中指出，当今世界的竞争，不光是国家间的竞争，还是城市间发展的激烈竞争。城市国际化是转变城市发展方式、提升城市发展效能和增强城市竞争力的有效途径，也是拓展城市发展功能、促进城市转型升级、提升城市品质与品位的内在需要。杭州的世界名城建设目标是杭州根据城市发展状况，促进城市国际化和提升城市发展效能的必然选择，也是促进杭州实现城市更高水平发展的现实路径。

杭州国际化发展方向始终未变，国际化步伐快速而稳健。有学者曾梳理过杭州城市发展的历史脉络。新中国成立之初，杭州就明确了"东方日内瓦"的城市定位；20世纪80年代中期，杭州又提出了建设"世界一流国际旅游城市"的目标；90年代，杭州市委作出了"建经济强市、创文化名城、加快城市化"的决策部署。21世纪以来，杭州高度重视城市国际化，习近平同志在浙江工作期间明确提出"四个杭州、四个一流"的要求。2008年杭州正式提出"城市国际化战略"，并明确打造与世界城市相媲美的"生活品质之城"。2012年，杭州提出将城市国际化作为推动发展的主抓手之一。2015年12月，杭州市委十一届十次全会指出，"十三五"时期，杭州要确保继续走在全国重要城市前列，努力建成美丽中国的样本，朝着建设世界名城目标大步迈进。2016年，杭州抢抓G20杭州峰会召开机遇，再一次提出建设"独特韵味、别样精彩"世界名城的战略目标和"三步走"战略步骤，进一步推动城市国际化。同年5月，《杭州市加快推进城市国际化行动纲要（2015—2017年）》正式公布。6月，《杭州市城市总体规划（2001—2020年）》进行修订。修改后的城市发展目标再次"升级"，将之前"全国重要的旅游休闲中心""全国电子商务中心"提升到了"国际"的高度。7月，市委十一届十一次全会审议通过《中共杭州市委关于全面提升杭州城市国际化水平的若干意见》。2018年8月，《杭州市城市国际化促进条例》正式实施。此前，全国还从未有一座城市通过地方立法促进城市国际化。不仅如此，杭州还将每年的9月5日设立为永久性节日——"杭州国际日"。2021年9月，杭州出台《杭州市推进"一带一路"建设和城市国际化"十四五"规划》，这是杭州城市国际化的首个五年规划。2022年2月，杭州市第十三次党代会提出建设世界一流的社会主义现代化国际大都市的新目标，开启了杭州城市国际化再升级。同年4月，为持续放大亚运综合效应，杭州制定出台《借势亚运　聚力奋进——杭州城市国际化攻坚行动计划》。4月24日至28日，作为我国一项重要的主场外交活动，由联合国发起主办的第四届联合国世界数据论坛在杭州举行并发布《杭州宣言》。再到杭州亚运会的成功举办，杭州国际化发展目标逐渐清晰，杭州世界名城建设的蓝图在一步步实现。

（四）城市国际化人才吸引力不断增强

近年来，杭州坚持以"一带一路"建设为统领，全面推进城市国际化重大决策部署，对外开放的规模和层次明显提高，开放型经济实力显著增强，"一带一路"重要节点城市建设成效显著，城市国际化水平迈上了新台阶。2022年杭州地区生产总值达到1.87万亿元，全年实际利用外资78.1亿美元，134家世界500强企业来杭投资234个项目。国际交流合作也日益频繁，成功打造了"杭州国际友城市长论坛"等品牌活动，连续五年举办"杭州国际日"系列活动，获评全球旅游最佳实践样本城市，入选全球百强国际会议目的地城市。不仅如此，杭州还持续优化国际化环境。启用杭州（萧山）移民事务服务中心，上线运行杭州国际服务在线（@Hangzhou）平台。全市中外合作办学项目71个、机构6个，拥有10家国际化医院，市属三甲医院均具备为外籍人员提供医疗服务的能力。累计建成70个国际化社区示范点。

2022年12月29日，科技部国外人才研究中心公布了2021年度"魅力中国——外籍人才眼中最具吸引力的中国城市"主题活动结果，杭州连续12年入选"外籍人才眼中最具吸引力的十大城市"，近两年连登三甲。其中，受访外籍人才对在杭州企业工作满意度评分最高，排名全国第一。此外，杭州高标准公共服务也获得受访外籍人才认可，交通出行、医疗卫生、教育等二级指标的得分均位列全国首位。科尔尼发布的《2022年全球城市指数报告》榜单中，杭州位列第79位，四年跃升38位。

人才是发展的第一资源，也是杭州国际化的第一要义。对标全球一流城市，杭州积极践行"聚天下英才而用之"的战略思想，先后制定出台加快推进人才国际化的意见，创新推出"全球聚才十条"，实施全球引才"521"计划和"115"引进国（境）外智力计划，建设全国首个国际人才创业创新园和国际人力资源产业园等一系列政策举措，近5年引进各类外国人才超6万人次，财政资助超亿元，人才净流入率、互联网人才净流入率连续多年居全国城市首位，为加快杭州国际化建设提供了有力的人才支撑，有力助推了杭州的世界名城建设。

二、志愿服务与世界名城建设的关系

志愿服务与世界名城建设是互相促进、相辅相成的关系。相关学者指出，世界名城建设是一个城市综合实力的体现，既包含城市的经济发展水平、基础设施建设等看得见的经济实力，也包含城市的人文水平、城市文化等软实力。发达国家的成功经验表明，一个走向国际化的大都市，不仅要有国际化的城市经济服务功能、城市社会发展水平，还要具备国际化的城市软实力、城市传播力和较高的美誉度。

（一）志愿服务高质量发展是城市国际化的组成部分

志愿服务高质量发展是城市国际化和国际名城建设的组成部分。

中国志愿服务联合会副秘书长、上海市志愿服务公益基金会理事长、上海市志愿者协会副会长陈振民等在《志愿服务彰显城市精神》中回顾上海志愿服务的发展情况，把上海志愿者誉为"城市精神的靓丽名片"。20世纪90年代，上海作为沿长江经济带开发开放的龙头，很多国际性、全国性的重大活动都接连在上海举行。这极大地推动了上海经济社会各个方面的发展，也包括志愿服务的发展。上海举办一系列重大活动、重大的体育赛事，上海市志愿者成为一支不可缺少的重要力量。2010年，志愿者不仅保障了上海世博会的顺利进行，更以自己的智慧、勇气和坚韧打动了世人，展示了"阳光、快乐、奉献和担当"的风采，赢得了海内外的广泛赞誉，成为世博会一支不可或缺的重要力量。遍及城市每个角落的上千万张笑脸及其精准服务，向全世界诠释了上海志愿服务精神的内涵，也展现了上海城市的精神风貌，成为城市精神的最好名片。志愿者身上体现出的为国争光的爱国精神、乐于付出的奉献精神、精诚协作的团队精神、尽职尽责的敬业精神和开拓创新的进取精神，已经成为上海城市精神的重要组成部分，并成为上海志愿服务事业发展的重要里程碑。

广州作为改革开放的前沿城市，在引进国外及港澳地区的先进经济观念、管理观念、文化观念方面常率风气之先，广州的志愿服务事业发展也走在全国前列，发挥着示范和引领作用。广东青年职业学院社会工作系的《沿海发达城市志愿服务发展特色分析——以中国广州市为例》以广州为例，介绍改革开放以来沿海发达城市志愿服务活动发展历程及特点，并认为"当今中国的志愿服务是伴随改革开放、中外交流而诞生的高尚事业，广州则是发源地之一"。广州志愿服务的国际化合作是一大亮点，一方面得益于开放前沿城市的地位，从改革以来，大量国外和港澳地区的先进经验、先进模式传入广州，获得学习与借鉴，也成为志愿组织学习借鉴的要素；另一方面得益于广州志愿者的积极开放、主动学习，特别是2010广州亚运会筹备和主办期间，广州团市委、志愿者协会多次主动联系联合国开发计划署、联合国志愿人员组织等，争取国际专家学者、国际志愿者领袖前来广州指导服务，也吸收国际志愿者参加服务活动。特别是合作举办"志愿中国 和谐亚洲——奥运亚运推动志愿服务发展国际论坛""亚运志愿者领袖国际交流营""联合国专家亚运服务考察团"等，极大地提升了广州志愿服务的国际影响力。广州亚运会结束时，"共青团广州市委、广州亚组委志愿者部被授予'联合国卓越志愿服务组织奖'，这是继北京志愿者协会荣获'联合国卓越志愿服务组织奖'后，中国志愿服务工作受到联合国志愿人员组织又一次极高的褒奖"。同时，联合国开发计划署、联合国志愿人员组织与广州市开展"志愿服务国际合作五年项目"，建立"一办三中心"及国际合作办公室、国际合作研究中心、国际合作培训中心、国际合作实验中心等，依托广州志愿者协会秘书处、广东青年职业学院、广州志愿者学院、广州青年文化宫等，将志愿服务国际合作持续推进。

首都北京的志愿者工作经历多次大型赛会活动的历练和检验，影响力居全国之冠。北京奥运城市发展促进会副会长蒋效愚在《北京"双奥之城"的遗产价值》中认为，北京举办的两届奥运会是中国人民用奋斗铸就的现代奥林匹克运动史上的历史丰碑。中国体育健儿在奥运赛场上展现出以"顽强拼搏、为国争光"为核心的中华体育精神，广大志愿者践行"奉献、友爱、互助、进步"的志愿服务精神，北京市民"热情开朗、大气开放、积极向上、乐于助人"的东道主风采以及两届奥运会激发起的海内外中华儿女对中华文化的高度认同，对祖国产生的强大凝聚力、向心力和自豪感等，是中华民族伟大民族精神在当代的生动展现与写照，是当代中国人民对中华文明精神谱系的丰富与发展，彰显了在中国共产党领导下中国人民砥砺前行、自信开放的时代风貌。这些奥运精神遗产我们一定要倍加珍惜、大力弘扬，让其成为推动首都发展的新动能，成为当代中国人民奋进新征程、建功新时代的强大精神财富与动力源泉。

《高校多语言志愿服务人才培养策略研究——以扬州创建国际旅游城市为例》的作者认为多语言志愿者在历来的国内重大赛会的组织工作中，都是一支非常重要的力量，大型活动对专业人才的储备也是一个非常重要的机会，以扬州创建国际旅游城市为例，建议扬州旅游发展建设可通过培养多语言志愿服务，建立多语言人力资源储备库，加强多语言志愿者队伍建设，把扬州市打造成真正的国际旅游名城。从志愿服务的视角来看，多语言志愿服务对于城市国际项目活动的重要性不言而喻，多语言志愿者是沟通不同地域和促进国际交流的重要桥梁，多语言志愿服务人才的培育对城市的影响力不可忽视。

杭州亚运会让世界目光聚焦于杭州，美轮美奂的亚运会开幕式气势恢宏而又充满中国文化韵味，国家主席习近平亲临现场和多国领导人一同见证亚运会开幕。3.76万名杭州亚运会、亚残会赛会志愿者"小青荷"用饱满的热情、专业的服务在亚运盛会中大放异彩。"亲爱的志愿者朋友们，我们需要'小青荷'！"亚奥理事会代理主席辛格在杭州亚运会开幕式上的致辞中现场喊话"小青荷"志愿者。在杭州亚运村、各个比赛场馆、交通枢纽等，"小青荷"志愿者亲切友好的服务给中外嘉宾和记者留下深刻印象。而实际上，除了3.76万名赛会志愿者外，100多万的杭州城市志愿者也在默默地为亚运护航，148万余名市民报名成为"爱杭城"亚运城市志愿者，活跃在3900多个志愿服务站点，包括220个市级和314个区级"亚运文明驿站"以及3400个新时代文明实践阵地上。相比光鲜亮丽的"小青荷"志愿者，这些普通杭州市民组成的志愿者队伍，也是杭州亚运会的奉献者，也在为这场国际盛会贡献力量，学英语、学涉外礼仪，他们身上也展现出杭州城市国际化的志愿者积极助力志愿服务的高质量发展。

（二）志愿服务促进城市国际化文明发展

志愿服务与城市发展是紧密相连的，志愿服务发展也在促进城市国际化发展。同济大学杜欢政等在《中国发展观察》上发表的《广州志愿服务参与城市环境治理之鉴》，就以广州的志愿服务提升城市环境为研究对象，提出借助广州作为社会主义现代化国际大都市优势和"志愿之城"优势，让"人民城市"理念借助志愿服务活动这一载体在此落地生根。贯彻"人民城市人民建，人民城市为人民"的重要理念需要广泛深厚的人民力量。公众参与生态环境治理，既可以降低政府的治理成本，又能够发挥公众的积极性和主动性，形成社会合力，共同促进生态文明水平的提升。志愿服务活动是拓宽人民参与城市环境治理、构建美丽城市的有效方式，也是推动治理能力现代化的应有之义。广州市于2017年成立广州市城市管理志愿者协会，鼓励社会各界广泛参与城市环境治理，形成了一批好做法和好经验。立足于当前广州国际化大都市的发展实际，城市环境治理要求扩大志愿服务范围，完善志愿服务制度，推动志愿服务向城市生态环境治理延伸。

和平与发展是当今世界各个国家的共同追求，但当今的世界并不太平，俄罗斯与乌克兰的冲突还在持续进行，以色列继续对加沙地带进行轰炸。杭州历来是东西方文明交流的枢纽城市、"一带一路"的重要节点城市。七个多世纪前，意大利著名旅行家马可·波罗到访杭州并盛赞其为"世界上最美丽华贵之天城"，这说明当时杭州的城市化水平达到相当高的水平，城市国际化水平和开放程度很高。一直以来，杭州的城市发展目标始终是建设高水平的世界名城。志愿服务弘扬"奉献、友爱、互助、进步"的志愿精神，大型赛会活动是各国沟通交流和文明互鉴的重要载体。作为"重要窗口"的省会城市，杭州紧紧把握"G20峰会"和"亚运会"的历史机遇，始终坚持对外开放不动摇，朝着建设世界一流的社会主义现代化国际大都市目标不断迈进。杭州亚运会的圆满举办，是向全世界展现中国文化韵味与大国风范的重要窗口，也是践行"一带一路"倡议和构建人类命运共同体、展现中国之治文明新形态的重要平台。而围绕杭州亚运会开展的志愿服务，既展示出杭州市民的热忱和文明，又开展了体育、文化的交流融合，促进了民心相通和互相理解，进一步提升了杭州的国际知名度和美誉度，促进了杭州国际名城建设与传播。

中国青年志愿者协会副会长、广东社工与志愿者促进会会长谭建光教授在《杭州亚运会与"志愿名城"建设的新机遇》中指出，杭州市承办2022年的第十九届亚洲运动会，既是汇聚亚洲体育运动员进行技能竞赛和展示的良好机会，也是通过志愿者的真诚、友好、热情、周到服务提升"志愿名城"影响力的良好机会。应抓住举办亚运会并做好志愿服务的机会，通过探索创新奠定"志愿名城"的新基础。

（三）世界名城建设引领志愿服务国际化

世界名城建设给志愿服务带来国际化发展机遇，也引领志愿服务国际化。在G20杭州峰会之后，团杭州市委在《中国共青团》撰文

《推动后峰会时代志愿服务工作实现精彩提升》，指出"G20峰会为杭州打开通向美好未来的大门，为青年发展搭建更精彩的舞台，为志愿服务事业提供了前所未有发展机遇"，提出了要做好峰会志愿服务成果转化，积极推动志愿服务工作再上新台阶，树立"国际化"发展风向标，并细化了若干具体举措。围绕"世界名城"目标，联合外办、外经贸局、贸促会、在杭高校等单位，组建城市国际化志愿服务队，通过志愿服务的形式，强化广大志愿者、市民对国际化的认知，提升外语交流能力、礼仪文明水平，优化城市国际化的"软实力"，为城市国际化进程作出积极贡献。充分运用好"峰会"圆满成功的红利，邀请国际性社会学、公共管理学等方面的专家学者，组建大型赛会志愿服务专家委员会，融合海外经验和中国实际，探索适合志愿服务事业国际化发展的方法、道路和体系，为未来志愿服务事业发展打下坚实的基础。做好"引进来"和"走出去"的文章，在团中央指导下，联合团省委等单位积极承办国际性志愿者论坛，努力打造志愿服务界"达沃斯"论坛。积极承担起金砖国家志愿服务联络中心工作，继续配合做好中国青年志愿者援外志愿服务工作，争取在国际赛会期间互派志愿者，推进志愿服务国际交流合作。

实际上，杭州的世界名城建设步伐从未停下。2022年12月26日，中国共产党杭州市第十三届委员会第三次全体会议通过的《中共杭州市委关于全面学习把握落实党的二十大精神 加快打造世界一流的社会主义现代化国际大都市 努力成为中国式现代化城市范例的决定》指出，全面深化"奋进新时代、建设新天堂"系列变革性实践，更好统筹经济高质量发展与城市内涵式发展，高水平推进共同富裕幸福杭州建设，加快打造世界一流的社会主义现代化国际大都市，率先探索具有普遍意义的共同富裕和现代化路径，在以"两个先行"打造"重要窗口"中展现头雁风采，为中国式现代化提供城市范例。进一步完善"加快打造世界一流的社会主义现代化国际大都市"的目标安排。按照党中央全面建成社会主义现代化强国"两步走"战略安排，到2035年，基本实现高水平现代化，形成具有杭州特点的中国式现代化路径；到21世纪中叶，建成具有全球影响力的"独特韵味、别样精彩"世界名城。杭州的世界名城建设势必带动各方面的全面发展，志愿服务的国际化也是其中要义。抓住杭州名城建设带来的难得机遇，紧紧围绕国际化战略，做大做强志愿服务事业是杭州的必然选择。

三、杭州志愿服务发展情况

（一）志愿服务发展历程

1993年，杭州的"保护西湖绿色行动"活动，宣告了杭州志愿服务工作进入萌芽阶段。经过三十年的精心培育，杭州志愿服务事业茁壮成长，志愿服务的力量不断壮大，涉及的领域越来越广泛，机制建设更加完善，影响日益扩大。杭州志愿服务工作在规范化、制度化建设方面走在全国前列。早在2003年，杭州就出台了全国副省级城市第一个志愿服务规范性法规《杭州市志愿服务条例》，为志愿者和志愿服务工作提供法律保障。2016年，杭州通过地方标准的形式发布实施了国内首部《大型赛会志愿服务岗位规范》，并在修订完善后于2018年作为省级地方标准发布实施。

杭州涌现出坚持三十多年每周摆免费修车摊的孔胜东等一大批热心公益的志愿者，培育出"微笑亭""西湖阿姐""武林大妈""小青荷""亚运青年V站"等一大批志愿服务品牌。"志愿汇"App平台数据显示，杭州市注册志愿者超过406万人（数据截至2023年10月21日），而据《杭州日报》（2023年3月3日）报道，2022年杭州市人口主要数据公报显示杭州全市年末常住人口1237.6万人，注册志愿者占常住人口的32.8%，也就是说，平均三个杭州人中就一个是注册志愿者。浓厚的志愿服务氛围，不但传递出杭州城市的温度，也展现出杭州城市的文明形象。志愿之城是杭州世界名城建设的重要组成部分。

（二）志愿服务成为杭州城市文明金名片

志愿服务是社会文明进步的标志，也是反映城市人文环境的一面镜子。有媒体曾以《勇举赛会旗 志愿看杭州》为题，报道杭州志愿服务发展情况，点赞杭州大型赛会志愿服务，同时指出多年来志愿服务已经成为提升杭州城市创新发展水平、促进全面建成小康社会的重要抓手，成为城市精神和文明形象的一张张金名片。

"小青荷"志愿者成为赛会志愿服务的"品牌"，也成为杭州城市精神和文明形象的一张金名片。"小青荷"志愿者品牌诞生于2016年G20杭州峰会，志愿者昵称为"小青荷"，取自宋代诗人杨万里描写杭州的诗句"接天莲叶无穷碧，映日荷花别样红"。"青荷"，音同"亲和"，指志愿者具有亲和力，志愿者的微笑是杭州最好的名片。2016年G20杭州峰会期间，杭州有1.3万个志愿服务组织，185.2万人次志愿者参与峰会城市志愿服务"七大行动"，营造了"人人参与峰会服务保障"的良好氛围。4021名"小青荷"志愿者代表的中国青年志愿者，通过精彩服务、精彩管理、精彩展示，服务嘉宾5万余人次，服务时长累计19.4万小时，赢得了国内外嘉宾的交口称赞，被誉为峰会"最美丽的风景"。"小青荷"志愿者成为2017年全国向上向善好青年群体，入选全国学雷锋志愿服务"四个100"先进典型项目等。G20杭州峰会之后，"小青荷"志愿者继续书写志愿服务的杭州故事，世界游泳锦标赛、杭州亚运会等大型赛会活动中，"小青荷"志愿者也备受关注。新华社报道亚运会"小青荷"志愿者身着青绿、服务体贴，风采令人印象深刻。G20杭州峰会以来，"小青荷"这一志愿服务工作品牌已成为杭州大型赛会服务的一张金名片。国际奥委会主席巴赫在亚运村专门看望了赛会志愿者，并给他们点赞："感谢所有出色的志愿者，谢谢你们的好客热情和灿烂笑容。""小青荷"志愿者累计收到了1000余封来自各代表团、技术官员、媒体记者、现场观众发来的感谢信和表扬信。

　　"武林大妈"志愿者是杭州基层志愿服务的一张金名片。2016年，武林街道成立了"武林大妈"志愿服务队，最初的成员只有包括俞翠英在内的18位退休大妈。到2023年，"武林大妈"已经有男有女、涵盖各个年龄层，是拥有5.3万余名志愿者的志愿服务团队。"武林大妈"志愿服务亭建于2017年。2023年，为了迎接杭州亚运会，服务亭提升改造成为"武林大妈"亚运文明驿站，里面不仅有茶水、微波炉、雨伞、针线包、应急药箱等便民服务设施，还配备AED除颤仪、轮椅等医用设备。门口的陈列架上，各类亚运宣传册一应俱全，成为一个集旅游咨询、亚运宣传、城市活动、便民服务于一体的常态化亚运城市志愿服务阵地。如今，"武林大妈"已经深入人心，成为杭州基层治理和志愿服务的一张金名片。

　　杭州"交通文明劝导"及"斑马线礼让互敬"志愿服务也是杭城的一张金名片。在杭州西湖景区附近最繁忙的交通路口，由志愿者手拉手组成的"最美人墙"曾爆火网络，他们引导行人安全有序过马路，保障交通繁忙的路口车流顺畅通行，传递了杭州城市的温度。2016年3月，杭州市城投集团成立志愿服务队，以维护公交站文明秩序为切入点，不断探索和实践，为市民提供多样丰富的服务活动。城投的很多志愿者每个月都要到杭城各个公交车站、社区等开展服务。在杭州火车东站、吴山广场等公交站点，乘客自觉排队站在护栏内等候上车，一旁，穿着红马甲、头戴小红帽，满脸笑容的志愿者们手举"请排队上车，为杭城添彩"的标语牌。3年来，杭州市城投集团的志愿者们坚持在每月1日和11日的早晚高峰，到主城区的各个公交首末站对上车乘客进行排队候车的引导。如今，在杭城的200多个公交首末站和3000余个中途站里，杭州市民主动有序排队乘车已蔚然成风。作为最早开始文明劝导志愿服务的城市之一，杭州的志愿者团队规模、费用投入、基础设施改造都走在全国前列。"公交文明排队志愿服务"也成为杭城发动志愿者最多、涉及站点规模最大的公交站文明劝导服务活动之一。这一服务连续3年被评为"杭州市精神文明建设十件大事"之一，还入选中宣部主办的党的十八大以来"砥砺奋进的五年"大型成就展，成为展现杭州城市文明的又一张金名片。

杭州志愿者参与社区建设，关心关爱老弱病残等社会弱势群体，服务公共事业，深入践行社会主义核心价值观，引领社会文明实践，是杭州政府管理和社会公共服务的重要支持力量。志愿服务是杭州人文精神丰富的体现，不光是弘扬"奉献、友爱、互助、进步"的志愿精神，同时也在扶贫济困助力共同富裕中发挥资源优化作用，为杭州基层社会治理夯实了群众基础。在杭州，"有需要找志愿者，有时间做志愿者""人人都是志愿者，人人奉献为杭州"正成为市民们的践行理念，大街小巷里都活跃着"红马甲"志愿者，景区、火车站、地铁站、机场等人流密集的场所到处可以看到志愿者，大型赛会活动中"小青荷"靓丽的身影散发着青春气息，还有很多志愿者通过援外志愿服务走出杭州、走向世界，志愿服务作为杭州市民文明程度的体现，打造了杭州城市形象的一张张金名片。

（三）志愿服务国际化水平不断提升

杭州志愿服务国际化水平随着杭州城市国际化的加速而不断提升，也体现在志愿服务领域的多个维度。

从志愿服务的主体上看，杭州志愿服务的参与者更加多元，杭州志愿服务国际化体现为越来越多的国际友人投身志愿服务，成为"洋雷锋"。2015年12月，杭州团市委就成立了"国际友人志愿服务团"，由来自美国、俄罗斯、意大利、韩国、乌克兰、印度尼西亚等国家的50余名高校留学生和外籍教师组成，这为杭州志愿者大家庭增添了浓郁的"国际范儿"，国际志愿者由高校及社会招募，大部分都能用中文交流，而且热爱中国文化，经常开展社区英语沙龙等志愿英语普及活动，让更多的人用英语一起迎接外国游客，同时通过国际志愿者讲好杭州故事，向世界介绍杭州。杭州亚运会赛会志愿者"小青荷"里也有不少外籍志愿者，马来西亚籍留学生林雪柔就是其中之一，不少外籍志愿者和她一样发挥自己的语言优势，将中国的故事、杭州亚运会的故事讲给世界听。杭州市共有148.8万人注册报名参加亚运城市志愿服务，累计252万人次参加了城市志愿服务活动，服务时长达378万小时。杭州亚运会城市志愿者统称为"爱杭城"，他们中除了"武林大妈""西湖阿姐"等本土特色志愿服务队伍外，也有部分在杭外籍教师和国际友人。例如，在富阳银湖体育中心文明驿站，来自英国的"夫妻档"志愿者戴维和安妮已经在杭州工作了6年。趁着国庆假期，夫妻俩报名到文明驿站，为外籍观众提供咨询向导服务。

从服务对象上看，越来越多的杭州志愿者加入援外志愿服务，传播中国声音，越来越多的杭州志愿者投身国际赛会志愿服务。杭州志愿服务的对象不仅涵盖了杭州所有市民、来杭州观光的中外游客，还有世界各地需要帮助的国际友人。杭州的援外志愿服务也走在全国前列，创造了境外志愿服务的"杭州模式"。早在2006年，杭州就派出了14名志愿者前往埃塞俄比亚。这不仅是中国派遣的第一支服务期为一年，且规模最大的援外青年志愿者服务团中的组成部分，也是中国承诺三年内向非洲派遣300名青年志愿者中的第一批。中国新闻网曾报道，继志愿服务埃塞俄比亚后，2009年7月，杭州市再度派出10名志愿者奔赴非洲加纳共和国，进行为期一年的海外志愿服务工作。这不仅是中国首次向加纳派遣志愿者，也是杭州市首次独家承办援外志愿服务项目，境外服务"杭州模式"业已成型。时任杭州市委副书记王金财表示："志愿者前往埃塞俄比亚，翻开了杭州志愿服务跨出国门、走向世界、开展援外志愿服务的崭新一页，也获得了当地政府的称赞。如今，10名志愿者前往加纳，为杭州推进城市国际化战略、提升文化'软实力'、扩大国际影响力，提供了新的平台。"

从服务机制上看，杭州志愿服务国际化经验不断积累，运行机制也日渐成熟。从1990年举全国之力筹办北京亚运会，到2008年北京奥运会惊艳世界，再到2022年北京冬奥会、2023年成都世界大学生运动会，成功举办国际大型赛会不但是对国家综合实力和组织能力的考验，而且是举办城市向世界展示城市文明风采和提升国际知名度的重要契机，这也是很多城市争相申办各类国际化大型赛会活动的重要动力之一。2016年杭州承办了G20杭州峰会，这是迄今杭州举办的规格最高、影响最大的政府首脑会议，20多个国家和国际组织首脑齐聚杭州。尽管杭州是第一次举办如此高规格的峰会，但峰会中杭州志愿服务工作的表现令人惊艳。100多万城市志愿者为峰会的胜利召开做好了氛围营造和外围保障工作，4000余名"小青荷"志愿者分布在峰会主会场国际博览中心、新闻中心、宾馆饭店、机场、火车站等场所的抵离迎送、安保注册、礼宾接待、咨询引导、交通出行、新闻中心、会务晚宴、文艺演出、后勤保障数十个业务领域的3760个服务岗位，累计服务时数20余万小时，服务中外嘉宾5万余人次，"小青荷"志愿者青春阳光的良好形象随着媒体的镜头传遍全球，"小青荷"志愿品牌一炮而红。G20杭州峰会在杭州完美落幕，"小青荷"的精彩服务赢得了广泛好评，团中央专门出台了《关于支持G20杭州峰会志愿者工作并加强全国赛会志愿者工作的十条举措》，在杭州挂牌成立"中国青年志愿者赛会服务研究培训基地"。为做强中国青年志愿者赛会服务研究培训基地，组建社会化、实体化培训研究运行机构，团杭州市委专门成立杭州西子志愿服务发展中心，承办全国大型赛会志愿服务研究交流会及系列培训，依托研究培训基地研发大型赛会活动的志愿服务体系，打造志愿服务的杭州样板，在全国推广杭州经验。之后，2018年杭州又举办了FINA世界游泳锦标赛等国际赛会，杭州志愿服务随之成为赛会筹办的重要力量，国际化程度日渐提升，"小青荷"志愿品牌深入人心。"中国特色、亚洲风采、精彩纷呈"的杭州亚运会顺利举办，从精彩赛场到美丽城市，无论是顺畅的赛事组织还是周到的服务保障，处处都有志愿者忙碌的身影，亚运会志愿者的组织机制都是顺畅成功的。

从服务效果上看，无论是赛事志愿服务方面，还是城市文化传播方面，杭州亚运会"小青荷"都取得了很好的传播效果。3.76万"小青荷"志愿者和180万城市志愿者在服务亚运中展示了杭州人的热情和温暖，宣传了"善城杭州"的人文精神，传播了杭州城市文化形象，这是通过亚运志愿服务促进"志愿名城"建设的具体体现。国际奥委会主席巴赫在亚运村专门看望了志愿者，并给他们点赞："感谢所有出色的志愿者，谢谢你们的好客热情和灿烂笑容。"杭州亚运会开幕式上，亚奥理事会代理主席辛格在致辞时现场喊话杭州亚运会"小青荷"志愿者："亲爱的志愿者朋友们，我们需要'小青荷'！"这不但在国际上宣传了主办城市杭州，更彰显了杭州作为亚运会举办城市积极温暖的人文精神。

四、杭州志愿服务助力世界名城建设的对策建议

（一）把握大型国际赛会志愿服务契机，传播城市文化

客观来看，杭州城市国际化发展成绩斐然，但与"国际名城"的城市发展目标还有差距，城市国际化发展还有待加强，国际化交流的广度和融合的深度不够，城市形象对外宣传力度还不够，在与世界互联互通的便捷性上还要进一步加强。大型国际赛会往往具有参与人数众多、参与者来源广泛、媒体和社会关注度高、国际影响力巨大等特点，志愿者通过服务赛会开展国际交流，志愿服务作为城市文明的展示窗口，容易获得关注与传播。以大型国际赛会志愿服务为切口，国际化传播杭州城市文化是可行的。大型国际赛会中，不但有来自全球各地的参赛人员，还会有随行官员及各国主流媒体客户群等。随着大型赛会志愿服务专业化、国际化发展，志愿者深入参与到赛会服务的各个业务领域，广泛服务于参与赛会的各类客户群体。国内外媒体报道大型国际赛会，除了关注赛会有关的居住、餐饮和比赛的场馆设施"硬件"外，也非常关注组织赛会的"软件"——人员。志愿者作为参与大型国际赛会活动组织和筹办工作的重要人员类别之一，广泛分布

在各个比赛场馆，是媒体容易接触和乐于采访的重要对象。通过与志愿者的接触，客户群体能够了解当地的城市文化、自然人文风光和传统民俗文化，近距离地感受本土历史和文化的丰富和厚重。通过大型赛会志愿者和志愿服务来传递杭州人文精神、讲述杭州故事，在国际化叙事中传播杭州城市文化，不失为助力杭州世界名城建设的一个务实选择。

（二）加强杭州志愿服务体系化建设，促进杭州城市可持续发展

目前，杭州志愿服务在社会各界的关心下取得了长足的发展。但与杭州世界名城建设的目标要求相比，杭州志愿服务的水平和状态还有较大的差距。对比其他世界名城的发展状况，杭州还有许多潜力等待发掘。若想实现杭州志愿服务体系化高质量和可持续发展，必须统筹协调全社会力量，借助各方优势，推动杭州志愿服务的全面发展。以杭州优势产业为例，可以借助杭州"数字之城"的优势，把数字化优势和志愿服务指导工作结合起来，通过运用大数据，解决志愿服务信息互通、归集整合方面的弱点，优化社会资源，促进杭州志愿服务跟上国际名城的快速发展步伐。

同时，聚焦新时代背景下的志愿服务发展趋势，参照国内外国际化程度高的城市在志愿服务领域的经验和先进理念，融合杭州城市的本地化特点，在国际名城建设中整合各方力量、汇集各方资源，推动杭州志愿服务实现高水平发展，实现与世界名城建设的良性互动循环。

（三）引领青年投身志愿服务实践，壮大杭州城市发展人才队伍

习近平总书记说："未来属于青年，希望寄予青年。"[①]青年群体的参与程度直接影响杭州志愿服务的情况，因此要加大青年群体投身志愿服务的支持力度，吸引更多优秀的年轻人投身志愿服务，尤其是国际赛会的志愿服务，充实杭州志愿服务国际化人才库，提升杭州国际名城建设的人才竞争力。同时，建议杭州继续优化国际化人才生活和发展环境，吸引全球人才选择杭州就业乐居，进一步壮大杭州国际化人才基础，打造具有国际竞争力的人才队伍，为杭州国际名城建设打造人才"蓄水池"。

杭州亚运会已圆满落幕，但要继续放大亚运综合效应，提升杭州城市国际化水平和国际影响力，持续深化国际友城交往，继续办好"杭州国际日""杭州国际友城市长论坛"等活动，发挥"一带一路"地方合作委员会作用，实现对外交流互动的越级提升，吸引更多国际化人才投身志愿服务和城市建设。以打造国际赛会之城为重点，继续谋划高水平的国际赛会，提升杭州城市国际竞争力，提升杭州对外开放水平，展示杭州城市国际魅力、国际化公共服务水平、城市国际传播效能等。

参考文献

[1] 陈碧红，余晓婷.以"亚运练兵"提升志愿服务水平[J]. 杭州（周刊），2019（20）：10-13.

[2] 陈跃.打造"杭州国际日"金名片 加快推进城市国际化[J]. 杭

---

① 习近平.论党的青年工作[M].北京：中央文献出版社，2022：237.

州（周刊），2018（16）：44–45.

[3] 杜欢政，张挺，田宁，等.广州志愿服务参与城市环境治理之鉴[J].中国发展观察，2022（4）：86–89.

[4] 广东青年职业学院社会工作系.沿海发达城市志愿服务发展特色分析—以中国广州市为例[J].广东青年职业学院学报，2013（1）：20–24.

[5] 胡坚.讲好杭州故事，打造世界文化名城[J].杭州（周刊），2018（29）：30–32.

[6] 蒋效愚.北京"双奥之城"的遗产价值[J].前线，2023（3）：72–74.

[7] 林祥明.让志愿者成为杭州城市的精神品牌—首届志愿服务杭州论坛发言撷英[J].杭州（生活品质），2010（3）：52–54.

[8] 潘妍.高校多语言志愿服务人才培养策略研究—以扬州创建国际旅游城市为例[J].牡丹江教育学院学报，2014（10）：56–57.

[9] 任日莹.擦亮城市名片，提升杭州全球影响力[J].杭州（周刊），2019（4）：17–21.

[10] 荣德昱，张艳，赵睿诗，等.大型赛会志愿服务品质的提升路径—以G20杭州峰会为例[J].青少年研究与实践，2017（3）：65–69.

[11] 上海市档案局（馆），上海老新闻工作者协会.上海改革开放40年[M].上海：上海人民出版社，2018.

[12] 沈威.新时代志愿服务高质量发展路径探析—以杭州亚运会为例[J].中国青年社会科学，2021（6）：11–15.

[13] 斯国新.杭州打造世界名城的评价体系研究[J].中共杭州市委党校学报，2018（2）：89–96.

[14] 谭建光.杭州亚运会与"志愿名城"建设的新机遇[J].杭州（周刊），2019（20）：26-29.

[15] 汤富强，许佳军，王奋宇.中国城市外籍人才吸引力报告（2022—2023）[M].北京：社会科学文献出版社，2023.

[16] 团杭州市委.推动后峰会时代志愿服务工作实现精彩提升[J].中国共青团，2016（11）：11-22.

[17] 习近平.论党的青年工作[M].北京：中央文献出版社，2022.

[18] 徐国伟，汪萌萌，陈小国，等.杭州城市国际化水平评价[J].杭州（周刊），2019（30）：38-40.

[19] 张晓红，任炜，李凌，等.大型活动志愿服务组织与管理[M].北京：中国青年出版社，2014.

[20] 章涌.从"华贵天城"到"世界名城"[J].杭州，2023（8）：10-13.

[21] 章涌.以志愿服务提升城市软实力[J].杭州（周刊），2019（20）：14-17.

[22] 赵定东，张黎理.志愿服务引领社会转型与发展[J].杭州（周刊），2019（20）：30-33.

[23] 郑庆东.习近平经济思想研究文集（2022）[M].北京：人民出版社，2023.

[24] 中共杭州市委."浙十年"杭州感恩奋进打造世界一流社会主义现代化国际大都市[J].政策瞭望，2022（10）：7-10.

杭州青年休闲生活研究报告

杭州师范大学　丁一吟　杭州市团校　余晓婷

摘　要： 青年休闲生活既是满足个人精神需求的重要方式，也是促进共同富裕尤其是精神富足方面的重要构成。基于2023年杭州青年发展状况调查数据分析，本报告得出以下结论：杭州青年群体在休闲生活中持积极休闲态度的居多；休闲需求与动机受家庭、社会与文化等多重因素影响；休闲参与形式多元但受限于有限的闲暇时间，且呈现出与杭城休闲资源不匹配的现状。休闲制约因素体现在可支配时间有限、休闲活动供给不足等方面。对此，本研究提出杭州要充分把握"后亚运时代"的机遇期，以杭州建设"赛""会"之城为契机，推动青年休闲与城市发展同频共振。以产业发展为基础，建立以"赛""会"为核心的复合型消费模式，推动赛事展会与休闲基础设施建设、产外休闲文旅产业、智能化服务管理模式、夜间旅游休闲服务等下游行业的深度融合，提升杭州青年休闲生活的满意度和幸福感，体现杭州"东方休闲之都、生活品质之城"的美誉度。

关键词： 杭州；青年；休闲；幸福感

休闲是"人生命活动的组成部分，是社会文明的重要标志，是人类全面发展自我的必要条件，是现代人走向自由之境界的'物质'保障，是人类生存状态的追求目标"。随着经济发展、社会进步，休闲更多作为在完成必要社会劳动之余的"一种文化创造、文化欣赏、文化建构的生命状态和行为方式"而存在。实证研究发现，休闲活动对于个体的主观幸福感和生活满意度有显著正效应，休闲水平的高低也与城市发展水平紧密相连。因此，休闲生活既体现着人民追求美好生活的精神诉求，也折射出小至一城、大至一国的经济发展水平和社会文明程度的高低。

作为全国知名的旅游城市，杭州政府施行"城市东扩、旅游西进"的发展战略，着力打造"东方休闲之都、生活品质之城"。近年来，休闲产业在杭州城市经济中的地位日渐凸显，休闲文化也逐渐深入人心。特别是2006年杭州市与世界休闲组织共同创办了世界休闲博览会，2017年起每两年举办一届，逐步形成以观光旅游、会展旅游和休闲旅游并举的新格局。随着2023年9月杭州亚运会的举办，以体育为代表的休闲文化也将进一步融入杭城人民的休闲生活，为杭州这座历史文化名城增添一份动感与活力。

青年是城市经济社会发展的生力军和中坚力量，也是各省（区、市）争夺的人力资源。近年来，浙江省推行建设"青年发展型省份"，杭州也提出"让杭州对青年更友好"和"青年在杭州更有为"两个维度的引才方案。仅2016—2022年，杭州常住人口增加318万，青年人口的比重不断增长。其中：2020年招引35岁以下大学生43.6万人；2021年招引48.3万人；2022年招引36.4万人，三年合计招引128.3万人。积极的城市休闲生活对于青年幸福感提升无疑具有重要作用。青年在一座城市感受到的良好休闲氛围，也对提升城市好感度、带动城市消费升级，具有正向的反馈作用。

本研究数据主要使用2023年杭州市团校开展的"青年发展型城市建设中的杭州青年"调查以及统计部门的数据。本研究希望通过问卷调查、个案访谈等研究方法，客观分析杭州青年的休闲态度、休闲参与动机、休闲参与情况和制约因素等方面现状，探究提升青年休闲生活满意度和幸福感的相关路径，为杭州持续打造"东方休闲之都、生活品质之城"，为建设青年发展型城市提供参考和借鉴。访谈人员基本情况见表1。

表1　访谈人员基本情况

访谈编号	性别	年龄／岁	学历	人员类型	所在区域
A1	女	29	专科	国企青年	杭州市区
A2	女	34	本科	机关单位青年	杭州三县市
A3	男	31	硕士	医护青年	杭州市区
A4	女	28	硕士	私企青年	杭州市区
A5	男	26	专科	快递行业青年	杭州市区
A6	男	32	本科	农业行业青年	杭州三县市
A7	女	29	本科	私企青年	杭州市区
A8	男	25	本科	创业青年	杭州三县市

一、研究综述

对休闲的相关研究发端于欧美，学者从休闲学、社会学、政治经济学、心理学等角度对其进行了研究，早期的研究方法多以定性为主，后期交叉研究方法开始引入，休闲与幸福感、休闲城市等相关研究开始涌现，进一步提升了理论研究的水平。以下将分别从休闲、青年与休闲和休闲与幸福三个维度综述国内外相关研究。

（一）休闲

目前国内外学者对于休闲有不同界定，不同文化语境对于休闲的理解也不断充实着休闲的内涵和外延。以词源学的角度为例，休闲的英文"leisure"与法文的"loisir"分别指向"自由"和"自由时间"；而希腊文的休闲"scole"又有教育的意义。因此，本报告认同部分学者提出的休闲概念的界定应包含两层基本含义的观点：①自由和自由时间；②教育和智慧，即"首先要有自由和自由时间，然后利用自由时间接受教育和获得智慧"。这一界定体现出休闲与劳动/工作的对立关系，休闲"既不是工作或劳动，也不是其间隔，而是工作、劳动以及间歇的'之外'"。

目前休闲的前沿研究主要集中在休闲学、心理学、政治经济学和社会学等学科领域，其代表性的理论/关键概念主要有休闲学方向的休闲制约（Crawford & Godbey，1987）和严肃休闲（Stebbins，1982）；心理学方向的具身认知、心理持续模型（Funk & James，2001）、自我决定理论（Ryan&Deci，2000）、计划行动理论（Ajzen，1991）；政治经济学领域的新自由主义；休闲研究在社会学领域最为突出，其中以基于阶层的生活方式（Bourdieu，1984）、互动仪式链（Collins，2004）、阈限（Turner，1979）、文化杂食（Peterson，1992）等理论为代表。我国的休闲研究虽然起步较晚，但在以马慧娣、于光远、庞学铨、刘慧梅等为代表的学者引领下休闲研究逐步步入正轨。近年来，我国休闲研究主要关注快速工业化和城市化导致的休闲变化以及休闲服务供给侧的部分，其中以"时间使用的描述性研究、工作与休闲活动的变化以及各种娱乐、公园和文化场地与服务的使用与管理"等专题研究为代表。

（二）青年与休闲

休闲城市的建设以城市空间为依托，生活在城市中无法改变空间格局的青年开始尝试用休闲方式来重新界定人与城的关系。城市中的青年休闲体现出极大的创新性，表现为对于自然空间和社会空间的活用。自然空间包括以进入乡村或者荒野的形式远离城市喧嚣，近年来流行的"露营+"、溯溪模式无疑是对于城市空间的活用；而社会空间则包括露天集市，各类音乐节，以及近些年以滑板、飞盘为代表的休闲体育。通过休闲与城市栖息地交流，这种城市空间的公开探险不断突破场地与空间局限进入城市（子）核心，青年的创新性不断重塑着休闲城市的文化形态，也在新的休闲形态中重新定义自己的文化身份，重构了对于城市空间的想象。

青年与休闲的先行研究中的一个重要的主题是青年与休闲构建个体认同和社会认同的交互关系。究其成因是青年休闲通常以文化为基，例如滑板运动与反文化运动之间的关系，体现出社会文化对于个体的影响（Griggs，2012），而文化中的个体通过"共享的精神特质、价值观、信条"又形塑了社会文化对于青年群体的认知和管理。在新媒体的背景下，青年在通过休闲参与构建身份与认同的过程中，新媒体也是不可忽视的一股势力。这些青年休闲活动的参与者，通过手机和智能设备，将私人空间公共化，将原本属于小众群体的休闲趣味发展成为一种炫耀式消费和身份的区隔，用列斐伏尔意义上的私人化的公共空间的概念来看，平台化的在线直播将公共的数字平台变成了休闲展演的场域，这种基于取用空间的差异化的身体形象生产的主体恰恰属于那些希望被看到但是实际社会经济地位又不足以被关注到的小资青年群体。他们的空间生产从标准化但物理有限的空间转移到了随时随地可以取用的空间。

（三）休闲与幸福

社会心理学研究发现：休闲能够带来幸福，而不同层次的休闲参与能够带来不同程度的幸福感受。例如，加拿大学者罗伯特·斯特宾斯认为休闲可以分为三种层次：随意休闲、项目式休闲和深度休闲。其中，随意休闲是指"即时的、有内在满足的、相对短期的愉快活动，要求极少，甚至不用特殊培训就能乐在其中"，日常生活中的看电视就是随意休闲的代表。也有研究认为看电视产生的幸福感受，是由低满足感导致的低幸福感。项目式休闲是指"短期的、较复杂的、只有一次或偶尔举行的活动。虽然频度低，但具有创意，时间可以选择在闲暇或无令人不快的任务之时"，以旅游为代表的项目式休闲能够给人们带来较高的满足感，但这一类的休闲具有偶发性，并不能持续输出稳定的幸福感。研究发现想要获得深刻而持续的幸福感，深度休闲必不可少。深度休闲是指"业余人士、兴趣爱好者或志愿者的系统追求。对参与者来说，是充实的、有趣的、能实现自我价值的活动，并且这些活动让其获得和表现其特殊知识、技能和经验"。因此，从城市层面营造积极的深度休闲氛围和软硬件设施，培养青年群体内部的深度休闲文化，发展以休闲体育为代表的深度休闲对象成为当下理论和实践发展的新走向。

二、杭州青年休闲现状分析

（一）休闲态度总体积极，但呈现差异

态度是一种心理现象，"是个体对待他人或事物的稳定心理倾向，包括认知、情感、意向三个方面"。计划行动理论认为，态度、主观规范和可感知的行为可控性三方联动形成意图，而意图则导致行为的发生。因此，个体的态度对其是否参与休闲行为具有重要影响。

为了解青年对休闲的态度，本研究在数据调查和访谈中设置了相关问题。调查数据显示，47.29％的青年认为休闲是人生的规律，有劳有逸才是良好的生活状态；41.85％的青年认为休闲活动可以提高生活幸福感；4.54％的青年认为休闲时间可有可无，对自己影响不大；其余的青年（6.32％）则抱有"无事可做才会闲着消遣""休闲活动既浪费钱也耗费精力""休闲活动会影响自己挣钱"等态度（见图1）。可以看出，绝大多数的青年对休闲持肯定和重视的态度。受访对象也提到："我认为青年有休闲时间是很重要的，工作和生活需要平衡，好的休闲能够帮助提高工作效率，让你拥有更好的精神和生活状态，这样工作才会更好，工作和在城市生活居住的稳定性会更高。"（受访青年：A4）从研究中可以看出杭州城市青年对于休闲生活的重视与渴望，对于休闲与工作的相互关系有理性的认知，展现出积极的休闲意图。

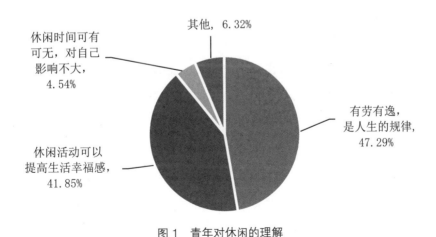

图1 青年对休闲的理解

从性别角度来看，对于休闲持积极态度（选择"有劳有逸，是人生的规律"或"休闲活动可以提高生活幸福感"选项）的女性占比92.30％，高于男性的84.99％。从不同年龄段来看，对于休闲持积极态度的百分比由高至低分别为31～35岁占91.00％、26～30岁占89.40％、22～25岁占87.30％、22岁以下占83.00％，可见伴随着青年进入职场时间的增长以及工作、生活压力的增大，青年对休闲持有的态度更为积极，对休闲的认识和需求变得更为迫切。从受教育水平来看，基本符合受教育水平越高对休闲态度越积极的预判，按照最高学历水平划分，持积极态度的比例分别为高中及以下占85.70％、专科占85.80％、本科占91.00％、硕士及以上占90.50％。

在与青年开展的访谈中，青年也普遍表达了对休闲生活的期望。有受访对象提到："现在工作节奏快、压力大，适当的休闲活动能够让自己得到调节和放松，让自己用更好的状态投入下一阶段的工作。如果长期得不到休息，完全没有时间去做自己感兴趣的事，有时候会忍不住质疑自己忙忙碌碌到底为了什么。"（受访青年：A7）由此可见，对青年而言，休闲是生活幸福感的重要来源，青年并非不愿意奋斗或只想"躺平"，而是期盼在奋斗的同时，能够在休闲中"保持真我"，获得精神层面的满足感。

综合来看，杭州青年的休闲态度整体积极。但青年对休闲的态度受多种因素的影响，交叉分析结果显示，青年受教育程度与休闲积极程度呈正相关，文化水平越高，休闲态度越积极。同时，在青年的年龄段里，是否进入职场也影响休闲态度，进入职场的青年比未进入职场的青年更积极。

（二）休闲动机多样，以满足社交需求为主

人的需求是动机的最主要触发因素。最具代表性的是马斯洛的需求层次结构，作为一种激励机制，该理论认为人类的需求可以分解为五级模型，从层次结构的底部向上分别为：生理（食物和衣服）、安全（工作保障）、社交需要（友谊）、尊重和自我实现。不难发现，人类的休闲需求无疑是在生理和安全需求满足的基础之上对于社交、尊重和自我实现的需要。

本次问卷调查的结果回应了休闲满足社交需求的这一方面，具体体现在青年参与休闲活动的组织形式上。63.28％的受访对象选择参加朋友或共同爱好者组织的活动，10.64％的受访对象选择家庭组织的活动，9.99％的受访对象选择单位组织的活动，9.01％的受访对象倾向于个人单独活动，4.65％的受访对象选择参加社区组织的活动（见图2）。以上调查数据体现出休闲活动更多是以共同休闲兴趣为目标，以朋友或者共同爱好者等为主要参加者，满足社交需要（友谊）的相对轻松自由的组织活动。

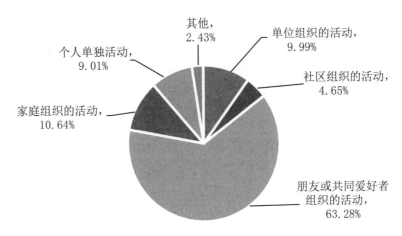

图2　青年参加休闲活动的主要组织形式

当然，休闲需求的满足受到多种因素的影响，其中一个重要因素就是休闲设施配置。在访谈中，来自县市的访谈对象表示："我们这里商业体综合体比较少，有时候周末会专程赶到杭州城区去逛街，工作日基本就在家里待着，要么就是和朋友一起吃饭。"（受访青年：A6）访谈中所反映出的中心与边缘城区休闲设施分配不均的问题，近年来得到了杭州市政府的关注和回应。市规划和自然资源局在国土空间总体规划编制中始终坚持以人为核心、高质量发展导向的新型城镇化战略，引导居住用地向青年聚集的就业密集地、轨道交通和公交走廊沿线布局，促进职住平衡、宜居宜业，并在规划攻坚项目编制和部分重点单元详细规划编制中，充分考虑青年工作创业、发展交往需求，在用地功能布局和公共空间安排等方面做好空间预留。

从尊重和自我实现需求这个维度来看，近年来使用较多的理论是自我决定论，该理论认为人们有三种核心需求：能力、相互关系（即与他人产生联系的欲望——去爱、被爱、关心、被关心）和自主性（即自由选择）。满足这些核心需求往往成为人们参与某项活动的动机。对于很多城市青年来说，忙碌的工作让他们逐渐减少与他人的联系，受访青年A1的话反映了这一点："我和我老公做的都是两班倒的工作，两个人上班时间刚好是错开的，基本上隔一周才能见一次面，在我们公司，因为工种的原因，有将近2/3的年轻人都是做着两班倒的工作，所以人员流动也很大。对我们这样两班倒的工作来说，开展集体的休闲活动，还能拓展青年的人际圈。"因此，休闲的体验跨越了城市生活"匿名性、工具性和原子化"的特质，让城市青年建立了一种"关心—被关心"的相互关系，通过集体的休闲活动来重新与他人产生联结。

同时，婚姻恋爱需求也是休闲动机产生的因素。在高压的工作环境下，工作占据了生活的绝大部分，导致城市青年的单身比例越来越高，受访者说道："我认为休闲还是非常重要的，可以帮助自己更好地劳逸结合，能够解决情绪问题，疏解心态，能够促进社会消费，也是必要的基本社交，特别是对解决青年的婚恋问题，能够拓宽途径。"（受访青年：A3）可以看出，现在越来越多的青年选择通过休闲活动来建立"去爱—被爱"的相互关系，相对轻松的休闲生活能够拓宽青年的社交平台，营造自然、轻松的交友氛围。

（三）休闲时间总体有限，不同青年群体呈现差异

时间是休闲产生的基础条件，青年对时间的配置，可以在一定程度上反映出青年的学习、工作和生活状况，是青年活动范围、活动内容、活动形态的客观和真实的记录。本次研究对象中，有34.30％的青年每周休闲时间为24～48小时，27.85％的青年每周休闲时间为24小时以内，34.30％的青年每周休闲时间为48～72小时（不包含48小时），3.55％的青年每周休息时间达到72小时以上（见图3）。

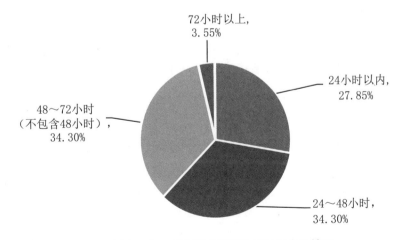

图3　过去一年，青年平均每周休闲时间占比情况

在性别与休闲时间的关系方面，从调查结果可见，每周休闲时间在24小时以内的男性占比为41.07％，相比于女性的35.70％多出5.37％；休闲时间为24～48小时的男性占比45.43％，相比于女性的50.13％少了4.70％；男性与女性每周休闲48小时以上时间的人数比例差异较小（见表2）。

表2 平均每周休闲时间与性别相关分析

单位：%

时间	男	女	合计
24 小时以内	41.07	35.70	39.05
24 ～ 48 小时	45.43	50.13	48.09
48 ～ 72 小时（不包含48小时）	8.55	8.37	7.88
72 小时以上	4.95	5.80	4.98
合计	100	100	100

在收入与休闲时间的关系方面，收入越高，工作占据个人时间越多，也意味着休闲时间相对更少。从调查结果可见，年收入20万元及以下的青年群体，每周休闲时间24～48小时的占比最高；年收入20万元以上的青年群体，每周休闲时间24小时以内的占比最高（见表3）。

表3 年收入和平均每周休闲时间相关分析

单位：%

时间	5 万元及以下	5 万～10 万元（不包含5万元）	10 万～20 万元（不包含10万元）	20 万元以上	合计
24 小时以内	32.43	40.06	41.21	47.13	39.05
24 ～ 48 小时	49.02	47.42	49.01	43.68	48.09

时间	5万元及以下	5万~10万元（不包含5万元）	10万~20万元（不包含10万元）	20万元以上	合计
48~72小时（不包含48小时）	9.65	7.95	6.81	6.32	7.88
72小时以上	8.90	4.57	2.97	2.87	4.98
合计	100	100	100	100	100

从年龄来看，除去22岁以下受访者大多每周闲暇时间可以达到24~48小时外，22~35岁的受访者选择24小时以内的居多，体现出就业青年的休闲时间相对匮乏。从受教育水平来看，学历高低对于休闲时间长短的影响不明显，各教育水平段都以24~48小时居多，24小时以内其次。从婚恋状况来看，进入婚姻之后休闲时间减少，以24小时以内居多。

访谈印证了以上结论。近年来，加班现象在某些行业呈现普遍制度化和严重超时化，"996""007"的流行让许多青年不堪重负，由高强度加班引发的悲剧并不鲜见。不少受访者表示能够用于休闲的时间比较少，"工作实在太忙，下班回到家都快十点了，周末有时候也要加班，有想法出去短途旅行，但难得休息一下，又还是只想在家'躺平'"。（受访青年：A5）"医院里护士要倒班，轮到上夜班的时候，虽然第二天白天是休息，可是一晚上没睡，即使休息也没有精力去玩了，需要补觉的。"（受访青年：A3）"青年的休闲时间太少，希望早日实现四天半的工作时间。"（受访青年：A4）由此可见，休闲时间的不足限制了青年休闲活动的开展。青年休闲时间的匮乏反映出阶层固化所带来的青年职业发展限制，究其成因，首先是就业结构性矛盾下，青年无法找到预期工作，只能向现实妥协；其次是职场环境中的非理性内部竞争带来的"内卷"，使得现如今"996""007"的不合理工作制度十分普遍。在当前社会结构性发展困境下，职场资源的获得常常要以非理性的竞争为手段，对于很多初入职场的青年来说，在多重压力之下，只能以压缩休闲时间来满足工作的需求。

（四）休闲内容单一，与杭城资源优势不匹配

休闲不只是时间的概念，也是活动的概念，休闲的质量高低不仅受到时间长短影响，活动的内容和形式也是重要的要素。积极有益的休闲活动能够帮助青年达到休息调整、放松娱乐、自我提高、内心满足等效果。本次研究中，青年在休闲时间参与频率最高的三项活动如下："在家看电视或刷视频等娱乐活动"的人数最多，占比61.4%；其次是"与家人、朋友待在一起"，占比35.9%；再次是"参加文化活动，比如听音乐会，看电影、演出和展览等"，占比25.5%。上述三项为青年选择最多的活动形式。紧随其后的是"在家读书、看报等学习活动（占比21.3%）""逛街购物（占比18.0%）""电子游戏（占比15.0%）""外出旅游（占比15.7%）""运动健身（占比8.6%）"。从数据中可以看出，看电视、刷视频等线上消遣娱乐活动是青年耗时最多的休闲生活方式，特别是在数字化的今天，青年通过互联网就可以实现便捷生活，更是让青年将大量休闲时间用于线上娱乐和消费。相比而言，选择提高型、社交型线下休闲活动的青年相对较少。有受访者表示，"有时候在家休息，醒来就是刷手机，刷累了就睡觉，睡醒了继续刷，一天下来看了什么完全没印象，什么都没干却反而更累了。"（受访青年：A8）休闲活动的质量影响青年的生活状态，部分青年休闲生

活缺乏合理规划并且单一封闭，不仅不会缓解青年的工作压力，反而会让青年产生负面不良情绪，陷入低质量的循环，甚至越休越累。

休闲内容的相对单一与杭州的城市休闲资源是不匹配的。杭州市拥有优美的自然风光，西湖景区作为杭州的标志性景点，有着美丽的湖光山色和丰富的文化底蕴。此外，杭州各式各样的自然公园和风景区，为青年提供了探索自然和放松身心的机会。受访者也表示："我认为杭州在创造青年休闲条件上做得好的地方是，亚运公园、钱江世纪公园等休闲场馆比较丰富，也有西湖这样非常好的环境，文化底蕴也很深厚，良渚大屋顶受到很多人的喜欢。"（受访青年：A4）此外，为丰富青年群体线下休闲内容，杭州市各部门也从增加体育场地设施供给、发展夜休闲模式等方面集思广益。市体育局实施的《杭州市全民健身设施补短板攻坚行动计划（2021—2025年）》中，增加了体育健身场地设施供给，制定嵌入式体育场地设施建设导则和三年行动计划，充分利用滨水空间、社区空地、公园、桥下空间、开放式景区等公共空间，建设2243片嵌入式体育设施，建成78.9万平方米。从访谈中也能够看出大部分访谈者对杭州休闲条件持肯定态度。"杭州在青年闲暇生活的条件创造上我觉得做得还是比较好的，比如现在有多中心化发展的趋势，购物和活动的地点越来越多；公园多，周边的基本设施还是比较完善的；图书馆多，书籍借阅很方便，城市书房也很有特色。"（受访青年：A3）

此外，发展夜休闲模式也是丰富杭城休闲的又一亮点，2023年8月，杭州市体育夜经济活动正式启动，杭州市体育休闲行业协会向全市体育企业发出倡议，倡议全市体育企业积极投身夜健身、夜消费的体育夜经济活动中。此次活动中，50余家杭州主城区体育健身场所从8月初到9月初延迟1小时关门，并对在延迟期间参与锻炼的市民给予消费优惠。同时，在体育夜经济活动期间，很多体育企业以组织体育夜市、体育竞赛、体育活动等方式积极参与。

三、制约青年休闲的因素分析

根据北美相关学者提出的"休闲制约理论"，休闲的制约分成三类："个人内部制约、人际制约和结构性制约。个人内部制约是个人的心理状态、特征，比如休闲的技巧、能力、压力、焦虑、对休闲机会的主观评估，兴趣，参与的意愿等。人际制约是指人际交往中碰到的困难，比如缺乏伙伴，以及社会环境的影响。结构性制约是指外部的困难，比如缺乏资源、设施、时间、金钱等。"根据问卷调查和访谈可知，青年在享受休闲生活时面临不同方面的制约（见图4）。在资金方面，42.97%的青年认为自己因为资金限制，不能充分参与自己感兴趣或想要参加的休闲活动，这既受到青年个人收入高低、生活经济压力的影响，也有休闲项目本身费用的影响。在时间方面，33.16%的青年认为时间限制是他们不能享受休闲活动的原因。在环境设施方面，8.97%的青年认为居住地周边休闲配套设备不足是导致他们休闲不足的主要因素。另外，还有青年认为缺少志同道合的朋友、缺少青年类兴趣社团/联盟类组织是休闲不足的原因。从这一调查情况来看，影响青年休闲质量的因素是多样的。

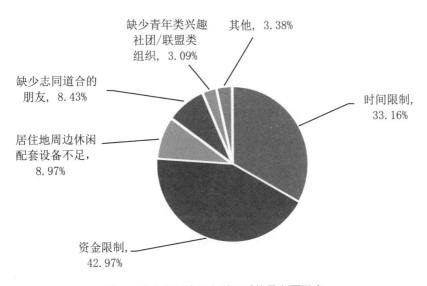

图4 影响青年休闲生活品质的最主要因素

（一）个人条件影响青年休闲活动选择

首先，高学历青年比低学历青年开展的休闲活动更为多元，对于大部分制造业、服务业等劳动密集型行业的青年而言，休闲几乎等同于休息，认为仅仅是聚餐、打发时间而已，其对休闲的传统认识未能将休闲与个人发展、兴趣培养和素质提升相关联。

其次，经济收入水平影响青年选择的休闲活动。经济宽裕的青年在休闲活动的选择上空间和余地更加多样、形式更加丰富，而经济收入较低的青年可支配于休闲活动的经费相对较少，在一定程度上限制了对休闲活动的选择。从事快递行业的受访青年表示："我们多做一单才能有多一单的业绩，赚钱很不容易，赚到钱总是想着以后还要买房成家，所以如果参加活动要花钱，还是会比较犹豫，不一定会参加。"（受访青年：A5）

最后，男女两性在选择休闲活动的类型上存在一定的差异。在选择内容上，男性更愿意参加动态的社交型、娱乐型的休闲活动，而女性更倾向于静态的、相对单一的活动形式。并且，相对于女性，男性对休闲生活更充满热情，对休闲生活的认可度更高。从现实生活中不难发现，相较于男性而言，女性往往更多面临工作和家庭的双重时间约束，在家庭劳动中投入的个人时间普遍多于男性，这就导致女性的休闲时间受到了制约和影响。在访谈中，受访青年也表达出即使自己出门和朋友聚会，心里也总会牵挂着在家子女的想法。这种"同时活动"，即个体在相同时间段内可能从事不同类型的活动，一定程度上影响了青年的休闲质量。

（二）休闲时间稀缺导致青年生活状态失衡

闲暇时间的有无，闲暇时间如何度过，其品质、内容如何，这些都影响着青年社会生活的质量。可以说，"时间"已经成了现代社会的刚需。当前，伴随着工作时间和强度的增加，高强度、高竞争、常加班的工作氛围和企业文化似乎成为常态，青年面对"白加黑"和"五加二"的工作节奏，休闲时间得不到保障，工作与休闲之间的平衡关系遭到破坏，被迫形成"工作—生活—工作"的消极生活模式，容易造成职业倦怠，并造成青年身体和心理的亚健康状态。

"2021 中国现代休闲发展指数"调查结果显示，56.3％的受访者表示自己的休闲时间"差远了"，26.2％的受访者直言"一般"，10.2％的受访者抱怨"几乎没有休闲时间"，只有7.3％的受访者表示休闲时间"足够"。这一情况在"2022 中国现代休闲发展指数"中有所改变，虽然人们的休闲时间有所增加，但人们对于自己的休闲时间充足度评价却并不高，44.3％的受访者直言"差远了"，37.5％的受访者评价"一般",12.6%的受访者直呼"几乎没有休闲时间",认为"足够"的受访者仅有5.4%。由此可见,时间依然是影响人们休闲满意度的最大因素,62.4%的受访者反映"可自由支配的时间太少"。

同时,现代通信技术的进步,也将职场的外延不断拓展,将工作的概念不断泛化,时间变得更加碎片化。在"卷又卷不赢、躺又躺不平"的当下,部分青年面临超负荷的工作,缺少时间、精力丰富自己的休闲时间与休闲活动,随之而来的焦虑感和紧张感只增不减,导致身体和心理健康受到一定影响,较大程度上影响了青年生活的幸福感。

（三）休闲技能缺乏以致休闲生活水平层次较低

关于对休闲的追求和目标,美国学者戈比认为,休闲活动存在着5个不同的层次:放松、消遣、发展、创造、超越感觉。尽管学习发展和成长是青年期盼的积极的休闲生活状态,但在实际休闲中存在着青年对高质量休闲的高期待与实现高质量休闲能力较低的矛盾。在调研中,青年反映出通过休闲发展自我的意愿,但实际上普遍掌握的还是一般的兴趣爱好或特长,比如打球、唱歌等。受到自身休闲技能的限制,青年的休闲活动不够丰富、内容比较单一,部分访谈对象对休闲生活的枯燥乏味表示不甚满意。同时,休闲技能的欠缺还表现为:对休闲时间管理意识薄弱,缺乏科学统筹安排能力,处于"时时都很忙,但不知忙什么"的状态;休闲活动的选择能力欠缺,不知道什么样的活动适合自己,不会享受真正意义上的休闲。

（四）杭州休闲场所布局不平衡影响休闲选择

过去一座城市对青年的最大吸引力在于它能提供广阔的舞台和大量的机会,使青年的经济水平能够实现最大程度的提升;但当前,越来越多青年对定居城市的选择不局限于事业发展的无限可能,还在于实现美好生活的可能性，比如，这座城市能否提供充足的公共空间和休闲场所，能否使青年人享有就近的、有品质的公共休闲服务，为青年创造更好的休闲环境。

这也是城市的休闲功能越来越受到关注的原因。公园城市、绿色城市、宜居城市等概念成为城市发展的新机会，这意味着城市建设和管理的底层逻辑在于让居住其间的人活得更舒适。青年居住地的居住环境、周边设施、社会氛围等都对休闲生活的选择产生影响。与强劲的休闲需求相比，供应的发展相对落后，需要改善各种休闲设施、场所、服务和环境。例如，在过去，"广场舞者"和年轻人抢篮球场的新闻频繁被报道，显示出缺乏休闲空间的问题。对此，浙江省在2022年发布了《浙江省文化驿站建设指南》《浙江省"15分钟品质文化生活圈"建设指南》，提出到2025年，全省所有街道实现文化驿站全覆盖，并通过"15分钟品质文化生活圈"来激发基层公共文化设施潜能，打通公共文化服务"最后一公里"，为群众提供体系化、多样化、高品质的公共文化服务。杭州也有相关政策发布，2022年杭州市发布了《杭州市嵌入式体育场地设施建设导则（试行）》，通过打造供给丰富、布局合理、功能完善的"10分钟健身圈"，满足群众多层次、多样化的健身需求。

尽管如此，基于杭州休闲之都的城市定位，青年对杭州的休闲场所依然抱有更高的期待值。在社区，青年之间往往在物理空间上距离很近，但心理距离相隔甚远，过去邻里之间串门聊天、下棋唠嗑的休闲方式在当下青年群体中显然已经不常出现。在调研中，仅有4.65%的青年会选择参加由社区组织的休闲活动。对于常住地在城市郊区或偏远县市的青年而言，其周边休闲设施不健全，与政府供给的图书馆、美术馆、博物馆等公共设施距离较远，在客观条件上降低了青年获得高质量休闲的概率，显示出休闲空间不足的问题。"我们这里交通不太方便，我所在的公司宿舍离县城有点远，几个朋友要聚一下的时候，没有公共交通可以到达，打车的成本又很高，对年轻人开展休闲活动就不太便利。而且我是资深的篮球爱好者，打球的场地也比较少，冬天很冷，室内的场馆也很少。"（受访青年：A6）

四、以建设"赛""会"之城为契机，提升杭州青年休闲生活水平的对策与建议

杭州历来拥有独特的休闲文化和休闲氛围，"东方休闲之都""中国旅游休闲示范城市"等荣誉和头衔都见证了杭州作为休闲城市的国际知名度。《2022长三角城市休闲化指数》报告显示，杭州综合指数排名第二，仅位居上海之后，这也是杭州在长三角城市休闲化进程中的引领作用和示范作用的显著体现。一场亚运会，惊艳了世界，激荡了杭州。杭州已经站在了"后亚运时代"的赛道上，在杭州埋下的这颗亚运种子正在蓄能绽放。为更好适应休闲时代的发展特点，结合杭州青年休闲生活实际，我们认为在"后亚运时代"应以杭州建设"赛""会"之城为契机，推动青年休闲与城市发展同频共振。

2023年11月28日，杭州市政府常务会议通过了《关于放大亚运效应打造国际"赛""会"之城的实施意见》，意见指出："要乘亚运之势而上，巩固亚运成果，放大亚运效应，积极构建特色赛事会展体系，持续提升杭州在全球体育城市和会议目的地的影响力。要锚定'国内一流、国际知名'目标，打造系列品牌赛会和龙头赛事，提升全球数字贸易博览会和西博会等重大展会的美誉度，高水平建设国际赛事之

城、国际会展之都。"该意见进一步明确要以市场化和专业化为导向，形成"企业主体、市场运作、政府支持"的办赛办会模式。以产业发展为基础，建立以"赛""会"为核心的复合型消费模式，推动赛事展会与休闲基础设施建设、户外休闲文旅产业、智能化服务管理模式、夜间旅游休闲服务等下游行业的深度融合。

（一）休闲基础设施建设

为办好亚运会，杭州休闲基础设施建设逐步完善，新建场馆12个，12条地铁线路畅通，516公里的地铁网实现十城区全覆盖，形成"全市一小时半交通圈"。便利的公共服务能够更好提升以场馆为代表的休闲资源使用率，提高赛会场馆的运营和服务水平。同时，杭州在已有的全球数字贸易博览会、西博会、杭州马拉松等品牌赛会的基础之上，积极推动亚运出圈的电子竞技、滑板、霹雳舞等新兴体育运动赛会的落地，以赛营城，让青年群体共享杭城休闲城市发展红利。

（二）户外休闲文旅经济

依托杭州丰富的山水自然资源，建立以"三江两岸"、南北运动休闲带为代表的户外运动休闲产业。"三江两岸"是以"钱塘江—富春江—新安江"连通的三江水系和良渚文化带、京杭大运河文化带为岸的户外休闲区；南北户外运动休闲带是以余杭区、临平区、富阳区、临安区、桐庐县、淳安县、建德市为串联的户外运动区域带。以淳安县为例，依托亚运后的场馆优势和知名度，打造高质量运动休闲产业及精品运动休闲旅游目的地，以户外赛事举办地、休闲小镇集群、国际体育旅游目的地为目标，加强赛后场馆转型，做好公共文体旅服务，拓展"体育+旅游""会展+旅游"业态产业链，发挥赛会产业对旅游产业发展的协同效应，以烧烤美食、音乐节、"特种兵"打卡等出圈的文旅产品和消费形式吸引青年群体，开创旅游新模式，流量变"留量"。

（三）智能化服务管理模式

基于本报告的研究发现，青年余暇时间与休闲资源不匹配是造成杭城青年休闲参与水平较低的原因之一。因此本报告提出充分利用技术和数据优势，以人为本建设和运营现代智能场馆，提高场馆使用效率和体验感。同时，利用大数据建设智慧文化和旅游服务设施，提升休闲与科技的融合度，利用虚拟现实、网络视频技术等工具研发多媒体数字博物馆、数字图书馆、数字景区、网上剧场、在线互动类休闲项目等活动。

（四）夜间旅游休闲服务

2020—2022年，杭州合计招引青年128.3万人，基于这一青年比例人口并结合青年余暇时间主要集中在20:00～00:00的特点，有夜间休闲消费的习惯，在节约能源、定时定点开放的前提下，在城市重要公共空间实施亮化工程，提供夜间休闲空间，比如24小时营业的书店、餐厅、酒吧、咖啡馆、便利店等业态。打造全国知名的夜间休闲娱乐项目、夜间旅游演艺或夜间旅游观光线路等夜游品牌。此外，在已有的城市阳台灯光秀基础上，发展更多具备一定科技含量和文化品位的城市灯光秀、光影秀或光影演艺等光影休闲产品。同时，提供自助式健身场地、延长线下健身场地服务时间和必要的延时交通支持等服务，为发展"夜健身经济"创造条件。

基金项目：国家自然科学基金资助项目"休闲伦理视角下青少年休闲失范研究：测度模型、形成机制与治理路径"（NO.72274171）阶段性成果；杭州师范大学武术与民族传统体育国家级一流本科专业建设子项目"中外民族传统体育文化传承与发展案例分析与比较研究"（2023.03－2025.03）阶段性成果。

参考文献

[1] Ajzen I. From intentions to actions: a theory of planned behavior[M]// KUHL J, BECKMAN J. Action control: from cognitions to behaviors. New York: Springer, 1985.

[2] AJZEN I. The theory of planned behavior[J]. Organizational behavior and human decision processes, 1991（2）: 179－211.

[3] BORDEN I. Skateboarding, space and the city: architecture and the body[M]. Oxford: Berg, 2001.

[4] BOURDIEU P. Distinction: a social critique of the judgment of taste[M].London: Routledge & Kegan Paul Ltd., 1984.

[5] COLLINS R. Interaction ritual chains (STU−student edition)[M]. Princeton: University Press, 2004.

[6] CRAWFORD D W, GODBEY G. Reconceptualizing barriers to family leisure[J]. Leisure sciences, 1987（2）: 119－127.

[7] FREY B S. Happiness: a revolution in economics[M]. Cambridge: MIT Press, 2008.

[8] FUNK D C, JAMES J. The psychological continuum model: a conceptual framework for understanding an individual's psychological

connection to sport[J]. Sport management review, 2001（2）: 119－150.

[9] GRIGGS G. Why have alternative sports grown in popularity in the UK?[J]. Annals of leisure Research, 2012（2）: 180–187.

[10] MASLOW A H. A theory of human motivation[J]. Psychological review, 1943（4）: 370–396.

[11] PETERSON R A. Understanding audience segmentation: from elite and mass to omnivore and univore[J]. Poetics, 1992（4）: 243–258.

[12] RYAN R M, DECI E L . Intrinsic and extrinsic motivations: classic definitions and new directions[J].Contemporary education psychology, 2000（1）: 54–67.

[13] RYAN R M, DECI E L. Self–determination theory and the facilitation of intrinsic motivation, social development, and well–being[J]. The American psychologist, 2000（1）: 68–78.

[14] STEBBINS R A. Serious leisure: a conceptual statement[J]. The pacific sociological review, 1982（2）: 251–272.

[15] TONKISS F. Space, the city and social theory: social relations and urban forms[M]. Cambridge : Polity Press, 2005.

[16] TURNER V. Frame, flow and reflection: ritual and drama as public liminality[J]. Japanese journal of religious studies, 1979（4）: 465–499.

[17] 丁一吟.节奏分析视域下的生活方式体育运动：基于武汉BMX跳东湖的案例研究[J].中国青年研究，2023（10）: 12–20.

[18] 杭州会展集团.世界休闲博览会[EB/OL]. [2023–08–30] .http://www.hangzhouexpo.com/business/show/id/27.

[19] 杭州市城市会展研究会.姚高员：构建特色赛事会展体系带动上下游产业发展　打响国际"赛""会"之城品牌[EB/OL].（2023-12-01）[2024-02-01].https://mp.weixin.qq.com/s/GMbvHVgfpRSmrhW2tEvj9w.

[20] 杭州市文化广电旅游局.对市人大十四届委员会第三次会议建4号建议的回复意见[EB/OL].（2023-06-14）[2024-02-01].https://wgly.hangzhou.gov.cn/art/2023/6/14/art_1229278766_4173820.html

[21] 蒋奖，秦明，克燕南，等.休闲活动与主观幸福感[J].旅游学刊，2011（9）：74-78.

[22] 凌平，童杰.杭州市休闲体育产业发展透视[J].上海体育学院学报，2010（1）：29-33.

[23] 刘慧梅，戈登·沃克.海外华人休闲研究综述[J].河南大学学报（社会科学版），2016（4）：129-138.

[24] 刘慧梅，贾胜枝.休闲何以定义自我？—休闲与个体、社会和文化认同[J].浙江大学学报（人文社会科学版），2020（1）：194-203.

[25] 刘慧梅，张彦.西方休闲伦理的历史演变[J].自然辩证法究，2006（4）：91-95.

[26] 刘慧梅，周雨.从休闲到休闲哲学—基于西方词源学考释的休闲哲学[J].浙江大学学报（人文社会科学版），2023（5）：94-106.

[27] 罗伯特·斯特宾斯，刘慧梅.休闲与幸福：错综复杂的关系[J].浙江大学学报（人文社会科学版），2012（1）：31-43.

[28] 马惠娣，刘海春.中国休闲研究（2015）[M].广州：广东高等教育出版社，2016.

[29] 马惠娣.休闲问题的理论探究[J].清华大学学报（哲学社会科学版），2001（6）：71-75.

[30] 澎湃新闻.观察丨频提青年发展，人口流入大省浙江为何想变得更"年轻"[EB/OL].（2023-01-19）[2024-02-01]. https://baijiahao. baidu.com/s?id=1755418199791159679&wfr=spider&for=pc.

[31] 魏琛朋，朱喜钢，孙洁，等.疫情防控常态化时期青年人休闲活动的时空特征及影响因素探究—以南京市为例[J].现代城市研究，2022（6）: 23-30，53.

[32] 吴朝进，张金荣."危险的休闲"—网络时代青年"摸鱼"现象的社会学解读[J].中国青年研究，2022（5）: 93-100.

[33] 浙商大现代商贸研究中心.中心动态丨肖亮教授接受系列采访[EB/OL].（2023-07-21）[2024-02-01] .https://mp.weixin.qq.com/s?__biz= MjM5Mzg4OTc5Ng==&mid=2654684805&idx=1&sn=ce0b6c0f9d5135e701 d9e42e3ceaa8bb&chksm=bd5fcdee8a2844f8a901ce293c5eeb80966b6790fed 7f849179f0149249f1A8c042d9fea8623&scene=27.

[34] 中国小康网.2021中国现代休闲发展指数62.2：休闲时间"足够"者不到一成[EB/OL].（2021-10-14）[2024-02-01]. https://m.thepaper. cn/baijiahao_14900539.

[35] 中国小康网.2022中国现代休闲发展指数63.3：当旅游成为一种奢望.[EB/OL].（2022-10-24）[2024-02-01] .https//m.thepaper.cn/ baijiahao_20431400.

后 记

　　本书在编写过程中，得到了社会各界的支持与指导。共青团杭州市委为本书的编写提供了有力指导，为本书基础数据的搜集、核实和校对提供了大力支持。在问卷调查和访谈座谈的过程中，得到了各县（市、区）以及基层团组织的支持和配合。在研究进行的过程中，不同行业青年代表对我们的研究给予了最有效的回应。每一份问卷、每一个数字、每一条建议都凝结着团组织、团干部和青年的付出。

　　中央团校、中国青少年研究中心对本书的编写给予了关心和支持。浙江省委党校范增钍、浙江省委党校《治理研究》编辑部徐东涛、杭州市社科联党建研究所赵国青、杭州市社科联社会研究所陆文荣、杭州师范大学马克思主义学院李洪波等为本书的编写提供了指导和帮助。杭州市团校、杭州市青年研究会各位参与编写的老师敢于尝试，付出了不懈努力。浙江大学出版社的工作人员参与了本书的多轮编校工作，为本书的出版尽心尽力。

　　衷心感谢以上各单位和个人在本书编辑和出版过程中给予的支持和帮助！

本书编写组

2024年4月